高等院校"十三五"规划教材——经济管理系列

基础会计学

丛爱红　周竹梅　主　编
　　　　刘康伟　副主编

清华大学出版社
北京

内容简介

基础会计学主要阐述会计学的基本知识、基本程序、基本方法和基本技能，目的是让学生通过这门课程的学习，了解和掌握会计学的基本知识、方法和技能，以便在未来的学习和工作中学以致用。本书共分10章，包括总论，会计要素和会计等式，会计科目、账户和复式记账原理，企业主要经济业务的核算及成本计算，会计凭证，会计账簿，会计报表编制前的准备工作，财务会计报告，账务处理程序，会计工作组织等内容。

本书主要面向高等院校会计学专业和相近专业的学生，高职高专会计学专业和相近专业的学生也可以使用。财政、税务、银行、审计等部门的从业人员，以及社会自学人员和会计专业教师也可以使用本书作为参考。

本书封面贴有清华大学出版社防伪标签，无标签者不得销售。
版权所有，侵权必究。举报：010-62782989，beiqinquan@tup.tsinghua.edu.cn。

图书在版编目(CIP)数据

基础会计学/丛爱红，周竹梅主编. —北京：清华大学出版社，2019（2020.9重印）
(高等院校"十三五"规划教材——经济管理系列)
ISBN 978-7-302-52894-4

Ⅰ.①基… Ⅱ.①丛… ②周… Ⅲ.①会计学—高等学校—教材 Ⅳ.①F230

中国版本图书馆CIP数据核字(2019)第083516号

责任编辑：汤涌涛
装帧设计：刘孝琼
责任校对：吴春华
责任印制：沈 露

出版发行：清华大学出版社
网 址：http://www.tup.com.cn, http://www.wqbook.com
地 址：北京清华大学学研大厦A座 邮 编：100084
社 总 机：010-62770175 邮 购：010-62786544
投稿与读者服务：010-62776969, c-service@tup.tsinghua.edu.cn
质量反馈：010-62772015, zhiliang@tup.tsinghua.edu.cn
课件下载：http://www.tup.com.cn, 010-62791865

印 装 者：北京嘉实印刷有限公司
经 销：全国新华书店
开 本：185mm×260mm 印 张：17.5 字 数：425千字
版 次：2019年5月第1版 印 次：2020年9月第3次印刷
定 价：49.00元

产品编号：081141-01

总　　序

　　教材是教师执教的依据，也是学生学习的范本，因此教材是教学质量的基本要素，而教材建设是高等学校教学质量提升工程的重要组成部分。会计学本科专业要培养具有会计专长，服务于企业、政府机关、事业单位及其他非营利组织的应用型、复合型、创新型会计人才。作为规范教学内容的教材，必须充分体现这一培养目标的要求，力求实现会计学学科基本理论、基本方法和基本技能的有机统一。然而，由于人才需求类型的日益多元化，教材建设也面临理论、方法与技能等如何有机结合的困惑，教学中所使用的教材仍存在目标定位不够清晰，理论与方法、理论与技能关系处理不恰当等问题。这在一定程度上对教学过程和教学效果，以至于对人才培养质量和人才培养目标的实现产生了不利的影响。因此，如何根据会计学科理论和实践的发展，编写更加体现培养目标要求的高质量教材是摆在会计教育界的一项重要课题。

　　呈现在大家面前的该系列会计学系列教材，正是基于会计学专业培养目标的内在要求，紧密结合会计理论和会计实践的最新发展编写而成的。该系列教材涵盖"基础会计学""财务会计学""管理会计""成本会计学""企业财务管理""会计信息系统""银行会计""税务会计""审计学"等会计类专业核心课程。该系列教材由双元教育集团和清华大学出版社共同发起组织，由山东科技大学、齐鲁工业大学、烟台大学、临沂大学、山东交通学院等与"双元教育"合作培养会计学本科生的高校教师携手合作完成。参加该系列教材编写的教师皆是长期从事会计学研究和教学的一线教师，他们对会计学科发展趋势和学术前沿具有较好的把握，尤其是具有丰富的教学经验和较强的实践能力，熟知高等院校会计类课程的实践要求和特点。

　　纵观整套教材，有以下几个明显特点。

　　(1) 体系完整，突破传统。该系列教材体系完整，内容全面，突出重点，针对性强。在编写体例上突破了传统做法，灵活、适用是该系列教材的最大特色。该系列教材在教学内容、形式、结构、表述等方面以"案例"形式编写，凸显了"应用性"，而这种"应用性"正是会计学本科专业应用型人才培养目标的内在要求。

　　(2) 注重各科教材的统筹与协同。如何处理好各相关课程之间内容上的协调，是教材编写中常常遇到的一个难题。该系列教材对此做了良好协调与分工，最大限度地减少了教材之间内容的重复，同时在教材编写体例和格式、专业用语等方面做了统一规范。这样便实现了系列教材所特有的整体协同优势。

　　(3) 教材使用对象定位清晰。该系列教材以会计学本科专业知识传授与技能培养为目标定位，具有教师好教、学生好学的特点，能很好地满足高等院校本科会计类专业的教学需求。在写作上，文字精练，通俗易懂，避免了空话、套话的冗长表达；在内容安排上，循序渐进，由浅入深；在编写体例上，针对会计学本科专业的特点，章节内容前设置有"学习要点及目标""核心概念""引导案例"，章节内容后设置有"本章小结"和"自测题"等导学督学性"项目"；在阐释基本内容时，对于重要的知识点或法规，通过设置"阅读资料"的方式提示学生特别留意。通过这些做法对提高学生学习能力和效率会有很大帮助。

(4) 紧扣最新会计、审计及财务法规，突出与理论发展和实践发展的良好对接。该系列教材围绕最新修订的会计、审计及财务法规和实务进展而编写，以尽量降低课本知识与理论和实践相脱节的程度。

教学质量的提升是一个永续的过程，好的教材是教学质量提升的基础环节，而一套好的教材，需要经过教学实践的反复检验和编写者的不断修改才能趋向完美。希望该系列教材的使用者对教材的完善多提宝贵意见，也希望教材的编写者能够根据使用者的意见和理论与实践的发展及时对该系列教材予以修订完善。

山东财经大学副校长
中国会计学会常务理事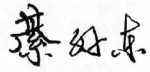
山东省会计学会会长

2019 年 3 月

前　　言

会计学科是一门政策性、技术性、应用性较强的学科。"基础会计学"是会计学专业的基础课程。基础会计学主要阐述会计学的基本知识、基本程序、基本方法和基本技能，目的是让学生通过这门课程的学习，了解和掌握会计学的基本知识、方法和技能，以便在未来的学习和工作中学以致用。

本书主要有以下特点。

(1) 知识全面、与时俱进。本书借鉴了不同学派、不同会计理论的研究成果，强调与时俱进，重视政策性和国际化。教材编写以国家的现行企业会计准则为指导，同时考虑国际惯例的衔接问题。

(2) 循序渐进、相互衔接。本书共分10章。每章开篇都设计了"学习要点及目标""核心概念""引导案例"栏目，以便引发学生兴趣。每章内容和顺序都进行了认真安排，注重不同章节的内在联系和难易程度，做好衔接工作；每章结束后都做了小结，总括各章涉及的重点和难点；每章最后都设计了配套的自测题帮助学生进行针对性训练。

本书由山东科技大学丛爱红担任第一主编，烟台大学周竹梅担任第二主编，临沂大学刘康伟担任副主编。本书编写分工如下：丛爱红编写第1章、第2章、第3章；刘康伟编写第4章、第5章、第6章；周竹梅编写第7章、第8章、第9章、第10章。全书由丛爱红负责总体设计和协助统筹。本书参考了许多同行专家的研究成果，特此表示诚挚的感谢。

由于编者水平有限，书中疏漏之处在所难免，敬请专家及读者批评指正。

丛爱红
2019年1月

目 录

第一章 总论 1
第一节 会计的产生和发展 2
一、会计的产生 2
二、会计的发展 2
第二节 会计的含义和职能 4
一、会计的含义和本质 4
二、会计的基本职能 5
第三节 会计目标和会计信息质量要求 6
一、会计目标 6
二、会计信息使用者对会计信息的需求 7
三、会计信息质量要求 8
第四节 会计核算的基本假设及会计的记账基础 9
一、会计核算的基本假设 9
二、会计的记账基础 10
第五节 会计方法 11
一、会计方法的概念 11
二、会计核算方法 11
本章小结 12
自测题 13

第二章 会计要素和会计等式 15
第一节 会计对象 16
一、会计对象的概念 16
二、会计对象的基本内容 16
三、企业资金运动形态 16
第二节 会计要素 17
一、会计要素的概念 17
二、会计要素的内容 18
第三节 会计要素计量 25
一、会计要素计量的概念 25
二、会计要素的计量单位与计量属性 25
第四节 会计等式 27
一、会计等式的概念 27
二、会计等式的种类 27
三、经济业务对会计等式的影响 28
本章小结 32
自测题 33

第三章 会计科目、账户和复式记账原理 37
第一节 会计科目 38
一、会计科目的概念与意义 38
二、设置会计科目的原则 38
三、会计科目的名称和编号 39
第二节 账户 40
一、账户的概念 40
二、账户的分类 41
三、账户的结构和内容 43
第三节 复式记账的原理 45
一、记账方法 45
二、借贷记账法 47
第四节 账户按用途和结构分类 54
一、盘存账户 54
二、资本账户 55
三、结算账户 55
四、成本计算账户 56
五、跨期摊提账户 57
六、集合分配账户 57
七、调整账户 58
八、损益计算账户 59
九、财务成果账户 60
本章小结 62
自测题 62

第四章 企业主要经济业务的核算及成本计算 67
第一节 资金筹集业务的核算 68
一、所有者权益筹资的核算 69
二、负债筹资业务的核算 71

第二节 供应过程的核算和材料采购
成本计算 75
一、购买固定资产的核算 75
二、材料采购成本的计算及外购
材料业务的核算 77
第三节 生产业务的核算和产品生产
成本的计算 81
一、生产业务的核算 81
二、产品成本的计算 85
第四节 销售过程业务的核算 86
一、发出存货成本的计算 86
二、销售业务的核算 90
第五节 财务成果的形成及分配业务的
核算 96
一、财务成果的构成及计算 96
二、营业利润的核算 97
三、净利润的核算 98
四、财务成果分配的核算 101
本章小结 104
自测题 104

第五章 会计凭证 109

第一节 会计凭证概述 110
一、会计凭证的作用 110
二、会计凭证的种类 111
第二节 原始凭证 111
一、原始凭证的种类 111
二、原始凭证的基本内容 113
三、原始凭证的填制 113
四、原始凭证的审核 114
第三节 记账凭证 115
一、记账凭证的种类 115
二、记账凭证的基本内容 117
三、记账凭证的填制 118
四、记账凭证的审核 121
第四节 会计凭证的传递与保管 121
一、会计凭证的传递 121
二、会计凭证的保管 121
本章小结 122
自测题 122

第六章 会计账簿 125

第一节 会计账簿概述 126
一、会计账簿的含义 126
二、会计账簿的作用 126
三、会计账簿的种类 127
四、会计账簿的基本内容 128
第二节 账簿的设置与登记 129
一、账簿的设置要求 129
二、账簿的登记规则 129
三、日记账的格式与登记 130
四、分类账的格式与登记 132
五、总分类账与明细分类账的
平行登记 135
第三节 错账更正 137
一、划线更正法 137
二、红字更正法 138
三、补充登记法 139
第四节 账簿的更换与保管 140
一、账簿的更换 140
二、账簿的保管 140
本章小结 140
自测题 141

第七章 会计报表编制前的准备工作 145

第一节 账项调整 146
一、会计基础 146
二、期末账项调整 148
第二节 财产清查 151
一、财产清查的意义 151
二、财产清查的种类 152
三、财产清查前的准备工作 153
四、财产清查的内容和方法 154
五、财产清查结果的处理 159
第三节 对账和结账 162
一、对账 162
二、结账 163
本章小结 164
自测题 165

第八章 财务会计报告 171

第一节 财务会计报告概述 174

一、财务报表的含义 174
二、财务报表的分类 174
三、财务报表编制的基本要求 175
第二节 资产负债表 177
一、资产负债表的概念 177
二、资产负债表的内容 177
三、资产负债表的作用 178
四、资产负债表的格式 178
五、资产负债表的编制 179
第三节 利润表 205
一、利润表的概念 205
二、利润表的内容 205
三、利润表的作用 206
四、利润表的格式 206
五、利润表的编制 208
本章小结 209
自测题 209

第九章 账务处理程序 213

第一节 账务处理程序概述 214
一、账务处理程序的意义 214
二、账务处理程序设计的
　　基本要求 215
三、账务处理程序的基本流程和
　　种类 215
第二节 记账凭证账务处理程序 .. 216
一、记账凭证账务处理程序的
　　基本内容 216
二、记账凭证账务处理程序的
　　特点及适用范围 217
三、记账凭证账务处理程序举例 .. 217
第三节 科目汇总表账务处理程序 ... 240
一、科目汇总表账务处理程序的
　　基本内容 240
二、科目汇总表的编制 241
三、科目汇总表账务处理程序的
　　特点及适用范围 241

四、科目汇总表账务处理程序
　　举例 242
本章小结 247
自测题 248

第十章 会计工作组织 253

第一节 会计工作组织概述 254
一、会计工作组织的内容和意义 .. 254
二、会计工作组织的原则 255
第二节 会计机构 255
一、会计机构的含义 255
二、会计机构的设置 256
三、会计工作岗位的设置 256
四、会计工作的组织形式 256
五、会计监督体系 257
第三节 会计人员 258
一、会计人员的设置及要求 258
二、会计人员的职责和权限 258
三、会计工作交接 259
四、会计人员的职业道德 261
五、会计人员的专业技术职务 261
第四节 会计法规体系 261
一、会计法律 262
二、会计行政法规 262
三、国家统一的会计制度 263
四、地方性会计法规 263
第五节 会计档案 263
一、会计档案的概念及其内容 264
二、会计档案的作用 264
三、会计档案的保管 264
四、会计档案的移交和销毁 265
本章小结 266
自测题 266

参考文献 268

第一章

总　论

【学习要点及目标】
- 掌握会计的概念、特点、职能和会计目标；
- 理解会计信息质量要求；
- 了解会计的产生和发展，会计的职能。

【核心概念】

会计　会计职能　会计信息质量要求

【引导案例】

欢迎同学们加入会计大家庭！今天是你们的第一门专业基础课"基础会计学"的第一次课！大家一定很好奇，你们将学到什么吧？

首先，问大家三个问题：会计是干什么的？为什么要学会计？学了会计能干什么？

同学们，我猜你们想象里的答案应该是：会计是个不错的工作！首先，每个单位都有会计科，需要好几个会计人员。其次，会计上班坐在办公室里，风吹不着，雨淋不着，工作稳定，最适合女孩子干了！还有，会计是一门国际语言，学好了会计，能去想去的国家工作。

同学们，会计的学问可大了，会计专业知识是现代商业语言的最重要内容，会计工作是在国际会计准则的指引下的有规则的会计信息管理活动。你们都是对会计有兴趣才报考的会计专业，要想成为一名合格的会计，今天我们就从本书的第一章"总论"学起吧！

第一节 会计的产生和发展

一、会计的产生

会计是社会生产发展到一定阶段的产物。在人类历史早期，生产力低下，剩余产品数量很少，也没有太多产品计量与记录的需求。人们仅靠头脑记忆生产中耗费的劳动成本和取得的劳动成果就已经能够满足日常需要。旧石器时代的中晚期，随着生产规模扩大和产品数量的增加，当人们仅仅靠头脑记忆和简单计数无法计量和记录数量众多且复杂的事务时，一些人开始通过"刻木记事""结绳记事"等手段把这些经济活动计算和记录下来。但这些人既从事生产劳动，又开展计量活动，因此，他们并不是严格意义上的会计。

真正具有独立职能的会计产生于奴隶社会后期。在那个时期，随着生产力的提高和私有制的出现，剩余产品逐渐增加。当生产力发展到一定程度，奴隶主在占有剩余产品的同时，也需要专门的部门与人员负责管理这些私人财富。在这种情况下，一些专门从事会计活动的人脱离了生产职能，成为独立管理和保护奴隶主私人财富的特殊群体，也就是早期的会计。从此，会计便从生产中独立出来，具有专门的职能。

二、会计的发展

按照会计发展的历史，会计具体分为古代会计、近代会计和现代会计。

(一)古代会计

大约公元前3000年至1494年，通常叫作古代会计时期。

在奴隶社会后期，会计摆脱了生产职能，专门为委托的当事人服务。从那时起到15世纪末，为了更好地履行财务管理职责，早期的简单计量和记录行为逐渐发展成为单式簿记体系并得到了广泛应用。

古巴比伦、古埃及、古印度和古代中国是世界公认的四大文明古国。这些国家很早就开始了会计活动。大约公元前3000年,古埃及法老(国王)的"录事",古印度的"记账员"其实就已经具备了会计的某些特征。

"会计"一词,在中国出现在公元前1100年至公元前250年左右的西周时期。《周礼》篇对会计的描述是"会计,以参互考日成,以月要考月成,以岁会考岁成"。这句话的意思是会计每日要有零星核算,每月要有汇总核算,每年要有年终核算。通过这些核算,会计就可以记录和计算财产、物资的收支情况并在此基础上做到收支平衡。

中国的会计制度在唐宋时期有了全面发展。唐朝的"三省六部"制明确了政府机构中会计、出纳及审计的不同职责。宋朝的"三司会计司"设置了会计账簿和会计报表。宋朝使用的"四柱清册"制度,即"四柱结算法",在当时是非常先进的会计制度。四柱指的是旧管、新收、开除、实在四个方面,相当于现代会计术语所说的期初结存、本期收入、本期付出和期末结存。四柱之间的结算关系可以简单地归结为一条公式:旧管+新收=开除+实在。

自15世纪中期开始,随着西方国家的崛起,中国逐渐失去了政治、经济、文化及科技优势。自此,西方发达国家占据了世界的主导地位。随着西方殖民主义在全世界的推广,西方会计体系最终成为世界的标准。

(二)近代会计

1494年至20世纪30年代,通常叫作近代会计时期。

在15世纪之前,随着商业活动的不断增加,西方会计制度逐渐成熟。在那个时期,中世纪的教会组织具有很大的权力,财务往来非常频繁,会计制度日臻完善。例如,基督教会已经有了专门管理收支的人员,并采用了账簿记录和报表制度。这些都是近代会计制度的雏形。

近代会计的标志是复式簿记方法的出现。所谓复式簿记方法是与古代会计时期的单式簿记体系相对的一种记账方法。这种方法起源于13世纪至15世纪的意大利。当时,由于意大利各银行之间存在大量的借贷资本和商业资本业务,因此,单式簿记体系已经难以胜任这些工作。在这种情况下,复式簿记方法应运而生。1494年,威尼斯的复式记账法经意大利数学家卢卡·帕乔利的介绍受到人们的重视。卢卡·帕乔利在《算术、几何、比及比例概要》一书中从理论上论证了复式记账法的可行性和必要性。随着复式簿记方法的推广,公认的会计原则得到社会认可,古代会计时期的单式簿记体系逐渐衰落。

19世纪英国工业革命以后,商品经济的发展导致股份公司大量出现,股东的多样化也对原有的会计制度提出了新的要求。它意味着企业不仅要记账算账,而且要编制和审查财务报表,以便接受外界监督。1854年成立的英国爱丁堡会计师公会标志着这种新型会计制度的完善。第一次世界大战后,英国的地位下降,美国崛起并在20世纪30年代成为会计学的世界中心。

当西方开始采用复式簿记方法的时候,中国仍然在沿用古代的会计核算方法。明末清初,中国普遍使用的是"龙门账",即全部账目分为四大类:进(各项收入)、缴(各项支出)、存(各项资产)和该(全部负债)。计算公式为:进-缴=存-该。用户分别编制进缴表(相当于利润表)和存该表(相当于资产负债表)计算盈亏数额。清代中期以前采用的主要是"天地合账"。清代中期以后至民国时期则采用了中西会计并存的会计核算方法。

(三)现代会计

20 世纪中期至今,通常叫作现代会计时期。

20 世纪 30 年代以后,标准成本会计制度成为通行的会计理论。独立的财务会计、管理会计等会计准则陆续出台。随着 20 世纪 40 年代末计算机在美国问世并引入会计系统,会计信息的搜集、分类、处理等操作程序实现了自动化、电子化,建立在计算机基础上的现代会计出现了。1973 年,英、美、德、法、澳、加等国联合成立的国际会计准则委员会标志着国际化的到来。目前,该委员会制定的《国际会计准则》已经成为西方主要发达国家通用的会计准则。

1949 年中华人民共和国成立后,我国全面学习苏联模式,主要采用了政府主导型的会计核算方法。1978 年改革开放以来,为了适应市场经济并与国际会计惯例接轨,我国多次修订原有会计制度。21 世纪以来,我国现行的《企业会计准则》等已与《国际会计准则》高度趋同。

第二节　会计的含义和职能

一、会计的含义和本质

(一)会计的含义

《现代汉语词典》对会计的定义是:"监督和管理财务的工作,主要内容有填制各种记账凭证,处理账务,编制各种报表等。"按照管理活动论的理论,会计是以货币为主要计量单位,通过一系列专门的方法,对企业的经济活动进行连续、系统、全面、综合的核算和监督,并在此基础上,对经济活动进行分析、考核和检查,以提高经济效益的一项管理活动。

(二)会计的本质

会计本质是会计本身所固有的,决定会计的性质、面貌和发展的根本属性。我国当今社会主流学说认为会计是一种管理活动,属于经济管理部分。目前,主要有以下几个观点。

1. 管理活动论

会计管理活动论认为会计本质上是一种经济管理活动。会计是以提高经济效益为目的、以货币为主要计量单位,对企业的资金活动进行反映和监督,并在此基础上进一步参与企业预测、决策、控制、分析、考核等的管理活动。

杨纪琬、阎达五教授在 1980 年中国会计学会成立大会上最早提出了会计管理活动论。该流派认为会计不仅是管理经济的工具,它本身就具有管理的职能。因此,会计是一种管理活动。

2. 会计信息系统论

所谓会计信息系统论，是把会计的本质理解为一个经济信息系统。会计信息系统是指在企业或其他组织范围内，旨在反映和控制企业或组织的各种经济活动，而由具有内在联系的程序、方法和技术所组成，由会计人员加以管理，用以处理经济数据、提供财务信息和其他有关经济信息的有机整体。

20世纪60—70年代，美国会计学会等形成的会计信息系统论流派提出："在本质上会计是一个信息系统。"20世纪70年代，这种观点在西方会计界成为主流。

目前，国内的余绪缨、葛家澍教授是会计信息系统论的代表。

3. 会计方法论

该流派认为会计是以货币为主要计量单位，进行连续、系统、全面的记录和计算的记账、算账、报账方法。

4. 会计艺术论

20世纪40年代，美国会计师协会所属会计名词委员会指出："会计是一种艺术，它用货币形式，对具有或至少部分具有财务特征的交易事项，予以记录、分类及汇总并解释由此产生的结果，使之处于有意义的状态。"

5. 管理工具论

该流派认为会计是一种经济管理的工具或手段。这种观点曾经在苏联和中国等社会主义国家流行，并起到一定作用，但现在基本不再使用。

6. 会计控制论

该流派认为现代会计是一个控制系统，侧重于对企业的决策与控制。这是一个新兴的学派。

目前，"管理活动论"和"会计信息系统论"是国内会计界影响最大的两个流派。

二、会计的基本职能

会计的职能是指会计在企业经营管理过程中所具有的功能，会计的功能就是会计本身所具有的能力。我国《会计法》第五条规定：会计要"进行会计核算，实行会计监督"。因而，学术界一般认为核算和监督是会计的两个基本职能，这两个职能体现了会计的本质特征。

(一)核算职能

会计核算职能是指会计以货币为主要计量单位，通过确认、计量、记录、报告等环节，综合反映各单位经济活动情况，提供会计信息的功能。这是会计最基本的职能，贯穿于经济活动的全过程。会计核算主要有以下表现。

(1) 在处理经济业务时，会计核算将经济活动以货币作为计量单位进行量化表达。

(2) 会计核算是一个相互联系的完整体系，具有完整性、连续性和系统性的特点。整个过程不能有遗漏、中断现象发生。

(3) 会计核算要经过会计确认、会计计量、会计记录、会计报告四个环节。

会计确认是指依据一定的标准和方法，通过识别、判断、辨认来确定经济信息作为会计信息正式记入会计账簿，并列入会计报告的过程。

会计计量是指企业在将符合确认条件的会计要素登记入账并列报于会计报表及其附注时，应当按照规定的会计计量属性进行计量，确定其金额。

会计记录是指各项经济业务经过确认、计量后，采用一定方法在账户中加以记录的过程，包括以原始凭证为依据编制记账凭证，再以记账凭证为依据登记账簿。

会计报告是指企业对外提供的反映企业某一特定日期的财务状况和某一会计期间的经营成果、现金流量等会计信息的文件。

(4) 会计确认、会计计量、会计记录、会计报告四个部分在会计核算中的作用各不相同。会计确认是会计计量的前提，同时，会计计量让会计确认具有意义，使其以定量的金额转化为会计信息并以财务报告的形式向会计信息使用者提供所需要的会计信息。

(二)监督职能

监督职能是指会计人员在进行会计核算的同时，审查经济活动的合法性、合理性。

(1) 合法性审查是指依据国家颁布的法令、法规审查各项经济业务是否有违法乱纪行为。

(2) 合理性审查是指审查单位各项财务收支是否符合客观经济规律，是否有违背内部控制经营管理制度的要求。监督职能主要通过价值指标实行监督，贯穿于企业经济活动的全过程，包括事后监督、事中监督及事前监督。

上述会计的两项基本职能既相辅相成，又辩证统一。会计核算是会计监督的基础，没有会计核算所提供的各种会计信息，会计监督就失去了依据；而会计监督又是会计核算质量的保障，只有核算，没有监督，会计核算所提供信息的真实性、可靠性就难以保证。

会计除了核算和监督两个基本职能之外，还有预测、决策、控制、分析和考核等拓展职能。

第三节　会计目标和会计信息质量要求

一、会计目标

会计目标，也称作会计目的，指的是会计工作所要达到的目的，即追求利润和提高经济效益。它需要满足会计信息使用者对会计信息的需要。

我国现行《企业会计准则——基本准则》指出：财务会计报告的目标是向财务会计报告使用者提供与企业财务状况、经营成果和现金流量等有关的会计信息，反映企业管理层受托责任履行情况，有助于财务会计报告使用者做出经济决策。

关于会计目标，主要有两种学术观点：决策有用观和受托责任观。

(1) 决策有用观的会计目标是向信息使用者提供对其进行决策有用的信息。
(2) 受托责任观的会计目标反映企业管理层受托责任的履行情况。

综上所述，受托责任学派主张向资源的提供者报告资源受托管理的情况，而决策有用学派主张向信息的使用者提供用于决策的信息。

二、会计信息使用者对会计信息的需求

会计信息的使用者也称财务会计报告使用者，包括投资者、债权人、政府及其有关部门和社会公众等。不同的会计信息使用者使用会计信息的目的不同，会计信息使用者对会计信息的需求分为外部对会计信息的需求和内部对会计信息的需求。

(一)外部对会计信息的需求

1. 政府

政府部门需要了解企业的经营活动等情况。在此基础上，政府部门才能够制定和调整相应的税收等经济政策，做好资源配置等决策工作。

2. 债权人

债权人最关心的是本金和利息是否能够按期收回，需要了解企业的债权和利息情况，从而确定债务人是否有足够的能力按期偿付债务。

3. 供应商

供应商最关心的是货款能否收回和持续合作的能力。他们需要了解企业的经营状况，从而决定是否提供商业信用、扩大规模或调整经营方向。

4. 客户

客户是企业产品的终端消费者。他们最关心的是产品质量、价格和持续供货能力，需要了解企业未来是否能够继续提供产品和服务。

(二)内部对会计信息的需求

1. 投资者

投资者需要了解企业的资本结构变化、投资和收益情况，他们最关心的是投资回报和投资风险，他们需要了解企业的经营成果和利润分配等信息，从而决定是否追加或减少投资。

2. 管理层

管理层最关心的是企业战略制定的依据、战略执行的效果，他们需要用企业的经营成果证明自己的工作业绩。

3. 员工

员工直接参与企业的经营，他们最关心的是企业的发展前景和就业保障。

三、会计信息质量要求

会计信息质量要求也称为会计信息质量特征，即会计信息应当具有的质量要求、质量标准。它既是会计信息使用者对企业财务会计报告的规范要求，也是企业财务会计报告所提供的会计信息应具备的基本特征。我国现行的《企业会计准则——基本准则》指出：企业应当以实际发生的交易或者事项为依据进行会计确认、计量和报告，如实反映符合确认和计量要求的各项会计要素及其他相关信息，保证会计信息真实可靠、内容完整。会计信息质量要求主要包括可靠性、相关性、可理解性、可比性、实质重于形式、重要性、谨慎性和及时性等原则。

(一)可靠性

可靠性也称客观性、真实性，要求企业应当以实际发生的交易及其合法凭证为依据，按照确认、计量、记录和报告的会计程序如实反映财务状况的各项会计要素。这一原则要求企业应当运用正确的会计原则和方法，客观对待审核无误的原始凭证，也就是会计内容必须真实可靠，会计信息必须准确完整。

(二)相关性

相关性指的是企业所提供的会计信息应与财务会计报告使用者的经济决策相关，有助于财务会计报告使用者对企业过去、现在或者未来的情况做出评价或者预测。

(三)可理解性

可理解性也称明晰性，指的是企业提供的会计信息应当清晰明了，易于理解，方便财务会计报告使用者有效地使用会计信息。

(四)可比性

可比性指的是企业提供的会计信息应当具有可比性。这包括两层含义，一是指同一企业不同时期发生的相同或相似的交易或事项的会计信息质量具有可比性，即同一企业不同时期发生的相同或者相似的交易或者事项，应当采用一致的会计政策，不得随意变更。二是指不同企业发生的相同或者相似的交易或者事项的会计信息质量具有可比性，即不同企业发生的相同或者相似的交易或者事项，应当采用规定的会计政策，确保会计信息口径一致、相互可比。这种可比性可以帮助会计信息使用者及时了解企业的财务状况、经营情况和各类变动信息，从而做出相应决策。

(五)实质重于形式

实质重于形式指的是企业应当按照交易或者事项的经济实质进行会计确认、计量和报告，不应仅以交易或者事项的法律形式为依据。形式是指法律形式，实质是指经济实质。

(六)重要性

重要性指的是企业提供的会计信息应当反映与企业财务状况、经营成果和现金流量等有关的所有重要交易或者事项。重要性的应用取决于会计人员的职业判断，有可能对决策产生一定影响。

(七)谨慎性

谨慎性又称稳健性，指的是企业对交易或事项进行确认、计量和报告应当保持应有的谨慎，不应高估资产或者收益、低估负债或者费用，避免对使用者的决策产生误导。

(八)及时性

及时性指的是企业对于已经发生的交易或者事项，应当及时进行会计确认、计量和报告，不得提前或者延后。会计信息具有时效性，一旦错过时机，则失去了帮助使用者做出经济决策的价值。

第四节 会计核算的基本假设及会计的记账基础

一、会计核算的基本假设

会计核算的基本假设是会计确认、计量和报告的前提，是根据会计核算所处的时间、空间环境做出的合理设定，主要有会计主体、持续经营、会计分期和货币计量四个假设。

(一)会计主体

会计主体也称为会计实体、会计个体，指的是会计核算和监督的特定单位，是会计确认、计量、记录、报告的空间范围，即会计为其服务的单位。成为会计主体的单位一般需要具备资金独立、自主经营、独立核算、自负盈亏等条件。

对空间范围的限定，一要分清单位与单位的界限，二要公私分明。

需要注意的是：法律主体与会计主体不是同一个概念。法律主体一般是会计主体，但会计主体不一定是法律主体。例如，母公司与子公司是会计主体，同时也都是法律主体。而总公司和分公司不同，前者是法律主体与会计主体，后者只是会计主体，即企业内部单独核算的部门可以是一个会计主体，但这个部门并不是一个法律主体。

(二)持续经营

持续经营是指会计主体的生产经营活动将无限期地延续下去，在可以预见的将来，企业不会出现停业、解散、清算、倒闭的状况。

持续经营是企业的一种生产经营延续状态。考虑到企业生产经营过程中有可能因市场变化产生亏损、转型、缩减经营规模甚至被迫停业，因此，企业在进行财务会计核算时，往往需要定期分析和判断企业是否能够持续经营。

(三)会计分期

会计分期又称会计期间，指的是将一个企业的持续经营活动划分为连续、相等的会计期间。企业通过分期结算盈亏，定期编制财务会计报告，能够让会计信息使用者及时了解企业的经营成果、财务状况和各类变动情况等会计信息。

会计期间分为年度会计期间和中期会计期间。按年度编制的财务会计报表也称为年报。中期是指短于一个完整的会计年度的报告期间。中期会计期间可以分成月度、季度、半年度。我国现行《企业会计准则——基本准则》规定，年度会计期间采取公历年度，自每年1月1日至12月31日。在国际上，会计期间可以按实际周期来划分，其周期可以长于或者短于公历年度。

(四)货币计量

货币计量是指在会计核算过程中以货币作为计量尺度，记录、反映会计主体的财务状况和经营成果。

我国现行《企业会计准则》规定会计核算应该以人民币作为记账本位币。考虑到中国有些涉外企业或在华外国公司的经营活动更多地涉及外币，企业可以在进行会计核算时选定某种外币作为记账本位币，但这些企业报送的财务会计报告，应当折算为人民币。

二、会计的记账基础

会计的记账基础，指的就是在会计核算中，以何种标准确认、计量、记录和报告特定会计期间交易或者事项引起的收入、费用的方法。

(一)权责发生制

权责发生制也称应计制或应收应付制，指的是收入和费用计入某个会计期间的标准，不是以在该期间内款项是否收到或付出为标志，而是以收入和费用是否归属该期间来确定。也就是说，凡是本期实现的收入和发生的费用，不论款项是否实际收到或者支付，都应当作为本期的收入和费用入账；凡是不属于本期的收入和费用，即使款项在本期收到或者支付，也不作为本期的收入和费用处理。

(二)收付实现制

收付实现制也称现金制或现收现付制。它与权责发生制相对应，是以款项是否实际收到或付出作为确定本期收入和费用的标准。也就是说，凡是本期实际收到的款项，无论其是否属于本期实现的收入，都作为本期的收入处理；凡是本期付出的款项，无论其是否属于本期负担的费用，都作为本期的费用处理。

权责发生制与收付实现制都是会计核算的记账基础。目前，我国的企业等营利组织一般采用权责发生制，而政府等非营利组织一般采用收付实现制。权责发生制与收付实现制的对比如表1-1所示。

表1-1 权责发生制与收付实现制的对比

事 项	权责发生制	收付实现制
1月份预付全年的报纸杂志费1200元	按12个月平均计算，每月100元。除100元为当月费用外，其余1100元为预付账款	1200元全部作为当月费用

续表

事 项	权责发生制	收付实现制
1月份出售的一批商品共2000元，尚未收到货款	1月份，账上记收入2000元	1月份，账上不记收入
1月份赊销的价值2000元的商品，货款在2月份收到	2月份，账上不再记收入	2月份，账上记收入2000元

第五节 会 计 方 法

一、会计方法的概念

会计方法是指从事会计工作所使用的方法，主要有会计核算方法、会计分析方法和会计预测方法，其中最常用的方法是会计核算方法。

(1) 会计核算方法主要是指以统一的货币单位为量度标准，通过连续、完整地对会计对象进行核算和监督来实现会计目标的方法，包括设置账户、复式记账、填制和审核凭证、登记账簿、成本计算、财产清查和编制财务会计报告等具体方法。

(2) 会计分析方法是根据有关会计信息分析企业财务状况和经营成果的方法。常用的分析方法有趋势分析法、因素对比法、指标对比法、比率分析法等。

(3) 会计预测方法是通过定量或定性方式推测和判断经济活动发展变化规律的方法，目的是为会计决策提供信息。会计预测主要包括成本预测、利润预测、资金预测、价格预测、销售预测、财务状况预测和综合经济效益预测等内容。

基础会计学中，通常将会计核算方法简称为会计方法。

二、会计核算方法

会计核算的通常做法是：在经济业务发生后，会计单位需要按规定的手续填制和审核凭证，使用复式记账法将会计信息登记在有关账簿中；在某一时间开展成本计算和财产清查，确保账证、账账、账实相符；在账簿记录准确无误的情况下编制财务会计报告。会计核算主要使用以下七种方法。这些方法相互联系，彼此制约。

(一)设置账户

设置账户是一种会计方法，目的是对会计对象的具体内容实行分类、连续地记录，以便进行核算和监督，从而获得经营管理所需要的会计信息。

(二)复式记账

复式记账是一种记账方法。该方法把每项经济业务的相关内容，同时在两个或两个以上账户中进行登记，能够真实反映每一笔经济业务的往来情况，确保账簿记录的正确性和完整性，是目前使用最多的记账方法。

(三)填制和审核凭证

会计凭证是一种记账证明，是真实记录经济业务的书面依据。会计凭证的真实性是正确填制和审核会计凭证的前提，在此基础上，会计核算和监督工作才能发挥作用。

(四)登记会计账簿

登记会计账簿或者记账，就是根据会计凭证提供的会计信息在账簿中进行归纳、整理、分类，使其能够提供完整、连续、系统的会计核算资料，清晰地记录各项经济业务的往来情况，方便会计分析和会计检查。

(五)成本计算

成本计算是一种综合反映企业生产经营活动的会计方法，目的是确定会计对象的总成本和单位成本。通过分析生产经营过程的费用支出，该方法可以帮助企业确定盈亏状况并调整产品价格，为企业提供经营决策依据。

(六)财产清查

财产清查是一种企业管理方法，目的是通过财产清查，确保账实相符。具体做法一般是通过核对账目、盘点实物，明确各种结算款项的执行情况，查清财产物资实有数额、积压、损毁、保管和使用情况，以便及时采取措施，加强管理。

(七)编制财务会计报告

编制财务会计报告是指在日常核算的基础上，按照相关要求和一定格式将企业的经济活动定期编制成财务会计报告，以考核企业经营战略和预算执行结果的一种专门方法。编制财务会计报告主要用于考核财务计划的有效性，了解预算执行情况，并在此基础上做出新的财务计划，安排新的预算。

本 章 小 结

会计是随着社会生产实践而产生和发展起来的，经济越发展，会计越重要。会计是以货币为主要计量单位，以凭证为依据，借助于专门的技术方法，对单位的资金运动进行全面、综合、连续、系统的核算与监督，向会计信息使用者提供会计信息，旨在提高经济效益的一种管理活动。会计的基本职能是核算和监督。会计对象是会计核算和会计监督的内容，或叫资金运动。会计的基本四大假设包括会计主体、持续经营、会计分期和货币计量，是会计核算工作的基本前提。我国现行《企业会计准则——基本准则》规定了八条会计信息质量要求，包括可靠性、相关性、可理解性、可比性、实质重于形式、重要性、谨慎性和及时性。企业会计核算的基础是权责发生制。政府会计核算的基础是收付实现制。会计学是管理学科的一门分支学科，会计学基础是会计学科体系中最为基础的主干核心课程。

自 测 题

一、单项选择题

1. 会计主体是指会计所服务的( )。
   A. 特定单位 B. 投资者
   C. 债权人 D. 管理当局
2. 会计的基本职能是( )。
   A. 预测和决策 B. 控制和考核
   C. 核算和监督 D. 分析和判断
3. 会计的产生是由于( )。
   A. 技术进步的需要 B. 社会分工的需要
   C. 生产关系变革的需求 D. 管理社会生产活动的需要
4. 现代会计以( )作为主要的计量单位。
   A. 实物量度 B. 劳动工时量度
   C. 货币量度 D. 以上任何一种都可以
5. 在我国，制定会计准则和会计制度的机构是( )。
   A. 国家税务总局 B. 财政部
   C. 主管部门 D. 企业自身

二、多项选择题

1. 与会计信息质量要求有关的有( )。
   A. 重要性 B. 可比性
   C. 权责发生制 D. 实质重于形式
2. 企业在组织会计核算时，应遵循的会计假设包括( )。
   A. 会计主体假设 B. 持续经营假设
   C. 会计分期假设 D. 货币计量假设
3. 会计的基本特征是( )。
   A. 对企业未来进行预测 B. 以原始凭证为依据
   C. 以货币作为主要计量单位 D. 连续、系统、全面、综合反映和监督
4. 属于企业会计的是( )。
   A. 财务会计 B. 管理会计
   C. 财政总预算会计 D. 行政事业单位会计
5. 会计的目标是( )。
   A. 向会计信息使用者提供对决策有用的信息
   B. 反映企业管理层的受托责任的履行情况
   C. 提供企业非货币性的技术信息
   D. 提供企业非货币性的人员信息

三、判断题

1. 资产是一种经济资源,具体表现为具有各种实物形态的财产。( )
2. 会计的职能只有两个,即核算职能和监督职能。( )
3. 会计以货币计量为主,同时可以适当地运用其他计量单位。( )
4. 会计的基本职能既能反映过去,又能控制现在,还能预测未来。( )
5. 财务会计主要提供对外的会计信息,管理会计主要提供对内的会计信息。( )

四、简答题

1. 如何正确地理解会计的概念?
2. 会计的基本职能是什么?它们之间有何关系?
3. 简述会计假设的具体内容。
4. 简述对会计目标的认识。
5. 会计准则中会计信息质量要求的具体内容是什么?

第二章

会计要素和会计等式

【学习要点及目标】
- 掌握会计对象、会计要素的概念及特点,计量属性和会计等式;
- 理解不同会计要素之间的基本关系;
- 了解会计要素的定义、特征、经济业务对会计等式的影响。

【核心概念】

会计对象　会计要素　计量属性　会计等式

【引导案例】

三个同学大学毕业后创业，三人凑了 300 万元，钱不够，又向银行贷了款，然后就租赁了厂房、仓库、办公室，购买了机器设备，开始生产经营了。该企业基本的业务活动是：购买各种原材料，生产产品、对产品进行包装及入出库处理、对外销售产品，对设备进行维护保养，按月发放职工薪酬，如期上缴国家税金，定期同银行结算利息，到期归还银行贷款，年终给投资人分配利润等。

业务这么多，会计部门是如何组织核算的？每天几百笔业务，一笔一笔记账多麻烦呀？要不要想个办法分类？

同学们，如果你们也这样想，那么让我们共同来学习第二章吧。

第一节 会 计 对 象

一、会计对象的概念

会计对象是指会计核算和会计监督的内容。一般认为，会计对象的基本内容是社会再生产过程中的资金运动，在企业中则是指企业经营资金的运动。在商品经济条件下，凡是能够以货币表现的经济活动通常被称为资金运动，也称为会计对象。

二、会计对象的基本内容

会计对象的基本内容是企业经营资金的运动。经营资金是指企业所拥有和控制的各种财产物资的货币表现。随着企业经营活动的进行，这些资金相应地会发生价值以及形态上的变化。当资金被用于生产经营活动时，会产生资金的消耗，例如，企业用筹集到的资金购买材料、设备和支付职工薪酬时，会引起企业资金的减少。企业资金或转化为一种新的资产，或直接转化为成本费用。有时，企业的资金在被消耗之后会形成新的资产，引起企业资金的增加。例如，企业将生产的产品对外销售收回现金时，一方面会使库存商品减少，另一方面会使现金增加。事实上，对于持续经营的企业来说，其经营资金总是处在不断的运动和变化之中。

在会计上，一般把交易或事项发生以后所引起的资金的增减变动称为资金运动。企业的经营活动不是孤立进行的，任何一个企业的经营活动都与整个社会再生产过程中的资金运动有着密切联系，构成整个社会再生产过程中的资金运动的一个有机组成部分。

三、企业资金运动形态

产品生产企业的资金运动过程可划分为资金筹集、资金使用和资金退出三个阶段。

(一)资金筹集阶段

在资金筹集阶段，企业通过吸引投资者向企业投资或从银行借款等方式获取经营所需资金。一般而言，企业筹集的资金最初是以货币资金、实物、无形资产等形态进入企业的，具体表现为库存现金、银行存款、原材料、机器设备、专利技术等。

(二)资金使用阶段

资金使用阶段可分为供应、生产和销售三个过程。供应过程也称生产准备过程，企业运用筹集的资金进行产品生产的各项准备，包括购买产品生产所需材料和设备等，在这个过程中，货币资金形态会转化为储备资金和固定资金等形态。在生产过程中，企业要用货币资金支付生产经营的有关费用，利用储备的材料和购入的设备等进行产品生产，货币资金、储备资金和固定资金等会相应地转化为生产资金形态。产品生产完工以后，生产资金会转化为成品资金形态。在销售过程中，企业销售产品并收回货币资金，成品资金又转化为货币资金形态。

(三)资金退出阶段

资金的退出主要是由企业依法缴纳税费、按约定偿还债务和向投资者分配利润等引起的，这些交易或事项的发生会导致一部分资金退出企业的资金运动过程。企业资金运动形态如图2-1所示。

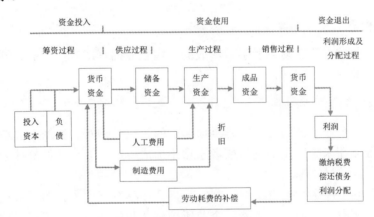

图2-1 制造业资金运动的形态

通过图2-1可以看出，制造业资金运动的形态包括资金投入、使用、退出三个阶段，筹资过程、材料供应、产品生产、商品销售和利润形成及分配五个过程，以及若干种资金形态变化。

第二节 会 计 要 素

一、会计要素的概念

(一)会计要素的定义

会计对象是会计监督和核算的内容。会计对象反映的是企业的资金运动。由于企业的资金运动种类很多,如果仅仅关注会计对象,那么对各种资金运动进行核算就无法进行。因此,有必要根据会计对象的经济特征做出基本的分类,这种分类就是会计要素。会计要素是会计确认和计量的基础,也是设定会计报表结构和内容的依据。

我国现行《企业会计准则》将会计要素分为六大部分,即资产、负债、所有者权益、收入、费用和利润。

(二)会计要素的特征

根据各会计要素在企业资金运动中的作用和存在形式,可以将六大会计要素分为两类。

资产、负债和所有者权益构成了企业资产负债表的基本内容,用来反映企业在某一特定日期的财务状况,被称作"资产负债表要素",又被称作"静态会计要素"。

收入、费用和利润构成企业利润表的基本内容,用来反映企业在某一特定期间的经营成果,被称作"利润表要素",又被称作"动态会计要素"。

二、会计要素的内容

(一)资产

1. 资产的概念

资产是指企业过去的交易或者事项形成的、由企业拥有或者控制的、预期会给企业带来经济利益的资源。

2. 资产的特征

(1) 资产是由企业过去的交易或者事项形成的,包括购买、生产、建造行为或其他交易或者事项。预期在未来发生的交易或者事项不形成资产,如已经做好计划,但尚未购买的汽车、机器设备、材料等。

(2) 资产必须是由企业拥有或者控制,是指企业享有某项资源的所有权,或者虽然不享有某项资源的所有权,但该资源能被企业所控制并从中获益。经营租赁的资产则不是企业资产。

(3) 资产是预期会给企业带来经济利益的资源,即与该资源有关的经济利益很可能流入企业,该资源的成本或者价值能够可靠地计量。如果预期不能给企业带来经济利益,那就不是企业的资产。

3. 资产的分类

资产既可以是实物形态,如资金、原料、设备、厂房等,也可以是债权形态,如应收款等,也可以是无形资产,如商标、债权、专利等。因此,企业从事生产经营活动时的物质条件统称为资产。按流动性划分,资产可以分为流动资产和非流动资产两大类。资产分类如图 2-2 所示。

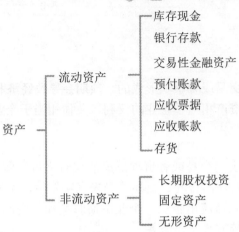

图 2-2 资产分类

(1) 库存现金。库存现金是指企业用于零星收付的纸币和硬币。我国现金管理暂行办法规定，超过现金结算起点的收付一律通过银行进行结算。

(2) 银行存款。银行存款是指企业存放在银行或其他金融机构的款项，用于结算起点以上的单位之间的资金收付结算。

(3) 交易性金融资产。交易性金融资产是指企业持有的随时可以用于交易的股票、债券、基金等金融资产。企业持有此类金融资产的目的是低买高卖，博取价差。

(4) 预付账款。预付账款是指企业在购买商品或接受劳务之前支付给供应商的款项。

(5) 应收票据。应收票据是指企业因销售商品或提供劳务而尚未收到的到期商业汇票，主要是银行承兑汇票。票据是证明交易双方债权债务存在的一种凭证，汇票是使用较为广泛的票据，主要用于商品或劳务的结算。

汇票由出票人或付款人签发，承诺在某一特定日期无条件支付一定金额给持票人或收款人的凭证。汇票按承兑人不同，分为银行承兑汇票和商业承兑汇票。

(6) 应收账款。应收账款是指企业因销售商品或提供劳务应该收取而尚未收到的款项。应收账款是企业的一项债权。

(7) 存货。存货是指企业持有的以备生产、加工使用的原材料及各种辅助材料，以备销售的商品、半成品，以备周转使用的包装物和低值易耗品等周转材料。

(8) 长期股权投资。长期股权投资是指企业持有被投资企业的股权，不准备在一年内变现的投资。主要是指对子公司、合营企业和联营企业的投资。

(9) 固定资产。固定资产是指使用年限在一年以上，单位价值在规定标准以上，并在使用过程中保持原来物质形态的资产，包括房屋、建筑物、机器设备、运输设备、工具器具等。

(10) 无形资产。无形资产是指企业为生产商品或者提供劳务、出租给他人，或为管理目的而持有的、没有实物形态的可辨认的非货币性长期资产，包括专利权、商标、专有技术、土地使用权等。

(二)负债

1. 负债的概念

负债是指企业过去的交易或者事项形成的、预期会导致经济利益流出企业的现时义务。它与企业的资产相对,即资产相当于企业的权利,负债相当于企业的义务。

2. 负债的特征

(1) 负债是由企业过去的交易或者事项形成的现时义务。即企业在现行条件下已承担的义务属于负债,但还没有做的合同、交易等尚未真实发生,不属于负债。

(2) 预期会导致经济利益流出企业。企业举债时增加了资产,债务到期自然有义务通过现金、劳务、转让财产等方式偿还债务。

3. 负债的分类

按偿还性来划分,负债可分为流动负债和非流动负债。

流动负债是指将在一年或者超过一年的一个营业周期内偿还的债务,包括短期借款、应付票据、应付账款、预收账款、应付职工薪酬、应交税费等。

非流动负债是指偿还期在一年或者超过一年的一个营业周期以上的债务,包括长期借款、应付债券等。

负债分类如图 2-3 所示。

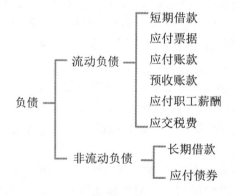

图 2-3 负债分类

(1) 短期借款。短期借款是指企业向银行或其他金融机构借入的期限短于一年,主要用于补充企业流动资金的各项借款。

(2) 应付票据。应付票据是指企业因购买商品或接受劳务而开给收款人或持票人特定金额和期限的商业汇票。

(3) 应付账款。应付账款是指企业因购买商品或接受劳务应该支付而未支付给供应商的账款。

(4) 预收账款。预收账款是指企业预先向客户收取的购买商品或接受劳务的款项。

(5) 应付职工薪酬。应付职工薪酬是指企业应向职工支付的工资报酬。职工每工作一天,企业就欠职工一天的薪酬,但薪酬费用的计算一般按月计算,因此,在企业实际发放工资之前，就形成了一笔流动负债。

(6) 应交税费。应交税费是指企业在从事生产经营活动中，按照税法要求计算出的各种应该向国家缴纳而尚未缴纳的税款，包括应交增值税、应交所得税、应交消费税等。

(7) 长期借款。长期借款是指企业向银行或其他金融机构借入的期限超过一年的各种借款，主要用于大型工程建设、研究开发等项目。

(8) 应付债券。应付债券一般是指企业为筹措大型工程建设、研究开发等项目向社会公开发行债券而筹集的长期资金。债券有面值、票面利率和期限，企业应在约定的时间和条件按票面利率偿还利息和本金，在没有偿还之前形成企业的非流动负债。

(三)所有者权益

1. 所有者权益的概念

所有者权益是指企业资产扣除负债后由所有者享有的剩余权益，又称为净资产。股份制公司的所有者权益又称为股东权益。

2. 所有者权益的特征

(1) 所有者权益是剩余权益，所有者仅对企业的净资产享有所有权，净资产是资产减去负债后的余额。

(2) 所有者权益的金额不能单独计量，依赖资产和负债的计量。可用公式表示为：所有者权益=资产－负债。

(3) 当企业发生清算时，债权人拥有优先清偿权，所有者的清偿权居于次位。

3. 所有者权益的分类

所有者权益由以下四个部分构成：实收资本(或股本)、资本公积、盈余公积、未分配利润。

(1) 实收资本(股本)。实收资本是指投资者按照有限责任公司章程或合同协议的约定，实际投入企业的资本。股本是按照股份面值计价的投入资本，我国上市公司发行的股票面值为每股1元人民币。一般有限责任公司用实收资本，股份有限公司用股本。

(2) 资本公积。资本公积是指投资者共有的资本，包括资本(股本)溢价和其他来源形成的资本。

(3) 盈余公积。盈余公积是指企业按照《中华人民共和国公司法》的规定及董事会的决议从当期税后利润中提取并留存在企业的收益，可用于弥补企业亏损。

(4) 未分配利润。未分配利润是指企业尚未指定用途，留待以后再向股东分配的利润。

所有者权益的分类如图2-4所示。

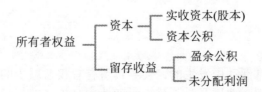

图2-4 所有者权益的分类

(四) 收入

1. 收入的概念

收入是指企业在日常活动中形成的、会导致所有者权益增加的、与所有者投入资本无关的经济利益的总流入。

2. 收入的特征

(1) 收入是企业在日常经营活动中形成的，即企业所从事的经常性生产活动得到的经济利益。

(2) 收入会导致所有者权益增加。只有导致所有者权益增加的经济利益才是收入，利润增加，所有者权益也相应增加。

(3) 收入是与所有者投入资本无关的经济利益总流入。所有者投入的资本不是收入，而是实收资本(股本)。

我国现行《企业会计准则》指出，收入只有在经济利益很可能流入从而导致企业资产增加或者负债减少，且经济利益的流入额能够可靠计量时才能予以确认。

3. 收入的分类

按企业从事日常活动的性质划分，收入可以分为销售商品收入、提供劳务收入、让渡资产使用权收入等。按企业从事的日常活动的重要性划分，收入可以分为主营业务收入和其他业务收入等。

收入的分类如图 2-5 所示。

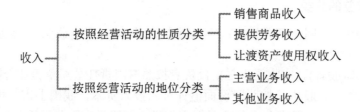

图 2-5　收入的分类

(1) 主营业务收入。主营业务收入是企业的主要经营活动产生的收入，如销售商品、提供劳务的收入。主营业务可以是一项业务，也可以是多项业务的集合，比如，一个集团既有酒店又有旅游等业务，企业可将这些业务带来的收入都确认为主营业务收入。

(2) 其他业务收入。其他业务收入是指除主营业务活动以外的其他经营活动实现的收入，如出售原材料，出租固定资产、无形资产和包装物等业务取得的收入。

(五) 费用

1. 费用的概念

费用是指企业在日常活动中发生的、会导致所有者权益减少的、与向所有者分配利润无关的经济利益的总流出。费用与收入相反，即费用是为了获得日常活动中经济利益的流入而产生的相应经济利益的流出，而收入则是上述情况的流入。

2. 费用的特征

(1) 费用是企业在日常活动中发生的经济利益的流出，如购置机器设备、原材料、发放工资、交纳税款等。

(2) 费用会导致所有者权益减少。在收入确定的情况下，费用增加必然会导致利润减少，从而导致所有者能享有的权益减少。

(3) 费用是与向所有者分配利润无关的经济利益的总流出。费用形式会导致资产的减少或企业负债的增加，但无论哪种形式，其实质都是企业的经济利益流出。

我国现行《企业会计准则》指出，费用只有在经济利益很可能流出从而导致企业资产减少或者负债增加，且经济利益的流出额能够可靠计量时才能予以确认。

3. 费用的分类

费用通常可分为营业成本、税金及附加、期间费用和所得税费用。营业成本分为主营业务成本和其他业务成本。期间费用分为管理费用、销售费用、财务费用。

按是否计入产品成本，费用可以分为计入产品成本的费用和不计入产品成本的费用。利润表中的营业成本是指已经销售的产品成本，不计入产品成本。直接计入当期损益的费用是税金及附加、销售费用、管理费用和财务费用。

费用的分类如图2-6所示。

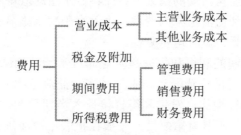

图2-6 费用的分类

(1) 主营业务成本。主营业务成本是指企业主要经营活动发生的支出，如销售商品或提供劳务所发生的成本。与主营业务收入是相对应的一个概念，如果是销售商品获得的主营业务收入，主营业务成本就是取得或制造该商品发生的成本；如果是提供劳务获得的主营业务收入，主营业务成本就是提供劳务的成本。

(2) 其他业务成本。其他业务成本是指除主营业务活动以外的其他经营活动所发生的支出，如出售材料的成本、让渡资产使用权的成本(出租固定资产折旧、出租无形资产的摊销额、出租包装物的成本等)。

(3) 税金及附加。税金及附加是指企业经营活动应负担的各种税费和教育费附加，包括消费税、城市维护建设税、资源税、教育费附加、房产税、土地使用税、车船税、印花税等相关税费。

(4) 销售费用。销售费用是指为推销产品以及专设销售机构而发生的各种费用，主要包括运输费、装卸费、包装费、保险费、广告费、展览费等。

(5) 管理费用。管理费用是指为组织和管理企业生产经营活动而发生的费用，主要是企业管理部门发生的各种费用，包括管理人员的工资、办公费、差旅费、固定资产折旧费等。

(6) 财务费用。财务费用是指企业为筹措资金而发生的费用，主要包括企业生产经营期间发生的利息支出(减利息收入)、汇兑净损失等。

销售费用、管理费用和财务费用合称为期间费用。期间费用是为取得各项收入而发生的共同费用，不是为取得某一项特定收入而发生的费用。

(7) 所得税费用。所得税费用是企业按照税法的规定，将企业利润的一定比例以所得税的方式缴纳给国家。

(六)利润

1. 利润的概念

利润是指企业在一定会计期间的经营成果，是企业在一定期间所有收入与所有费用之间的差额，包括经营业务带来的利润和非经营业务带来的利润。经营业务带来的利润是收入减去费用后的净额，非经营业务带来的利润是直接计入当期利润的利得(营业外收入)和损失(营业外支出)等。

2. 利润的特征

(1) 利润是企业在一定期间的经营成果。经营成果可能盈利，也可能亏损。

(2) 利润是企业日常经营活动的结果。会计将日常活动取得的经济利益流入称为收入，日常经营活动产生的经济利益流出称为费用。收入大于费用则盈利；收入小于费用则亏损。收入与费用之间有因果关系，具有可重复性。

(3) 直接计入当期利润的利得和损失是企业非日常活动的结果。非日常活动取得的经济利益流入称为利得，非日常经营活动产生的经济利益流出称为损失。利得与损失之间没有因果关系，因此不用进行配比。发生利得直接计入当期利润，发生损失直接抵减当期利润。利得和损失是偶发的，不具有重复性，一般在报表中按净额进行披露。

(4) 利润不单独计量。利润金额取决于收入和费用、直接计入当期利润的利得和损失金额的计量。

3. 利润的分类

利润通常可分为经营利润和非经营利润。经营利润可分为日常经营活动利润和投资收益。非经营利润可分为营业外收入(利得)和营业外支出(损失)。

利润的分类如图 2-7 所示。

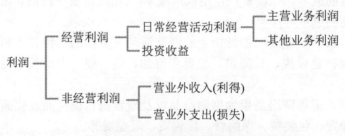

图 2-7 利润的分类

(1) 经营利润。经营利润包括企业日常经营活动产生的利润和投资活动产生的投资收益。日常经营活动主要是指销售商品和提供劳务获取的利润；投资活动带来的投资收益是投资净收益额。利润表将公允价值变动损益、资产减值损失也列入了经营利润。

(2) 非经营利润。非经营利润是指企业非日常活动产生的利得(营业外收入)和损失(营业外支出)的差额。利得和损失在发生时，直接计入当期损益。

营业外收入一般与正常的生产经营活动没有直接关系，不是经常发生的，带有偶发性，不具有重复性。比如捐赠利得、处置固定资产净收益等，是直接计入当期利润的利得。

营业外支出是直接计入当期利润的损失。营业外支出一般与正常的生产经营活动没有直接关系，不是经常发生的，带有偶发性，不具有重复性。如捐赠支出、处置固定资产净损失等。

(3) 利润总额。利润总额包括来自日常经营活动的利润和非日常经营活动的利润。
即：利润总额=经营利润+非经营利润

(4) 净利润。净利润是企业利润总额减去所得税费用后的差额。
即：净利润=利润总额-所得税费用

第三节 会计要素计量

一、会计要素计量的概念

会计要素计量是为了将符合确认条件的会计要素登记入账并列报于财务报表而确定其金额的过程。企业应当按照规定的会计计量属性进行计量，确定相关金额。

二、会计要素的计量单位与计量属性

(一)计量单位

会计要素的计量应以货币作为主要计量单位。

(二)计量属性

会计计量属性也称计量基础，是指所用量度的经济属性，即按什么标准、什么角度来计量，是从不同的会计角度反映会计要素的金额的确认基础。其主要包括历史成本、重置成本、可变现净值、现值和公允价值等。

1. 历史成本

历史成本又称实际成本。在历史成本计量属性下，资产按照取得或制造时所实际支付的现金或者现金等价物的金额计量，或者按照购置资产时付出的对价的公允价值进行计量；负债按照因承担现时义务而实际收到的款项或资产的金额，或者承担现时义务的合同金额，或者日常活动中为偿还负债预期需要支付的现金或现金等价物的金额计量。

2. 重置成本

重置成本又称现行成本，是指按照当前市场条件重新取得同样资产所需支付的现金或者现金等价物的金额。在重置成本计量属性下，资产按照现在购买相同或者相似资产所需支付的现金或者现金等价物的金额计量；负债按照现在偿付该项债务所需支付的现金或者现金等价物的金额计量。重置成本多用于盘盈固定资产的计量。

3. 可变现净值

在可变现净值计量属性下，资产按照其正常对外销售能收到的现金或者现金等价物的金额扣减该资产至完工时估计将要发生的成本、估计的销售费用以及相关税费后的金额计量。可变现净值通常应用于存货资产减值等情况下的后续计量。

4. 现值

现值是指对未来现金流量以恰当的折现率进行折现后的价值，是考虑货币时间价值的一种计量属性。在现值计量属性下，资产按照预计从其持续使用和最终处置中产生的未来净现金流入量的折现金额计量；负债按照预计期限内需要偿还的未来净现金流出量的折现金额计量。现值通常应用于非流动资产(如固定资产、无形资产)可收回金额的确定。

5. 公允价值

公允价值是指资产和负债按照市场交易者在计量日发生的有序交易中，出售资产所能收到的或者转移负债所需支付的价格计量。在公允价值计量属性下，资产按其在有序交易中出售资产所能收到的价格计量，负债按其在有序交易中所需支付的价格计量。

我国现行《企业会计准则》要求："企业在对会计要素进行计量时，一般应当采用历史成本，采用重置成本、可变现净值、现值、公允价值计量的，应当保证所确定的会计要素金额能够取得并可靠计量。"

【例 2-1】某公司 2016 年 1 月 1 日购买一台设备，设备预计使用 10 年，截至 2018 年 12 月 31 日，该设备可能涉及的计量属性如表 2-1 所示。

表 2-1　设备的计量属性

内　容	金额(万元)	计量属性
2016 年 1 月 1 日，以银行存款 100 万元购进一台设备	100	历史成本
2018 年 12 月 31 日，如果重新购买一台已使用 3 年的设备，预计应支付的全部款项为 73 万元	73	重置成本
2018 年 12 月 31 日，如果将该设备出售，预计售价为 72 万元，出售时支付的各项费用合计为 2 万元	70	可变现净值
该设备可以继续使用 7 年，预计每年带来的收益为 1.3 万元，共计 9.1 万元，将未来的收益折算为 2018 年 12 月 31 日的价值为 80 万元	80	现值
该设备在类似的市场上，双方自愿交易的价格为 77 万元	77	公允价值

第四节 会计等式

一、会计等式的概念

会计六要素既是各自独立的，相互之间也有着密切关系。这种关系不仅体现在交易或事项发生时会导致相关要素之间产生此增彼减或同增同减等变化，而且体现在它们在一定时点或一定会计期间的金额相等。将会计要素之间的数额相等关系加以描述，就形成了各种非常具有实用价值的会计等式。

在会计核算中，利用数学方程反映会计要素之间数量相等关系的公式称为会计等式，又称会计方程式或会计平衡公式。

二、会计等式的种类

(一)第一会计等式

债权人和投资者将其拥有的资源提供给企业使用，企业运用这些资源形成各项资产，而投资者和债权人对企业形成的资产就相应地享有一种权益，且企业全部资产最初都来源于投资者的投入和债权人的借入，所以，投资者和债权人所享受的权益必然等于企业形成的资产。由此可见，资产与权益相互依存，有一定数额的资产，必然有相应数额的权益；反之亦然。由此可以推出：

$$资产=权益$$
$$资产=负债+所有者权益 \qquad (2-1)静态会计等式$$

该等式反映了企业资产的归属关系，是会计对象的公式化，反映了企业任何一个时点资产的分布状况及其形成来源，无论在什么时点，资产、负债、所有者权益都应该保持上述恒等关系，且该时点的恒等是企业资金的相对静止状态，所以，第一会计等式也称为静态会计等式或资产负债表等式。这是最基本的会计等式，也是企业设置账户、复式记账和编制资产负债表的理论依据。

由于债权人对企业的要求权优先于投资者，因此，所有者权益可以表示为：资产-负债=所有者权益。

(二)第二会计等式

利润的实质是企业实现的收入与其相关的费用进行配比的结果。企业在资金运动的动态情况下，其资金在循环周转过程中取得的收入、发生的费用、形成的利润，也存在着平衡关系，其平衡公式为

$$收入-费用=利润 \qquad (2-2)(动态会计等式)$$

这三个会计要素是企业资金运动在同一会计期间的动态表现，反映企业一定会计期间的经营成果。所以，第二会计等式通常称为动态会计等式，也称利润表等式，是编制利润表的基础。

我国现行《企业会计准则》规定，利润要素的组成内容除了收入减费用后的净额，还应包括直接计入当期利润的利得和损失。为简便起见，本书以"收入-费用=利润"作为动态会计等式，暂不考虑利得和损失因素。

(三)扩展的会计等式

第二会计等式的含义是企业实现的收入弥补费用后的余额形成企业利润。投资者享有企业实现的全部利润。因此得到下列会计等式：

$$资产=负债+所有者权益+利润$$
$$资产=负债+所有者权益+收入-费用$$

变形得到下列等式：

$$资产+费用=负债+所有者权益+收入 \quad (2\text{-}3)(扩展会计等式)$$

由上面分析可以看出，等式(2-1)反映企业资金运动的整体情况，也就是企业经营中的某一个时间点，一般是开始日或结算日的情况。等式(2-2)反映的是企业在某一会计期间的经营成果。资产加以运用取得收入后，资产便转化为费用，收入减去费用后即为利润，该利润以资产形式运用到下一轮经营，于是便产生等式(2-3)，当利润分配后，等式(2-3)便消失，又回到等式(2-1)。所以不管六大要素如何相互转变，最终均要回到"资产=负债+所有者权益"这一会计恒等式。

三、经济业务对会计等式的影响

(一)经济交易与经济事项

经济交易与事项即会计事项，相当于我国会计实务中使用的"会计事项"或"经济业务"，是指企业生产经营过程中，引起会计要素增减变化的事项。企业经济业务通常分为外部经济业务和内部经济业务。

(二)经济业务对会计恒等式的影响

经济业务的发生必然会对会计要素产生影响，引起会计等式左右两边或者同一边不同会计项目发生变化，但是，任何经济业务的发生都不会破坏会计等式的平衡关系。它是企业设置账户、复式记账和编制资产负债表的理论依据。根据会计恒等式和数学原理可知，经济业务对"资产=权益"等式的影响有以下四种情况。

1. 资金进入企业，引起资产与权益项目同增

经济业务发生引起会计等式左右两边同时等额增加，即资产增加，负债或所有者权益也同时等额增加，会计等式保持平衡。

2. 资产形态变化，资产内部一个项目增加而另一个项目减少

经济业务发生引起会计等式左方各项目之间等额一增一减，即资产类项目一个增加，另一个等额减少，会计等式保持平衡。

3. 资金退出企业，引起资产与权益项目同减

经济业务发生引起会计等式左右两方同时等额减少，即资产减少，负债或所有者权益也同时等额减少，会计等式保持平衡。

4. 权益类别转化，权益内部某一具体项目增加而另一个项目减少

经济业务发生引起会计等式右方各项目之间等额一增一减，即负债类内部项目之间、所有者权益内部项目之间或者负债类项目和所有者权益项目之间一个增加，另一个等额减少，会计等式保持平衡。

以下举例说明经济业务的发生对会计等式的影响。

【例2-2】2018年9月30日，某企业拥有资产1 000万元，其中负债320万元，所有者权益680万元。即资产(1 000万元)=(负债+所有者权益)(1 000万元)。

【分析】

资产总额(1 000万元)=(负债+所有者权益)(1 000万元) 属于静态关系，反映了在某个时间点上企业会计要素之间的平衡关系，如表2-2所示。

表2-2 资产负债表　　　　　　　　　　　　　　　　　　　　单位：万元

资　产		负债及所有者权益	
库存现金	100	银行借款	100
银行存款	50	应付账款	200
应收账款	200	预收账款	20
原材料	150	实收资本	650
固定资产	500	盈余公积	30
合计	1 000	合计	1 000

【例2-3】2018年10月5日，该企业从银行取得贷款100万元，款项已划入本企业存款账户。

【分析】

该项经济业务的发生，一方面导致公式左边的资产(银行存款)增加100万元，另一方面导致公式右边的负债(银行借款)同时增加100万元，会计等式两方资产和负债等额增加100万元，会计等式保持平衡。用公式表示如下：

资产+银行存款增加 =(负债+所有者权益)+银行借款增加

1 000万元+100万元=1 000万元+100万元

即：资产1 100万元 =(负债+所有者权益)1 100万元，如表2-3所示。

表2-3 资产负债表　　　　　　　　　　　　　　　　　　　　单位：万元

资　产		负债及所有者权益	
库存现金	100	银行借款	100+100
银行存款	50+100	应付账款	200
应收账款	200	预收账款	20
原材料	150	实收资本	650

续表

资　产		负债及所有者权益	
固定资产	500	盈余公积	30
合计	1 100	合计	1 100

【例2-4】 2018年10月7日，该企业开出现金支票2万元用于日常开支。

【分析】

该项经济业务的发生，一方面导致公式左边的资产(库存现金)增加2万元，另一方面导致公式左边的资产(银行存款)同时减少2万元，会计等式左边的资产等额一增一减，会计等式保持平衡。用公式表示如下：

资产－银行存款减少额+库存现金增加额=负债+所有者权益

1 100万元-2万元+2万元=1 100万元

即：资产1 100万元 =(负债+所有者权益)1 100万元，如表2-4所示。

表2-4　资产负债表　　　　　　　　　　　单位：万元

资　产		负债及所有者权益	
库存现金	100+2	银行借款	200
银行存款	150-2	应付账款	200
应收账款	200	预收账款	20
原材料	150	实收资本	650
固定资产	500	盈余公积	30
合计	1 100	合计	1 100

【例2-5】 2018年10月10日，该企业开出转账支票50万元，支付上个月未偿还的应付货款。

【分析】

该项经济业务的发生，一方面导致公式左边的资产(银行存款)减少50万元，另一方面导致公式右边的负债(应付账款)同时减少50万元，会计等式两方资产和负债等额减少50万元，会计等式保持平衡。用公式表示如下：

资产-银行存款减少额=(负债+所有者权益)-应付账款减少额

1 100万元-50万元=1 100万元-50万元

即：资产1 050万元=(负债+所有者权益)1 050万元，如表2-5所示。

表2-5　资产负债表　　　　　　　　　　　单位：万元

资　产		负债及所有者权益	
库存现金	102	银行借款	200
银行存款	148-50	应付账款	200-50
应收账款	200	预收账款	20
原材料	150	实收资本	650
固定资产	500	盈余公积	30
合计	1 050	合计	1 050

【例 2-6】 2018 年 10 月 31 日，该企业应付给长江公司的应付账款为 100 万元，双方协商后转作长江公司对该企业的投资款。

【分析】

该项经济业务的发生，一方面导致公式右边的负债(应付账款)减少 100 万元，另一方面导致公式右边的所有者权益(实收资本)增加 100 万元，会计等式右边的负债和所有者权益等额一增一减，等式右方总额没有变化，会计等式保持平衡。用公式表示如下：

资产=负债+所有者权益-应付账款+实收资本

1 050 万元=1 050 万元-100 万元+100 万元

即：资产 1 050 万元=(负债+所有者权益)1 050 万元，如表 2-6 所示。

表 2-6　资产负债表　　　　　　　　　　　　　单位：万元

资　产		负债及所有者权益	
库存现金	102	银行借款	200
银行存款	98	应付账款	150-100
应收账款	200	预收账款	20
原材料	150	实收资本	650+100
固定资产	500	盈余公积	30
合计	1 050	合计	1 050

综上所述，企业发生的经济业务造成各个会计要素额发生增减变化，这些变化分为四种类型。

(1) 资金进入企业：资产和权益等额增加。即资产增加，负债及所有者权益增加，会计等式左右两方同时等额增加。会计等式保持平衡。

(2) 资金退出企业：资产和权益等额减少。即资产减少，负债及所有者权益减少，会计等式左右两方同时等额减少。会计等式保持平衡。

(3) 资产形态变化：一种资产项目增加，另一种资产项目等额减少，会计等式左方项目等额一增一减。会计等式保持平衡。

(4) 权益类别转化：一种权益项目增加，另一种权益项目等额减少，即负债类内部项目之间、权益类内部项目之间或者负债类项目与权益类项目之间此增彼减。会计等式保持平衡。

经过上述业务，变化后的资产负债表如表 2-7 所示。

表 2-7　资产负债表　　　　　　　　　　　　　单位：万元

资　产		负债及所有者权益	
库存现金	102	银行借款	200
银行存款	98	应付账款	50
应收账款	200	预收账款	20
存货	150	实收资本	750
固定资产	500	盈余公积	30
合计	1 050	合计	1 050

(三)经济业务发生对会计基本等式的扩展式的影响

经济业务对"资产=负债+所有者权益"的影响可以在"资产=权益"的基础上,进一步分为九类,如表2-8所示。

(1) 资产、负债项目等额同增;
(2) 资产、负债项目等额同减;
(3) 资产、所有者权益等额同增;
(4) 资产、所有者权益等额同减;
(5) 负债增加,所有者权益等额减少;
(6) 负债减少,所有者权益等额增加;
(7) 资产项目内部等额一增一减;
(8) 负债项目内部等额一增一减;
(9) 所有者权益内部等额一增一减。

表2-8 经济业务对"资产=负债+所有者权益"的影响类型

序 号	资 产	负 债	所有者权益
(1)	增加	增加	
(2)	减少	减少	
(3)	增加		增加
(4)	减少		减少
(5)		增加	减少
(6)		减少	增加
(7)	一增一减		
(8)		一增一减	
(9)			一增一减

本 章 小 结

会计要素是会计对象的具体化。我国的会计要素包括资产、负债、所有者权益、收入、费用和利润,其中资产、负债、所有者权益为静态会计要素或资产负债表要素,收入、费用、利润为动态会计要素或利润表要素。资产是指企业过去的交易或事项形成的、由企业拥有或控制的、预期会给企业带来经济利益的资源。负债是指过去的交易或者事项形成的、预期会导致经济利益流出企业的现时义务。如果把资产理解为企业的权利,那么负债就可以理解为企业所承担的义务。所有者权益是企业资产扣除负债后,由所有者享有的剩余权益。收入是企业在日常活动中形成的、会导致所有者权益增加的,与所有者投入资本无关的经济利益的总流入。费用是指企业在日常活动中发生的、会导致所有者权益减少的、与向所有者分配利润无关的经济利益的总流出。利润是企业在一定会计期间的经营成果。

六大会计要素之间存在三大会计等式,分别是反映资产、负债、所有者权益三个要素之间关系的静态会计恒等式:资产=负债+所有者权益;反映收入、费用、利润三个要素之间基本关系的动态会计等式：收入-费用=利润；以及反映六个会计要素之间关系的综合会计等式：资产+费用=负债+所有者权益+收入。经济业务的发生不会影响会计等式的平衡。

自 测 题

一、单项选择题

1. 某项经济业务使固定资产和实收资本同时增加，该项经济业务应表述为( )。
   A. 购入全新的固定资产　　　　　　B. 出售全新的固定资产
   C. 用固定资产对外投资　　　　　　D. 接受投资人的固定资产投资
2. 某企业发生一笔广告费，但尚未支付，这项经济业务对会计要素的影响是( )。
   A. 费用增加，负债增加　　　　　　B. 费用增加，负债减少
   C. 负债增加，所有者权益增加　　　D. 负债增加，资产减少
3. 下列引起所有者权益总额增加的情况是( )。
   A. 资产与负债同增　　　　　　　　B. 资产与负债同减
   C. 资产增加，负债减少　　　　　　D. 资产减少，负债增加
4. 下列各项目中不属于资产的是( )。
   A. 预付账款　　　　　　　　　　　B. 专利权
   C. 应收账款　　　　　　　　　　　D. 预收账款
5. 下列经济业务中，影响会计等式总额发生变化的是( )。
   A. 以银行存款 50 000 元购买材料　　B. 购买机器设备 20 000 元，货款未付
   C. 结转完工产品成本 40 000 元　　　D. 收回客户所欠的货款 30 000 元
6. 下列经济活动中，引起资产和负债同时减少的是( )。
   A. 以银行存款偿付前欠货款　　　　B. 购买材料货款尚未支付
   C. 收回应收账款　　　　　　　　　D. 接受其他单位捐赠新设备
7. 下列经济活动中，引起负债之间彼此增减的是( )。
   A. 收到应收账款，存入银行　　　　B. 向银行借入款项直接偿还应付账款
   C. 用银行存款偿还长期负债　　　　D. 用现金支付职工工资
8. 费用是指企业销售商品、提供劳务等日常活动所发生的( )。
   A. 经济利益的流出　　　　　　　　B. 生产费用
   C. 财务耗费　　　　　　　　　　　D. 经济损失
9. 某企业本期期初资产总额为 10 万元，本期期末负债总额比期初减少 1 万元，所有者权益比期初增加 3 万元。该企业期末资产总额是( )。
   A. 9 万元　　　　　　　　　　　　B. 13 万元
   C. 10 万元　　　　　　　　　　　D. 12 万元
10. 某公司资产总额为 200 万元，当发生下列三笔经济业务后：①向银行借款 20 万元存入银行；②用银行存款偿还应付账款 15 万元；③收回应收账款 10 万元存入银行。其权益总计为( )万元。
    A. 205　　　　　　　　　　　　　B. 235
    C. 230　　　　　　　　　　　　　D. 245

二、多项选择题

1. 一项所有者权益增加的同时，引起的另一方面变化可能是( )。
   A. 一项资产增加　　　　　　　B. 一项负债增加
   C. 一项负债减少　　　　　　　D. 另一项所有者权益减少

2. 下列项目中，属于企业流动资产的有( )。
   A. 银行存款　　　　　　　　　B. 预收账款
   C. 应收账款　　　　　　　　　D. 库存商品

3. 下列各项目中反映企业财务状况的会计要素有( )。
   A. 资产　　　　　　　　　　　B. 所有者权益
   C. 负债　　　　　　　　　　　D. 收入

4. 下列项目中属于资产的有( )。
   A. 应收账款　　　　　　　　　B. 预收账款
   C. 应付账款　　　　　　　　　D. 预付账款

5. 收入将导致企业( )。
   A. 现金流出　　　　　　　　　B. 资产增加
   C. 资产减少　　　　　　　　　D. 负债减少

6. 在下列各项业务中，不影响资产总额的有( )。
   A. 用银行存款购入原材料　　　B. 从银行提取现金
   C. 用银行存款购入A公司股票　 D. 用银行存款预付材料定金

7. 企业的投入资本是( )。
   A. 企业所有者权益构成的主体
   B. 企业注册成立的基本条件之一
   C. 企业投资者对企业净资产的所有权
   D. 投资者实际投入企业经营活动的各种财产物资和货币资金

8. "资产=负债 + 所有者权益"会计恒等式是( )。
   A. 设置账户的理论依据　　　　B. 复式记账的理论依据
   C. 反映企业资产归属关系的等式　D. 编制资产负债表的理论依据

9. 一个企业的资产总额与权益总额是相等的，这是因为( )。
   A. 资产和权益是同一资金的两个侧面
   B. 任何权益都能形成相应的资产
   C. 某一具体资产项目的增加，总是同另一具体权益项目的增加同时发生
   D. 权益方内部项目的此增彼减变化，不影响资产总额与权益总额的变动

10. 下列业务中引起所有者权益增加的业务有( )。
    A. 以银行存款投资办子公司　　B. 公司投资者给公司投入设备
    C. 投资者代公司偿还欠款　　　D. 以盈余公积金转增资本金

三、判断题

1. 所有经济业务的发生，都会引起会计等式两边发生变化。　　　　　　　　( )
2. 会计要素中既有反映财务状况的要素，也有反映经营成果的要素。　　　　( )

3. 一项经济业务的发生引起所有者权益的增加和负债的减少，会计基本等式的平衡关系不受其影响。（　　）
4. 会计恒等式是设置会计科目、复式记账和试算平衡的依据。（　　）
5. 净资产是资产总额减去负债总额后的差额。（　　）
6. 负债是企业过去的交易或事项所引起的潜在义务。（　　）
7. 凡不引起企业资产、负债、所有者权益、收入、费用和利润这六大会计要素增减变动的事项都不属于企业的会计事项。（　　）
8. 某一财产物资要成为企业的资产，其所有权必须属于企业。（　　）
9. 若某项资产不能为企业带来经济利益，即使是由企业拥有或控制的，也不能作为企业的资产在资产负债表中列示。（　　）
10. 流动负债是指将在一年内偿还的债务。（　　）

四、简答题

1. 会计对象是什么？
2. 会计要素包含哪些内容？
3. 作为会计要素之一的利润具有什么特点？
4. 会计恒等式的内容有哪些？
5. 举例说明经济业务的发生不会影响会计等式的恒等性。

五、计算题

目的：熟悉资产、负债、所有者权益的内容。

资料：某公司20××年1月1日的财务状况如下：

1. 库存现金10 000元。
2. 银行存款200 000元。
3. 库存材料110 000元。
4. 产成品50 000元。
5. 应收货款150 000元。
6. 厂房建筑物及各种设备400 000元。
7. 国家投入资本700 000元。
8. 向银行借入短期借款200 000元。
9. 应付红光机械厂货款20 000元。

要求：

1. 根据上述资料确定资产、负债及所有者权益项目。
2. 分别加计资产、负债及所有者权益的总额，并对该结果加以简要说明。

第三章

会计科目、账户和复式记账原理

【学习要点及目标】
- 掌握会计科目、会计账户的概念和分类，复式记账法；
- 理解会计科目、会计账户之间的关系；
- 了解会计核算的基本方法。

【核心概念】

会计科目　会计账户　复式记账法

【引导案例】

通过前两章的学习,同学们已经对会计有了初步的了解。有的同学开始尝试将自己的日常收支记流水账了吧?记流水账对我们个人或家庭来说,因为收支情况很简单,这种方法还可行,但是公司业务繁杂,用流水账来记录企业的经济业务,肯定不行。

1494年,意大利数学家卢卡·帕乔利(1445—1514年)发明了一种现今在世界各地都采用的方法——复式记账法。复式记账法的基本思想很简单:把公司所发生的每笔业务都以相等的金额同时在两个或两个以上有相互联系的账户中进行登记。复式记账法比简单地记流水账先进很多,该方法自从意大利传至我国后一直使用至今。

想必大家对这种"神奇"的复式记账法充满了好奇吧,那就让我们开始学习第三章吧!

第一节 会 计 科 目

一、会计科目的概念与意义

会计科目是对会计要素的具体内容进行分类核算的项目。设置会计科目,就是根据会计对象的具体内容和经济管理的要求进行科学的分类,事先规定分类核算的项目名称和内容,以便更加全面、系统地核算和监督经济活动,增强会计科目名称的统一性和会计信息的可比性。

二、设置会计科目的原则

(一)全面性原则

会计科目的设置应该能够全面系统地反映各会计要素,有利于根据会计对象的具体内容和经济管理的要求进行分类核算。

(二)合法性原则

企业设置会计科目应该遵守国家的会计制度和法律法规。企业向有关各方提供的财务会计报告,其编制基础、编制依据、编制原则和方法应当与国家的会计制度规定保持一致。

(三)相关性原则

企业设置会计科目应当满足会计信息使用者对会计信息服务的需要,企业向有关各方提供的财务会计报告必须符合经济管理的要求,并与会计科目相关。

(四)清晰性原则

设置会计科目的名称要简单明确,字义符合,通俗易懂。每个会计科目所反映的经济内容应该界限明确,避免遗漏或重复。

(五)灵活性原则

设置会计科目要将统一性与灵活性结合起来。在执行会计制度中统一规定的会计科目基础上，企业可以根据自身的实际情况，在不影响统一会计核算要求的前提下，自行增减或合并某些会计科目。

三、会计科目的名称和编号

会计科目表是财政部发布的，旨在帮助企业选择适合的会计科目。会计科目表由两部分组成，一是会计科目编号，二是会计科目名称。财政部2006年印发的《企业会计准则应用指南》规定了会计科目名称及其编号。制造业常用的会计科目如表3-1所示。

表3-1 制造业常用会计科目名称表

编号	会计科目名称	编号	会计科目名称
	一、资产类	2201	应付票据
1001	库存现金	2202	应付账款
1002	银行存款	2203	预收账款
1012	其他货币资金	2211	应付职工薪酬
1101	交易性金融资产	2221	应交税费
1121	应收票据	2231	应付利息
1122	应收账款	2232	应付股利
1123	预付账款	2241	其他应付款
1131	应收股利	2501	长期借款
1132	应收利息	2502	应付债券
1221	其他应收款	2701	长期应付款
1231	坏账准备	2711	专项应付款
1401	材料采购	2801	预计负债
1402	在途物资	2901	递延所得税负债
1403	原材料		三、共同类(略)
1404	材料成本差异		四、所有者权益类
1405	库存商品	4001	实收资本
1406	发出商品	4002	资本公积
1408	委托加工物资	4101	盈余公积
1471	存货跌价准备	4103	本年利润
1501	债权投资	4104	利润分配
1502	债权投资减值准备		五、成本类(资产类账户中的成本类)
1503	其他债权投资	5001	生产成本

续表

编号	会计科目名称	编号	会计科目名称
1504	其他权益工具投资	5101	制造费用
1511	长期股权投资	5201	劳务成本
1512	长期股权投资减值准备	5301	研发支出
1521	投资性房地产		六、损益类
1531	长期应收款	6001	主营业务收入
1601	固定资产	6051	其他业务收入
1602	累计折旧	6101	公允价值变动损益
1603	固定资产减值准备	6111	投资收益
1604	在建工程	6117	其他收益
1605	工程物资	6301	营业外收入
1606	固定资产清理	6401	主营业务成本
1701	无形资产	6402	其他业务成本
1702	累计摊销	6403	税金及附加
1703	无形资产减值准备	6601	销售费用
1711	商誉	6602	管理费用
1801	长期待摊费用	6603	财务费用
1811	递延所得税资产	6701	资产减值损失
1901	待处理财产损溢	6711	营业外支出
	二、负债类	6801	所得税费用
2001	短期借款	6901	以前年度损益调整

第二节 账 户

一、账户的概念

(一)账户的定义

会计账户是指根据会计科目设置的,具有一定格式和结构的一种核算工具,用来分类、连续记录经济交易或事项及其所引起的会计要素具体内容变动及其结果。账户由账户名称和账户结构两部分组成。会计科目的名称就是账户的名称。账户结构有一定的格式。

(二)会计科目和账户的区别与联系

会计科目与会计账户是相辅相成的关系,两者既有联系,又有区别。

1. 共同之处

两者的名称相同，科目的名称就是账户的名称。会计账户是依据会计科目的名称来设置的。

2. 区别之处

会计科目没有结构，会计账户有结构。会计科目是由国家统一制定的会计要素的分类，是会计分类核算的依据，没有自己的结构；而会计账户则是在会计科目的基础上结合本单位的实际情况设置的，有一定的结构，这种核算方法可以更好地反映资金运用情况。

二、账户的分类

账户分类是指按照一定的标准对账户所做的分类。按经济业务内容分类是账户最基础和最基本的分类，回答账户是什么，即所要记录的经济内容。在经济内容分类的基础上再按用途和结构分类，以帮助正确使用各种账户。按账户是否有余额分类是了解账户的本质，便于计算利润和编制会计报表。按照提供信息的详细程度分类是为了提供不同信息，便于实物资产和债权债务的管理。

(一)按经济内容分类

账户按照经济内容分类，事实上就是按照会计要素进行分类，是最重要的分类。按经济内容分类也基本决定了账户的用途和结构，是理解其他账户分类的基础。账户按经济内容不同，一般分为资产类账户、负债类账户、所有者权益类账户、收入类账户、费用类账户和利润类账户六类。

1. 资产类账户

资产类账户可以根据资金运动的快慢程度继续细化为流动资产类账户和非流动资产类账户。流动资产类账户主要有库存现金、银行存款、其他货币资金、应收账款、原材料、在途物资、库存商品、待摊费用等；非流动资产类账户主要有长期股权投资、投资性房地产、无形资产、固定资产、累计折旧、长期待摊费用等。另外，资产类账户中还有几个特殊的账户，包括生产成本、劳务成本、研发支出、制造费用，简称资产类账户中的成本类。这些账户最终都将转化为资产类账户。

2. 负债类账户

负债类账户可以根据流动性强弱程度继续细化为流动负债类账户和非流动负债类账户。流动负债类账户主要有应付工资、应交税金、应付账款、短期借款、预提费用等；非流动负债类账户主要有应付债券、长期借款、长期应付款等。

3. 所有者权益类账户

所有者权益类账户可以根据来源和构成的差异继续细化为投入资本类所有者权益账户和资本积累类所有者权益账户。投入资本类所有者权益账户主要有资本公积、实收资本等；

资本积累类所有者权益账户主要有盈余公积、利润分配等。

4. 收入类账户

收入类账户可以根据性质和内容的差异继续细化为营业收入类账户和非营业收入类账户。营业收入类账户主要有主营业务收入、其他业务收入、投资收益等；非营业收入类账户主要有营业外收入等。

5. 费用类账户

费用类账户主要有主营业务成本、其他业务成本、税金及附加、销售费用、财务费用、资产减值损失、营业外支出、所得税费用等。

6. 利润类账户

利润类账户指的是本年利润账户。

通常，收入类、费用类和利润类账户合称为损益类账户。

(二)按提供指标的详细程度分类

我国会计制度按其提供核算资料的详细程度分为总账科目、二级明细科目和三级明细科目，也称为总分类账(一级账户)和明细分类账(二级、三级账户)。

1. 总分类账户

总分类账户，又称一级账户或总账账户，它是对会计要素具体内容进行总括分类、提供总括信息的账户；总分类账户反映各种经济业务的概括情况，是进行总分类核算的依据。

2. 明细分类账户

明细分类账户，又称明细账户，是对总分类账户做进一步分类，提供更详细和更具体会计信息的账户。如果某一总分类账户所属的明细分类账户较多，可在总分类账户下设置二级明细账户，在二级明细账户下设置三级明细账户，以此类推。总分类账与明细分类账户的举例如表 3-2 所示。

表 3-2 总分类账户与明细分类账户

总分类账户	明细分类账户	
(一级账户)	二级明细分类账户	三级明细分类账户
原材料	原料及主要材料	木材
	辅助材料	硫酸、油漆
	燃料	原煤

3. 总分类账户与明细分类账户的关系

总分类账户和明细分类账户之间存在统驭与被统驭的关系，总分类账户对其所属的明细分类账户具有统驭和控制的作用，明细分类账户对总分类账户有补充和说明的作用。总分类账户与明细分类账户在登记时要遵循平行登记的原理。

(三)按用途和结构分类

详见本章第四节。

三、账户的结构和内容

(一)账户的基本结构

账户是用来记录和反映经济业务活动的，需要随时分门别类地记录、汇总企业的资产、负债、所有者权益、成本、损益的变动数额。在账户分类的同时，还要确定账户的基本结构。

企业发生的交易或事项，需要在账户中予以记录。记录的内容包括交易或事项的发生时间、记录的依据、基本内容、增加额、减少额和余额等。在会计上一般将账户中用来记录增加额、减少额和余额的那部分结构称为账户的基本结构。

既然账户记录经济业务数量上的增减变化，因而，不管采用何种记账方法，所有账户的基本结构都需要划分出增加额、减少额和余额。

在教学中，账户的基本结构可简化为左右两方，类似英文字母"T"，故形象地称为"T形账户"，如图 3-1 所示。

图 3-1　T 形账示意图

在实际工作中，一般情况下账户的基本结构应包括五部分。
(1) 账户的名称，即会计科目；
(2) 日期和摘要，即经济业务发生的时间和内容；
(3) 凭证编号，即账户记录的来源和依据；
(4) 增加和减少的金额；
(5) 余额。

常用的最基本的账户格式为三栏式账户，如表 3-3 所示。

表 3-3　三栏式账户

年		凭证编号	摘要	借方	贷方	余额
月	日					

注：借贷记账法下，以借或贷来表示增加或减少方向。

(二)账户的记账规则

账户分为左方(记账符号为"借")和右方(记账符号为"贷")两个方向。如果一方登记增加,那么另一方就要登记减少。具体账户的借和贷两个方向取决于账户所记录的经济内容和所采用的记账方法。在使用 T 形账户时,需要约定账户的哪个方向用于记录增加,哪个方向用于记录减少。习惯上,资产与费用类账户的左边记录增加,右边记录减少;负债、所有者权益和收入类账户的右边记录增加,左边记录减少。

账户的记账规则归纳如下:
(1) 所有账户的左方叫借方,所有账户的右方叫贷方。
(2) 资产与费用类账户的借方记录增加,贷方记录减少。
(3) 负债、所有者权益和收入类账户的贷方记录增加,借方记录减少。
(4) 账户的期末余额的方向通常和账户记录增加的方向一致。

(三)账户的本期发生额和期末余额

会计要素在某一会计期间增加和减少的金额,分别称为账户的本期增加发生额和本期减少发生额,二者统称为账户的本期发生额。会计要素在会计期末的增减变动结果,称为账户的余额,具体表现为期初余额和期末余额。账户上期的期末余额转入本期,即为本期的期初余额;账户本期的期末余额转入下期,即为下期的期初余额。

账户的期初余额、期末余额、本期增加发生额和本期减少发生额统称为账户的四个金额要素。账户的余额表示该类项目的累计结余。对于同一账户而言,它们之间的基本关系为:期末余额=期初余额+本期增加发生额-本期减少发生额。

用 T 形账户表示如图 3-2、图 3-3 所示。

左方	资产、费用类账户名称	右方
期初余额		
本期增加额 a	本期减少额 c	
本期增加额 b	本期减少额 d	
本期增加发生额合计 $a+b$	本期减少发生额合计 $c+d$	
期末余额		

图 3-2 资产、费用类账户示意图

左方	负债、所有者权益、收入类账户名称	右方
	期初余额	
本期减少额 c	本期增加额 a	
本期减少额 d	本期增加额 b	
本期减少发生额合计 $c+d$	本期增加发生额合计 $a+b$	
	期末余额	

图 3-3 负债、所有者权益、收入类账户示意图

注:一般情况下,收入、费用类账户期末通常没有余额。

【例 3-1】 某公司 5 月 31 日银行存款余额为 3 000 万元，6 月份银行存款增加 8 000 万元，当月减少 7 000 万元。

【分析】

5 月 31 日的期末余额 3 000 万元是 6 月份的期初余额，6 月份增加的 8 000 万元称为本期增加发生额，6 月份减少的 7 000 万元称为本期减少发生额。

银行存款四个金额之间的关系为：

期末余额=期初余额+本期增加发生额－本期减少发生额

即：4 000=3 000+8 000－7 000

银行存款期初余额、本期发生额和期末余额之间的关系如图 3-4 所示。

左方	银行存款	右方
期初余额 3 000		
本期增加额 8 000		本期减少额 7 000
本期增加发生额合计 8 000		本期减少发生额合计 7 000
期末余额 4 000		

图 3-4 银行存款期初余额、本期发生额和期末余额之间的关系示意图

第三节 复式记账的原理

一、记账方法

会计人员的一项主要业务是记账。记账有很多方法。所谓记账方法是指在经济业务发生之后，根据一定的记账原则、记账符号、记账规则，采用一定的计量单位，利用文字和数字把会计信息记录在账簿的方法。由于记录方式不同，记账方法主要分为单式记账法和复式记账法。

(一)单式记账法

单式记账法是一种传统的记账方法。这种记账方法只在一个账户中进行记录，主要登记现金、银行存款的收付业务和各种往来账项。例如，单位购买一台笔记本电脑，只需记录银行存款减少的数额，或者只记录一台笔记本电脑的增加。单式记账法的优点是清晰明确、使用方便、手续简单；缺点是全面性、准确性不够，试算平衡困难。上例里，若只记录银行存款减少的数额，就不能准确地知道这笔钱干了什么，若只记录一台笔记本电脑的增加，也不能准确知道这台笔记本电脑是买来的，接受捐赠的，还是获奖得到的？鉴于单式记账法的缺点，该方法目前已被复式记账法替代，不再使用。

(二)复式记账法

1. 复式记账法的定义

复式记账法是从单式记账法演变而来的,是近代会计的一种记账方法。这种记账方法是对每一项经济业务,都要在两个或两个以上相互关联的账户中以相等的金额同时进行登记的一种记账方法。这种记账方法,能够直接反映资金运动的变化及其变化的结果。例如,企业从银行提现金备用,需要同时登记"库存现金"和"银行存款"两个账户。一方面登记库存现金增加,另一方面登记银行存款减少。这种登记方式能清楚地表明增加的现金是银行存款减少的结果。

采用复式记账法,可以全面地、相互联系地反映各项经济业务的全貌,并可利用会计要素之间的内在联系和试算平衡公式,来检查账户记录的准确性,它是一种比较完善的记账方法,为世界各国所通用。与单式记账法相比较,这种记账方法具有较大的优势。一是依据会计基本等式能够反映资产与权益的平衡关系,二是全面、系统反映各种经济业务关系变化走向,易于试算平衡。但是,它的缺点也是存在的,一是分类多样,二是关系复杂。

2. 复式记账法的特点

复式记账法有以下两个特点。
(1) 在两个或两个以上的账户中进行记录;
(2) 以相等的金额进行记录,可以进行试算平衡。

由于对每一项经济业务都要在相互联系的两个或两个以上的账户中做记录,因此,根据账户记录的结果,不仅可以了解每一项经济业务的来龙去脉,而且可以通过会计要素的增减变动全面、系统地了解经济活动的过程和结果。由于复式记账法要求以相等的金额在两个或两个以上的账户中同时记账,因此可以对账户记录的结果进行试算平衡,以检查账户记录的正确性。正因为如此,复式记账法作为一种科学的记账方法一直被广泛地运用。

3. 复式记账法的理论依据

复式记账法是以"资产=负债+所有者权益"这一会计等式为记账基础,任何一笔经济业务的发生,都会引起至少两个项目的资金增减变动,且两个项目的变动金额相等。复式记账法的理论依据主要是经济业务中交易或事项影响会计要素增减变动的内在规律性。由于每个交易或事项要同时在两个或两个以上相互联系的账户中进行记录,因此,每个交易或事项的变化都会引起两个会计要素或者同一个会计要素的两个项目发生变化。这些变化的类型要么是引起会计等式左右两边同时增加或者同时减少,要么是引起会计等式同一边的项目一增一减,增减金额相同。在会计上要全面完整地反映一项交易或者事项,就必须至少运用两个相互联系的会计账户来进行记录,以便将会计要素变化了的两个或两个以上的项目记录下来,这种记录方法就是复式记账。经济交易或事项所引起的会计要素的增减变化规律为复式记账法提供了理论依据。

复式记账法通常分为借贷记账法、增减记账法和收付记账法。借贷记账法是世界各国普遍采用的一种记账方法。目前,我国《企业会计准则》规定的记账方法是借贷记账法。

二、借贷记账法

(一)借贷记账法的概念

借贷记账法起源于 13—14 世纪的意大利,是一种国际通用的商业语言。借贷记账法以"资产=负债+所有者权益"这一会计基本等式作为记账原理,以"借""贷"二字作为记账符号,记录会计要素增减变动情况。

(二)借贷记账法的理论基础

借贷记账法的对象是会计要素的增减变动过程及其结果。这个过程及结果可用公式表示:资产=负债+所有者权益。这一会计恒等式揭示了两个方面的平衡。

1. 会计主体内各要素之间的数字平衡关系

有一定数量的资产,就必然有相应数量的(负债和所有者权益)与之相对应,任何经济业务所引起的要素增减变动,都不会影响等式的平衡。

2. 各会计要素增减变化的相互联系

无论是会计要素内部一增一减,还是不同要素同时增加或者同时减少,都不会破坏会计等式的平衡关系。

(三)借贷记账法的基本内容

1. 借贷记账法的记账符号

借贷记账法以"借""贷"作为记账符号。"借""贷"二字是纯粹的记账符号,不表示任何经济意义。借贷记账法中的"借"和"贷"与具体的账户相结合,可以表示以下不同的意义。

(1) 表示账户左右固定的位置。借贷记账法以"借""贷"作为记账符号,分别记在账户的左方和右方,左借右贷。

(2) 与不同类型的账户相结合,分别表示增加或减少。当"借""贷"与具体类型的账户相结合后,可以表示增加或减少。例如,对资产类账户来说,借方表示增加,贷方表示减少;对于负债和所有者权益类账户而言,正好相反,贷方表示增加,借方表示减少。

(3) 表示余额的方向。通常资产、负债和所有者权益类账户期末都会有余额,且余额的方向通常与表示账户增加的一方一致。其中,资产类账户的正常余额在借方,负债和所有者权益类账户的正常余额在贷方。

2. 借贷记账法的账户结构

由于账户的性质不同,不同账户的结构也不一样。各账户的结构如下。

(1) 资产类账户的结构。资产类账户的借方记录资产的增加额,贷方记录资产的减少额,如果有余额在账户的借方。资产类账户余额的计算公式为

$$期初余额+本期借方发生额-本期贷方发生额=期末余额$$

资产类账户的结构如图 3-5 所示。

借方	资产类账户	贷方
期初余额		
本期增加额		本期减少额
本期增加额		本期减少额
本期增加发生额合计		本期减少发生额合计
期末余额		

图 3-5　资产类账户结构示意图

(2) 负债和所有者权益类账户的结构。负债和所有者权益类账户的借方记录负债和所有者权益的减少额，贷方记录负债和所有者权益的增加额，如果有余额在贷方。负债和所有者权益类账户余额的计算公式为

期初余额+本期贷方发生额-本期借方发生额=期末余额

负债及所有者权益类会计账户的结构如图 3-6 所示。

借方	负债及所有者权益类账户	贷方
		期初余额
本期减少额		本期增加额
本期减少额		本期增加额
本期减少发生额合计		本期增加发生额合计
		期末余额

图 3-6　负债及所有者权益类账户结构示意图

(3) 收入类账户的结构。收入类账户的增加额记入账户的贷方，减少额(结转)记入账户的借方，该类账户期末一般没有余额。

收入类会计账户的结构如图 3-7 所示。

借方	收入类账户	贷方
本期减少(结转)额		本期增加额

图 3-7　收入类账户结构示意图

(4) 费用类账户的结构。费用类账户借方登记费用的增加额，贷方登记费用的减少额(结转、转销)。该类账户期末一般没有余额。

费用类会计账户的结构如图 3-8 所示。

借方	费用类账户	贷方
本期增加额		本期减少(结转)额

图 3-8　费用类账户结构示意图

综上所述，可以总结出：将"资产=负债+所有者权益+(收入－费用)"变形为"资产+费用=负债+所有者权益+收入"，如果会计要素在等式左方，则其增加额记在账户的借方，减少额记在账户的贷方；如果会计要素在等式右方，则其增加额记在账户的贷方，减少额

记在账户的借方;账户余额方向一般和增加额方向一致。

借贷记账法的账户结构用 T 形账表示如图 3-9 所示。

借方	账户名称	贷方
资产(+)		资产(-)
负债(-)		负债(+)
所有者权益(-)		所有者权益(+)
收入(-)		收入(+)
费用(+)		费用(-)

图 3-9 借贷记账法的账户结构综合示意图

以上情况表明,借贷记账法的借方登记资产的增加,负债及所有者权益的减少,成本费用的增加,收入的减少(或转销);贷方登记资产的减少,负债及所有者权益的增加,成本费用的减少(或转销),收入的增加。

借贷记账法各类账户的结构汇总如表 3-4 所示。

表 3-4 借贷记账法下各类账户的结构

账户类别	借 方	贷 方	余额方向
资产类	增加	减少	借方
成本类(资产类账户中的成本类账户)	增加	减少(或转销)	借方
负债类	减少	增加	贷方
所有者权益类	减少	增加	贷方
收入类	减少(或转销)	增加	无余额
费用类	增加	减少(或转销)	无余额

3. 借贷记账法的记账规则

记账规则是指记账方法的内在规律性,也是记账必须遵循的原则。不同的记账方法,有不同的记账规则。

借贷记账法的记账规则是:"有借必有贷,借贷必相等。"这一规则要求对每项经济业务都要以相等的金额,相反的方向同时登记在两个或两个以上的账户中。

用借贷记账法记账时,首先,根据发生的经济业务分析所涉及的会计科目和账户,确定相应科目和账户的要素性质,是资产要素的变化,还是负债或所有者权益的变化。其次,根据经济业务所涉及的账户的性质,确定哪些要素增加,哪些要素减少,或都是增加,都是减少。最后,确定该账户应记在借方还是贷方以及各账户应计金额。凡涉及资产及费用的增加,负债及所有者权益的减少,收入的减少或转出,都应记入各账户的借方;凡是涉及资产及费用的减少,负债及所有者权益的增加,收入的增加,都应记入各账户的贷方。

为了说明借贷记账法的记账规则,举例如下。

【例 3-2】企业从银行提现金 8 000 元。

【分析】

该项经济业务的发生,使得资产类要素中的"库存现金"和"银行存款"发生变化,导致资产要素内部出现一增一减。现金增加记在"库存现金"账户的借方,银行存款减少记在"银行存款"账户的贷方。用 T 形账户示表，如图 3-10 所示。

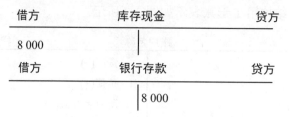

图 3-10　例 3-2 T 形账户示意图

4. 会计分录及编制步骤

根据经济业务的内容，确定账户名称、金额和记账方向(即借方或贷方)的记录，称为会计分录。由定义可知，会计分录有三个要素，分别是记账符号、会计科目和金额。会计分录是会计特有的语言，会计实务中要求将会计分录填写在具有一定格式的会计凭证中。会计教学中为了便于理解，规定了会计分录的基本格式，示范如下。

　　借：会计科目 1　　　金额
　　　　贷：会计科目 2　　　金额

编制会计分录时，应先借后贷，借贷后面加冒号并且要分行错开，借方和贷方的总金额要相等。

编制会计分录的步骤如下。

(1) 分析经济业务涉及的会计账户(或科目)。

(2) 确定涉及的会计账户是增加还是减少。

(3) 确定记入哪个(或哪些)账户的借方、哪个(或哪些)账户的贷方。

(4) 确定金额，编制会计分录并检查是否符合记账规则。

会计分录分为简单分录和复合分录两种。简单分录是指经济业务的发生引起两个账户发生对应关系，即"一借一贷"分录。复合分录是指经济业务的发生引起两个以上账户发生对应关系，即"多借多贷"等分录。

【例 3-3】行政办公室购买复印纸，价值 1 500 元，用银行存款支付。

【分析】该项经济业务使得"管理费用"增加，"银行存款"减少。管理费用增加记在"管理费用"账户的借方；银行存款减少记在"银行存款"账户的贷方。会计分录为

　　借：管理费用　　　1 500
　　　　贷：银行存款　　　1 500

【例 3-4】企业接受价值 120 000 元的专利和 60 000 元投资，款已到账。

【分析】该交易或事项涉及三个账户，"银行存款"增加 60 000 元记借方，"无形资产"增加 120 000 元记借方，"实收资本"增加 180 000 元记贷方。会计分录为

　　借：银行存款　　　60 000
　　　　无形资产　　　120 000
　　　　贷：实收资本　　　180 000

5. 账户的对应关系

采用借贷记账法，根据记账规则登记某项经济业务时，在各有关账户之间就形成了应

借、应贷的相互关系。账户之间的这种应借应贷的相互依存关系,称为账户的对应关系。发生对应关系的账户,称为对应账户。

6. 借贷记账法的试算平衡

1) 试算平衡的定义

试算平衡是指根据会计恒等式"资产=负债+所有者权益"以及借贷记账法的记账规则,通过汇总、检查和验算确定所有账户记录是否正确的过程。由于企业日常发生的经济业务都要记入有关账户,记账稍有疏忽,便有可能发生差错。因此,对全部账户的记录必须定期进行试算,借以验证账户记录是否正确。

2) 试算平衡的种类

试算平衡分为会计分录试算平衡、发生额试算平衡和余额试算平衡三种。

(1) 会计分录试算平衡。

按照借贷记账法的记账规则来记账,每笔会计分录的借方发生额必须等于贷方发生额,因此,经济业务发生后,每笔会计分录的发生额平衡。会计分录试算平衡公式为

$$借方科目金额=贷方科目金额 \tag{3-1}$$

(2) 发生额试算平衡。

本期发生额的平衡,即本期所有账户的借方发生额合计必须等于所有账户的贷方发生额合计。因为本期所有账户的借方发生额合计,相当于把复式记账的借方发生额相加;所有账户的贷方发生额合计,相当于把复式记账的贷方发生额相加,二者必然相等。发生额试算平衡用公式表示为

$$本期全部账户借方发生额合计=本期全部账户的贷方发生额合计 \tag{3-2}$$

发生额试算平衡是检验本期发生额记录是否正确的方法。在实际工作中,该工作是通过编制发生额试算平衡表进行的。

(3) 余额试算平衡。

余额平衡是指所有账户的借方余额之和与所有账户的贷方余额之和相等。余额试算平衡就是根据"资产=负债+所有者权益"会计恒等关系,来检验本期会计记录是否正确的方法。

在某一时点上,有借方余额的账户应是资产类账户,有贷方余额的账户应是权益类账户,分别合计其金额,即是具有相等关系的资产与权益总额。根据余额计算的时点不同,可分为期初余额平衡和期末余额平衡。本期的期末余额平衡,结转到下一期,就成为下一期的期初余额平衡。余额试算平衡用下列公式表示为

$$本期期初(末)资产借方余额=本期期初(末)负债贷方余额+本期期初(末)所有者权益贷方余额 \tag{3-3}$$

$$所有账户的借方期初(末)余额合计=所有账户的贷方期初(末)余额合计 \tag{3-4}$$

在实际工作中,该工作是通过编制余额试算平衡表进行的。

3) 试算平衡表的编制

试算平衡一般通过编制试算平衡表加以验证。可以分别编制本期发生额试算平衡表和期初(末)余额试算平衡表,也可以将前两者合并编成一张三栏式试算平衡表。三栏式试算平衡表分期初余额、本期发生额和期末余额三栏,各栏下再设借方和贷方两个小栏。各大栏中的借方合计与贷方合计应该相等,否则便存在记账错误。

在编制试算平衡表之前，先按照会计分录中涉及的会计科目，逐一开设 T 形账户，并将其增减金额按照业务发生的先后顺序，逐一过(抄)入相应的 T 形账户的借方或者贷方，在各账户发生额后画一道结算线，计算出本期借方发生额合计数和贷方发生额合计数，再画一道结算线，计算本期借方期末余额或者贷方期末余额。

【例 3-5】根据第二章例 2-3、例 2-4、例 2-5、例 2-6 的经济业务编制会计分录如下：

例 2-3：2018 年 10 月 5 日，该企业从银行取得贷款 1 000 000 元，款项已划入本企业存款账户。

借：银行存款　　1 000 000
　　贷：银行借款　　1 000 000

例 2-4：2018 年 10 月 7 日，该企业开出现金支票 20 000 元用于日常开支。

借：库存现金　　20 000
　　贷：银行存款　　20 000

例 2-5：2018 年 10 月 10 日，该企业开出转账支票 500 000 元，支付上个月未偿还的应付货款。

借：应付账款　　500 000
　　贷：银行存款　　500 000

例 2-6：2018 年 10 月 31 日，该企业应付给长江公司的应付账款为 1000 000 元，双方协商后转作长江公司对该企业的投资款。

借：应付账款　　1 000 000
　　贷：实收资本　　1 000 000

将以上经济业务逐笔登记 T 形账户，如图 3-11 所示。

借方	库存现金		贷方
期初余额	1 000 000		
【例 2-4】	20 000		
本期增加发生额合计	20 000	本期减少发生额合计	
期末余额	1 020 000		
借方	银行存款		贷方
期初余额	500 000		
【例 2-3】	1 000 000	【例 2-4】	20 000
		【例 2-5】	500 000
本期增加发生额合计	1 000 000	本期减少发生额合计	520 000
期末余额	980 000		
借方	银行借款		贷方
		期初余额	1 000 000
		【例 2-3】	1 000 000
本期减少发生额合计		本期增加发生额合计	1 000 000
		期末余额	2 000 000

图 3-11　例 3-5 T 形账户示意图

借方		应付账款		贷方
		期初余额		2 000 000
【例2-5】	500 000			
【例2-6】	1 000 000			
本期减少发生额合计	1 500 000	本期增加发生额合计		
		期末余额		500 000

借方		实收资本		贷方
		期初余额		6 500 000
		【例2-6】		1 000 000
本期减少发生额合计		本期增加发生额合计		1 000 000
		期末余额		7 500 000

图 3-11　例 3-5 T 形账户示意图(续)

将图 3-11 所示 T 形账户中的本期发生额及期末余额按资产、负债、所有者权益、收入和费用的顺序列入表 3-5 中的借方和贷方栏目，编成试算平衡表。

表 3-5　例 3-5 试算平衡表　　　　　　　　　　　　　　　　　　　　　单位：元

会计科目	期初余额		本期发生额		期末余额	
	借方	贷方	借方	贷方	借方	贷方
库存现金	1 000 000		20 000		1 020 000	
银行存款	500 000		1 000 000	520 000	980 000	
应收账款	2 000 000				2 000 000	
原材料	1 500 000				1 500 000	
固定资产	5 000 000				5 000 000	
银行借款		1 000 000		1 000 000		2000 000
应付账款		2 000 000	1 500 000			500 000
预收账款		200 000				200 000
实收资本		6 500 000		1 000 000		7500 000
盈余公积		300 000				300 000
合计	10 000 000	10 000 000	2 520 000	2 520 000	10 500 000	10 500 000

需要注意的是，试算平衡只是通过验算借贷发生金额或者余额是否平衡来检查账户记录是否正确的一种方法，但是这种方法得出的结论并不是绝对正确的。如果借贷不平衡，就可以肯定账户的记录或计算有错误；如果借贷平衡，却不能肯定记账一定没有错误，因为有些错误并不影响借贷双方平衡。常见的情况如下。

(1) 某项经济业务错记了会计科目；

(2) 某项经济业务涉及的两个会计科目借和贷的方向都记错；

(3) 某项经济业务漏记或重记等。

上述错误都不可能通过试算平衡法来发现，试算平衡法只能发现借贷金额不相等的错误。

(四)会计账户的平行登记

总分类账户与明细分类账户的关系主要表现在：总分类账户对明细分类账户具有统驭控制作用，明细分类账户对总分类账户具有补充说明作用，总分类账户与其所属明细分类账户在总金额上应当相等。为了保持总账账户和明细账户一致，在记账时，总分类账户和明细分类账户应当平行登记。

总分类账户与明细分类账户的平行登记是指对同一项经济业务，应当在同一会计期间内，既登记相对应的总分类账户，又登记所属的有关明细分类账户，做到两者的登记方向相同，金额相等。平行登记包括以下四个要点。

1) 所依据的会计凭证相同

总分类账和明细分类账都必须是根据相同的会计凭证登记的，如销货单、入库单等。

2) 借贷方向一致

对于同一笔经济业务，同时登记总分类账和明细分类账时借或者贷的方向应该是相同的。

3) 所属的会计期间相同

总账和明细账应登记在同一个会计期间的账簿上，对于每一项经济业务，要同时在相关的各总分类账户及其所属的有关各明细分类账户中分别独立地进行登记，同一个会计期间一般是指相同月份，而并非指同一日期。

4) 记录金额相等

记入总分类账户的金额与记入其所属全部明细分类账户的合计金额相等。

第四节 账户按用途和结构分类

账户按用途和结构分类的实质是按账户在会计核算中所起的作用和账户在使用中能够反映的经济指标进行的分类。通过账户按用途和结构分类方便了解各类账户的用途，掌握账户提供核算指标的规律性。

账户按照用途和结构可以分为盘存账户、资本账户、结算账户、成本计算账户、跨期摊提账户、集合分配账户、调整账户、损益计算账户和财务成果账户九类。

一、盘存账户

盘存账户是指可以通过实物盘点进行核算和监督的各种资产类账户。盘存账户是用来反映和监督各项财产物资和货币资金的增减变动及其结存情况的账户。可以归为这类账户的有："库存现金""银行存款""原材料""库存商品""固定资产"等。盘存类账户的结构是：借方记录各项财产物资和货币资金的增加数，贷方则记录各项财产物资和货币资金的减少数,期末余额在借方,反映期末各项财产物资和货币资金的实际结存数。盘存账户的结构如图3-12所示。

借方	盘存账户	贷方
期初余额:期初财产物资的结存额		
发生额:本期财产物资的增加额		发生额:本期财产物资的减少额
期末余额:期末财产物资的结存额		

图3-12 盘存账户结构示意图

二、资本账户

资本账户亦称所有者投资账户,是用来专门反映企业所有者投资的增减变动及其结存情况的账户。其主要包括:"实收资本(股本)""资本公积""盈余公积""未分配利润"等账户。这类账户的结构是:贷方记录所有者投资的增加额,借方记录所有者投资的减少额,期末余额在贷方,表示期末所有者投资的实有额。资本账户的结构如图3-13所示。

借方	资本账户	贷方
期初余额:期初资本的实有数		
发生额:本期资本的减少额		发生额:本期资本的增加额
期末余额:期末资本的实有数		

图3-13 资本账户结构示意图

三、结算账户

结算账户是用来反映企业同其他单位或个人之间发生的债权、债务结算情况的账户。按照结算账户的性质不同,结算账户可以分为债权结算账户、债务结算账户以及债权债务结算账户三类。

(一)债权结算账户

债权结算账户是专门用来反映企业同各单位或个人之间的债权(应收、暂付)结算业务的账户。结算的账户主要包括:"应收账款""应收票据""预付账款""其他应收款"等账户。这类账户的结构是:借方记录债权的增加数,贷方记录债权的减少数,期末余额通常在借方,反映期末尚未收回的债权实有数。债权结算账户的结构如图3-14所示。

借方	债权结算账户	贷方
期初余额:期初尚未收回的债权		
发生额:本期债权的增加额		发生额:本期债权的减少额
期末余额:期末尚未收回的债权		

图3-14 债权结算账户结构示意图

(二)债务结算账户

债务结算账户是专门用来反映企业同其他单位或个人之间债务(应付、暂收)结算的账户,主要包括:"短期借款""应付账款""应付票据""预收账款""应付职工薪酬""应交税费""应付利润""其他应付款""长期借款""应付债券"等账户。这类账户的结构是:贷方记录债务的增加数,借方记录债务的减少数,期末余额通常在贷方,反映期末尚未偿还债务的金额。债务结算账户的结构如图3-15所示。

借方	债务结算账户	贷方
	期初余额:期初结欠债务的数额	
发生额:本期债务的减少额	发生额:本期债务的增加额	
	期末余额:期末结欠债务的数额	

图 3-15 债务结算账户结构示意图

(三)债权债务结算账户

债权债务结算账户是专门用来反映企业同其他单位或个人之间的往来结算业务的账户。企业在实际经营活动中,常常与某些企业发生往来业务,在与同一个单位发生往来业务的过程中,企业有时充当债权人的角色,有时又充当债务人的角色。为了便于集中反映企业与同一单位发生的债权、债务的往来结算情况,就有必要设置和运用既属债权结算又属债务结算的往来账户,即双重性账户。

如:企业销售商品时,不单独设置"预收账款"账户而是按规定将预收销货款的业务并入"应收账款"账户核算,于是"应收账款"账户就形成债权债务账户,既要反映债权的发生及收回,又要反映债务的发生及偿还。同理,对于不单独设置"预付账款账户",而将预付购货款的业务并入"应付账款"账户核算的单位,"应付账款"账户也属于债权债务账户。

债权债务账户的结构是:借方记录债权的增加及债务的减少(或偿还),贷方记录债务的增加及债权的减少(或收回),月末余额可能在借方,表示月末尚未收回的债权大于月末尚未偿还债务的差额。也可能在贷方,表示月末尚未偿还的债务大于月末尚未收回债权的差额。债权债务结算账户的结构如图3-16所示。

借方	债权债务结算账户	贷方
期初余额:期初债权大于债务的差额		期初余额:期初债务大于债权的差额
发生额:本期债权增加额		发生额:本期债务增加额
本期债务减少额		本期债权减少额
期末余额:期末债权大于债务的差额		期末余额:期末债务大于债权的差额

图 3-16 债权债务结算账户结构示意图

四、成本计算账户

成本计算账户用来反映生产经营过程中物资采购及产品生产过程中发生的应计入成本

的全部费用,并据以确定其各个成本计算对象的实际成本的账户。其主要包括:"物资采购""生产成本"等账户。这类账户的结构是:借方记录应计入成本的全部费用,包括直接计入各个成本计算对象的费用和分配转入各个成本计算对象的费用;贷方记录结转的已完成采购过程或生产过程的成本计算对象的实际成本;期末,该类账户可有余额,也可无余额。若有余额必在借方,表示尚未完成某一过程的成本计算对象的实际成本,如在途材料、在产品;若无余额;表示材料采购或生产过程中各成本计算对象的实际成本已全部结转出去。成本计算账户的结构如图 3-17 所示。

借方	成本计算账户	贷方
期初余额:期初尚未完成某经营阶段的成本计算对象的实际成本		
发生额:生产经营过程中某一阶段发生的应计入成本计算对象的全部费用		发生额:转出的已完成某经营阶段的成本计算对象的实际成本
期末余额:期末尚未完成该经营阶段的成本计算对象的实际成本		

图 3-17 成本计算账户结构示意图

五、跨期摊提账户

跨期摊提账户是按照权责发生制原则来反映应由几个会计期间共同负担的费用,而且将这些费用在各个会计期间进行分摊和预提的账户。属于跨期摊提账户的有"待摊费用""长期待摊费用"和"预提费用"账户。虽然,"待摊费用"账户属于资产类账户,"预提费用"账户属于负债类账户,但是它们却有着相同的用途和结构,借方都用来记录费用的实际发生数或支付数,贷方都用来记录应由某个会计期间负担的费用摊配数或预提数。期末若为借方余额,反映已支付尚未摊配的待摊费用,若为贷方余额,则反映已预提而尚未支用的预提费用。"待摊费用"和"预提费用"都是为划清各个会计期间的费用而设置的账户。跨期摊提账户的结构如图 3-18 所示。

借方	跨期摊提账户	贷方
期初余额:期初已支付尚未摊销的待摊费用数额		期初余额:期初已预提尚未支付的预提费用数额
发生额:本期已支付的费用数额		发生额:本期摊销或预提的费用数额
期末余额:期末已支付尚未摊销的待摊费用数额		期末余额:期末已预提尚未支付的预提费用数额

图 3-18 跨期摊提账户结构示意图

六、集合分配账户

集合分配账户是指用来归集和分配企业生产经营过程中一定时期内所发生的需要按照一定的分配标准分配计入有关成本计算对象的费用账户,即"制造费用"账户。这类账户的结构是：借方记录一定时期内费用的发生数额，贷方记录期末按照一定的分配标准分配计入有关成本计算对象的费用分配数。这类账户记录的费用属于当期的开支应当在当期分配完毕，因此这类账户通常没有期末和期初余额。集合分配账户的结构如图 3-19 所示。

借方	集合分配账户	贷方
发生额：本期费用的发生数额		发生额：期末分配计入有关成本计算对象的费用数额

图 3-19　集合分配账户结构示意图

七、调整账户

调整账户是用来调整被调整账户的余额，以求得被调整账户的实际余额而设置的账户。在会计核算中，由于经营管理的需要，需要对某一会计要素设置两个账户，用两种数字从两个不同的方面进行记录。其中一个账户设置原始数字，反映原始状况；另一个账户则反映对原始数字的调整数字，反映调整状况。将原始数字同调整数字相加或相减，则可求得被调整后的实际余额。调整账户按其调整方式不同，可分为备抵账户、附加账户和备抵附加账户三类。

(一)备抵账户

备抵账户又称抵减账户，是用来抵减被调整账户的余额，以求得被调整账户实际余额的账户。备抵账户与其被调整账户存在着反方向关系，即当被调整账户的余额为借方(或贷方)时，则备抵账户的余额为贷方(或借方)。备抵账户与被调整账户的关系可用公式表示为被调整账户余额-备抵账户余额=被调整账户实际余额。

备抵账户按被调整账户的性质，分为资产备抵账户和权益备抵账户两类。资产备抵账户的结构如图 3-20 所示，权益备抵账户的结构如图 3-21 所示。

借方	被调整账户	贷方	借方	(资产)抵减账户	贷方
余额：某项经济活动的原始数据				余额：该项经济活动的抵减数据	

图 3-20　资产备抵账户结构示意图

借方	被调整账户	贷方	借方	(权益)抵减账户	贷方
余额：某项经济活动的原始数据				余额：该项经济活动的抵减数据	

图 3-21　权益备抵账户结构示意图

(二)附加账户

附加账户是用来增加被调整账户的余额，以求得被调整账户实际余额的账户。附加账户对被调整账户的调整方式，可用下列计算公式表示：被调整账户余额+附加账户余额=被调整账户实际余额。附加账户的结构如图 3-22 所示。

借方	被调整账户	贷方	借方	附加账户	贷方
余额：某项经济活动的原始数据					余额：该项经济活动的附加数据

图 3-22　附加账户结构示意图

可见，附加调整账户与被调整账户的余额在同一方，或同是借方或同是贷方。在实际会计核算工作中，附加账户的运用较少。

(三)备抵附加账户

备抵附加账户是指既用来抵减，又同时用来附加被调整账户的余额，以求得被调整账户实际余额的账户。它兼有备抵账户与附加账户的双重功能，属于双重性质的账户。但是备抵附加账户不能对被调整账户同时起两种作用，只能起附加作用或者抵减作用。备抵账户、附加账户和备抵附加账户与被调整账户的关系有以下特点。

(1) 调整账户和被调整账户所反映的经济内容相同，但用途和结构不同。

(2) 被调整账户反映原始数据，调整账户反映对原始数据的调整数。调整账户不能离开被调整账户而独立存在，有调整账户就一定有被调整账户，它们是相互结合在一起的一组账户，二者结合使用能提供管理上所需要的特定指标。

(3) 调整账户对被调整账户的调整方式，要根据被调整账户和调整账户的余额方向进行抵减或者附加。如果两者的余额在同一方向，则需要附加调整；如果两者的余额方向相反，则需要抵减调整。

(4) 调整账户对被调整账户的调整，只涉及金额调整，不涉及数量调整。

八、损益计算账户

损益计算账户是用来归集企业生产经营过程中某个会计期间的收入和费用并据以计算企业经营成果的账户。损益计算账户分为收入账户和费用账户两类。

(一)收入账户

收入账户是反映和监督企业一定时期内取得的各项收入的账户，主要有："主营业务收入""其他业务收入""营业外收入"。这类账户的结构是：贷方记录本期收入的增加数，借方则记录本期收入的冲减数和期末转入财务成果账户贷方的本期收入总额数，期末结转后收入账户应无余额。收入账户的结构如图 3-23 所示。

借方	收入账户	贷方
发生额： (1)本期收入的冲减数 (2)期末转入财务成果账户的总额数		发生额：本期收入的增加数

图 3-23　收入账户结构示意图

(二)费用账户

费用账户是反映和监督企业一定时期内取得的各项费用的账户,主要有:"主营业务成本""其他业务成本""税金及附加""管理费用""财务费用""销售费用""营业外支出""所得税费用"等。这类账户的结构是:借方记录本期费用的增加数,贷方则记录本期费用的冲减数和期末转入财务成果账户借方的本期费用总额数,期末结转后费用账户应无余额。费用账户的结构如图 3-24 所示。

借方	费用账户	贷方
发生额:本期费用的增加数		发生额: (1) 本期费用的冲减数 (2) 期末转入财务成果账户的总额数

图 3-24　费用账户结构示意图

九、财务成果账户

财务成果账户主要是指"本年利润"账户,可以反映企业在一定时期内全部生产经营活动的最终成果。其结构为:贷方记录期末从各收入类账户结转记入的本期发生的收入额;借方记录期末从各费用类账户结转记入的本期发生的费用额;期末余额若为贷方,则表示一定时期内收入大于费用的差额,即本期实现的净利润;期末余额若为借方,则表示一定时期内收入小于费用的差额,即本期发生的亏损总额。年末,需将"本年利润"账户实现的净利润或发生的亏损,结转至"未分配利润"账户,"本年利润"账户结转后无余额。但是,在年度内,财务成果账户呈现为累计性账户,无论是何月,账面记录的净利润或亏损均表示为截至本月累计发生额。年度内各月,财务成果账户或有贷方余额,或有借方余额。财务成果账户的结构如图 3-25 所示。

借方	财务成果账户	贷方
发生额:转入的本期各项费用数额		发生额:转入的本期各项收入数额
期末余额:发生的亏损总额		期末余额:实现的利润总额

图 3-25　财务成果账户结构示意图

账户按用途和结构分类,如图 3-26 所示。

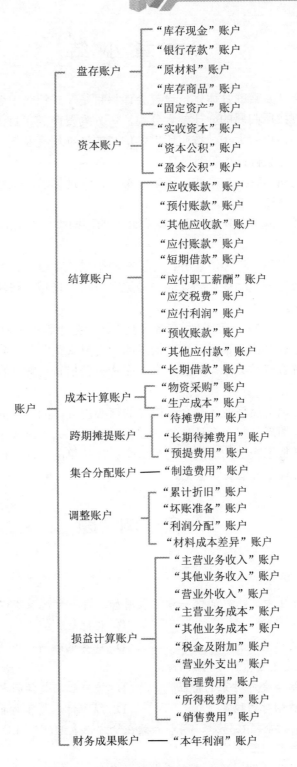

图 3-26　账户按用途和结构的分类

本章小结

会计科目是会计要素的具体化，设置会计科目是复式记账中编制会计凭证和设置账簿的基础。会计科目按所归属的会计要素分类，可分为资产类、负债类、共同类、所有者权益类、成本类和损益类六大类。按照所提供信息的详细程度及统驭关系不同进行分类，可以将会计科目分为总账科目和明细科目。

会计账户，是指具有一定格式，用来分类、连续地记录经济业务，反映会计要素增减变动及其结果的一种核算工具。

会计科目与账户是两个既相区别，又有联系的不同概念。实际工作中，先有会计科目，后有账户。

复式记账法是对每一笔经济业务，都要在两个或两个以上相互联系的账户中进行等额登记，系统地反映资金运动变化结果的一种记账方法。借贷记账法是世界各国普遍采用的一种复试记账方法。

借贷记账法是以"资产=负债+所有者权益"这一会计等式作为记账原理，以"借""贷"作为记账符号，记录会计要素增减变动情况的一种复式记账法。资产类账户的正常余额在借方，负债和所有者权益类账户的正常余额在贷方。借贷记账法也是编制会计分录和试算平衡表的基础。

用借贷记账法记录经济业务是会计核算的核心内容，因此，如果说第二章关于会计要素的划分及其恒等原理是整个会计核算的理论基础，那么本章关于账户的设置与结构、复式记账原理以及借贷记账法的运用，则是整个会计核算的方法基础。因此，学好本章对于以后各章的学习具有非常重要的意义。

自 测 题

一、单项选择题

1. 在借贷记账法中，账户的哪一方记录增加，哪一方记录减少是由( )决定的。
   A. 账户的性质　　　　　　　　B. 记账规则
   C. 账户的结构　　　　　　　　D. 业务的性质
2. ( )不是设置会计科目的原则。
   A. 必须结合会计对象的特点　　B. 统一性与灵活性相结合
   C. 应保持相对的稳定　　　　　D. 经审计人员审计批准
3. 某一账户期初余额在借方，期末余额在贷方，表明( )。
   A. 该账户的性质未变
   B. 该账户已从期初的资产变为期末的负债
   C. 该账户已从期初的负债变为期末的资产
   D. 该账户既不属于资产类，也不属于负债类
4. 账户是根据( )开设的，用来连续、系统地记载各项经济业务的一种手段。

  A. 会计凭证   B. 会计对象
  C. 会计科目   D. 财务指标

5. 根据借贷记账法的原理，记录在账户贷方的是( )。
  A. 费用的增加   B. 收入的增加
  C. 负债的减少   D. 所有者权益的减少

6. 复式记账法的基本理论依据是( )的平衡原理。
  A. 资产 ＝ 负债 ＋ 所有者权益
  B. 收入 － 费用 ＝ 利润
  C. 期初余额 ＋ 本期增加数 － 本期减少数 ＝ 期末余额
  D. 借方发生额 ＝ 贷方发生额

7. 按照借贷记账法的记录方法，下列四组账户中，增加额均记在贷方的是( )。
  A. 资产类和负债类   B. 负债类和所有者权益类
  C. 成本类和损益类   D. 损益类中的收入和支出类

8. 会计科目与账户之间的区别在于( )。
  A. 反映的经济内容不同   B. 账户有结构而会计科目无结构
  C. 分类的对象不同   D. 反映的结果不同

9. 月末通常无余额的账户是( )。
  A. 固定资产   B. 银行存款
  C. 管理费用   D. 实收资本

10. 资产类账户期末余额的计算公式是( )。
  A. 期末余额 ＝ 期初借方余额 ＋ 本期借方发生额 － 本期贷方发生额
  B. 期末余额 ＝ 期初贷方余额 ＋ 本期贷方发生额 － 本期借方发生额
  C. 期末余额 ＝ 期初借方余额 ＋ 本期借方发生额
  D. 期末余额 ＝ 期初贷方余额 ＋ 本期贷方发生额

二、多项选择题

1. 在进行试算平衡时，下列不会影响借贷双方的平衡关系的是( )。
  A. 漏记某项经济业务   B. 某项经济业务记错有关账户
  C. 重记某项经济业务   D. 某个账户颠倒了记账方向

2. 制造企业是产品的生产单位，其完整的生产经营过程由( )所构成。
  A. 供应过程   B. 生产过程
  C. 买卖过程   D. 销售过程

3. 下列会计分录中属于复合会计分录的是( )。
  A. 一借一贷的会计分录   B. 一借多贷的会计分录
  C. 一贷多借的会计分录   D. 多借多贷的会计分录

4. 设置会计科目应遵循的原则是( )。
  A. 经单位领导人批准   B. 有用性
  C. 相关性   D. 统一性与灵活性相结合

5. 会计账户结构一般应包括的内容有( )。

A. 账户的名称 B. 账户的方向
C. 账户的余额 D. 账户的使用年限

6. 借贷记账法的试算平衡公式是(　　)。
   A. 所有账户的本期借方发生额之和 = 所有账户本期贷方发生额之和
   B. 所有资产账户的本期借方发生额之和 = 所有负债和所有者权益账户本期贷方发生额之和
   C. 所有账户的期末借方余额之和 = 所有账户期末贷方余额之和
   D. 收入账户的本期发生额 = 费用账户的本期发生额

7. 属于资产类科目的是(　　)。
   A. 固定资产 B. 预收账款
   C. 原材料   D. 预付账款

8. 在借贷记账法下，账户的贷方登记的内容有(　　)。
   A. 资产的增加 B. 负债及所有者权益的增加
   C. 收入的增加 D. 资产的减少

9. 下列账户期末余额应在贷方的有(　　)。
   A. 累计折旧 B. 预付账款
   C. 预收账款 D. 盈余公积

10. 下列表述正确的是(　　)。
    A. 账户的名称就是会计科目的名称 B. 会计科目与账户是同一个概念
    C. 会计科目无结构，账户有结构   D. 会计科目与账户反映的内容相同

三、判断题

1. 会计账户是用来分类记录企业的交易事项，反映各会计要素增减变动情况的一种工具。　　　　　　　　　　　　　　　　　　　　　　　　　　　　　　　(　)
2. 借贷记账法的试算平衡方法有本期发生额试算平衡和差额试算平衡。(　)
3. 账户的本期发生额反映的是动态指标，而期末余额反映的是静态指标。(　)
4. 权责发生制以款项的实际收付作为标准，不考虑收入和费用的归属期，因此，会计期末无须进行账项调整。　　　　　　　　　　　　　　　　　　　　　　(　)
5. 只要实现了期初余额、本期发生额、期末余额的平衡，就说明账户的记录没有错误了。　　　　　　　　　　　　　　　　　　　　　　　　　　　　　　　(　)
6. 在借贷记账法下，账户的借方记录增加数，贷方记录减少数。　　(　)
7. 所有账户都是根据会计科目开设的，包括总账账户和明细账户。　(　)
8. 从本质上说费用就是资产的转化形式，是企业总资产的耗费。　　(　)
9. 所有者权益类账户的用途和结构都是相同的。　　　　　　　　　(　)
10. 通常，各类账户的期末余额与记录增加额的一方在同一方向。　(　)

四、简答题

1. 企业应当如何设置会计科目？常用会计科目的核算内容是什么？
2. 什么是会计科目、会计账户？二者的区别与联系有哪些？
3. 什么是借贷记账法？其主要内容有哪些？

4. 采用借贷记账法，如何进行试算平衡？
5. 简述复式记账原理。
6. 账户按用途和结构可以分为哪几类？

五、计算题

求下列账户的未知数。

单位：元

会计科目	期初余额		本期发生额		期末余额	
	借方	贷方	借方	贷方	借方	贷方
库存现金	160		940	?	120	
银行存款	?		98 620	115 120	300	
应收账款	30 800		?	26 320	4 480	
其他应收款	100		120	120	?	
原材料	46 000		240	?	45 240	
库存商品	19 120		1 540	?	170 20	
短期借款		?	0	10 000		18 800
应付账款		56 600	?	4 940		26 000
其他应付款		6 420	6 020	?		400
实收资本		413 180	0	20 000		?

六、业务题

2018年9月30日，某企业拥有资产1 000 000元，其中负债320 000元，所有者权益680 000元。即资产1 000 000=(负债+所有者权益)1 000 000。10月份企业发生以下业务。

(1) 2018年10月5日，该企业从银行取得贷款100 000元，款项已划入本企业存款账户。

(2) 2018年10月7日，该企业开出现金支票2 000元用于日常开支。

(3) 2018年10月10日，该企业开出转账支票50 000元，支付上月未偿还的应付货款。

(4) 2018年10月31日，该企业应付给长江公司的应付账款为100 000元，双方协商后转作长江公司对该企业的投资款。

要求：

(1) 根据上述业务编制会计分录。

(2) 将上述经济业务登记T形账户并计算出本期发生额和期末余额。

(3) 编制该企业10月份的试算平衡表。

第四章

企业主要经济业务的核算及成本计算

【学习要点及目标】

- 掌握筹集资金业务的账务处理；
- 掌握供应过程业务的账务处理以及材料采购成本的计算；
- 掌握生产过程业务的账务处理以及生产成本的计算；
- 掌握销售过程业务的账务处理以及产品销售成本的计算；
- 掌握利润形成及分配过程的账务处理。

【核心概念】

实收资本　资本公积　短期借款　在途物资　原材料　生产成本　制造费用　营业利润　利润总额　本年利润　利润分配　盈余公积

【引导案例】

李刚、张丽、孙华毕业后自己创业,从一个食品加工小作坊做起,经过 5 年的艰辛努力,终于积累了部分资金。于是,20××年他们三人计划投资成立一家有限责任公司,李刚出资 35 万元,张丽出资 40 万元,孙华出资 25 万元。公司名称拟定为"凯城食品有限责任公司",注册资本为人民币 100 万元,主营食品加工,董事长(法定代表人)为李刚。20××年 2 月 10 日,工商管理部门批准了他们的申请并签发了营业执照,"凯城食品有限责任公司"正式成立。

问题:

(1) 李刚、张丽、孙华三人投入的资金 100 万元是公司的资产吗?

(2) 公司成立后,主要的经营活动有哪些?怎样计算该公司的利润?

(资料来源:于家臻. 会计基础[M]. 北京:电子工业出版社,2015.)

对于工业企业而言,企业筹集到所需要的资金后,要开展一系列的生产经营活动,比如购买材料、生产产品、销售产品,最后计算企业的利润,然后再对利润进行分配等活动。所以,本章主要介绍筹资业务核算、购买业务核算、生产业务核算、销售业务核算、利润的形成及分配业务核算。

第一节　资金筹集业务的核算

制造业是一个生产产品的企业,是自主经营、自负盈亏的经济实体。企业的生产经营过程包括供应过程、生产过程和销售过程。企业为了保证生产经营活动的正常进行,必须先进行筹资,即从投资者或债权人那里取得一定的资金。然后,企业将筹集的资金投入供应过程,供应过程就是企业将筹集的资金购买设备等劳动资料形成固定资产,购买原材料等劳动对象形成储备资金,为生产产品做好准备的过程。企业取得了劳动资料和劳动对象,就可以进入生产过程。在生产过程中,劳动者借助劳动资料对劳动对象进行加工,最后生产出产成品。在这一过程中,资金先从固定资金、储备资金和一部分货币资金形态转化为生产资金,然后,当企业生产出产成品完工入库时,生产资金又转化为成品资金。企业生产出适销对路的产成品,下一环节就应进入销售过程。在销售过程中,企业通过销售产品,收回货款,从而成品资金又转化为货币资金,回到资金运动的起点,完成一次资金的循环。企业在生产经营活动中,由于销售产品等活动会实现收入,扣除生产经营活动中发生的成本费用,就会形成企业的利润。企业形成的利润,一部分以所得税的形式上缴国家,另一部分要按照规定的程序进行分配。

综上所述,企业主要发生的经济业务如下:

(1) 资金筹集业务;

(2) 供应过程业务;

(3) 生产过程业务;

(4) 销售过程业务;

(5) 财务成果形成及分配业务。

企业通过一定渠道筹集生产经营所需要的资金是企业进行生产经营活动的前提条件。资金筹集渠道主要有两大类：一是所有者权益筹资，即筹集到的资金属于自有资金；二是负债筹资，筹集到的资金属于借入资金。

一、所有者权益筹资的核算

企业所有者权益包括所有者投入的资本、直接记入所有者权益的利得和损失、留存收益等。本节主要介绍所有者投入的资本中包含的实收资本和资本公积(资本溢价)的核算，对于留存收益的内容将在本章第五节财务成果的形成及分配业务的核算中介绍。

(一)实收资本的核算

1. 实收资本的含义

实收资本是依据企业章程或合同、协议的约定，企业实际收到投资者投入的资本金，以及由资本公积金转增的资本金和盈余公积金转增的资本金。实收资本可以代表一个企业的实力，是创办企业的本钱。

2. 实收资本的分类

企业的资本金按照投资主体的不同分为国家资本金(投资主体为国家)、法人资本金(投资主体为其他企业单位)、个人资本金(投资主体为个人)、外商资本金(投资主体为外国及中国港、澳、台地区企业)。

按照投资者投入的物质形态不同，分为货币资金的投资和非货币资金的投资，其中非货币资金的投资包括收到的原材料、固定资产及无形资产等的投资。

3. 实收资本账户的设置

实收资本账户(有限责任公司设置"实收资本"账户，若为股份有限公司，则设置"股本"账户)属于所有者权益类账户，该账户核算收到投资者投入资本的增减变动情况及余额情况。实收资本账户的贷方登记收到投资者投入的资本(实收资本的增加)，借方登记所有者投入企业资本的减少(实收资本的减少)，余额在贷方表示实收资本的实有数。该账户按照投资人设置明细账户，进行明细分类核算。

企业收到投资者投入的资本时，借记"银行存款(固定资产、无形资产、原材料等)"账户，贷记"实收资本"账户；当企业减少注册资本时，借记"实收资本"账户，贷记"银行存款"等账户。

实收资本账户的结构如下。

借	实收资本	贷
实收资本的减少数	实收资本的增加数	
	期末余额：实收资本的实有数	

4. 实收资本核算举例

【例4-1】12月1日，红星工厂收到国家投入资本100 000元，存入银行。

该笔业务的发生涉及"银行存款"和"实收资本"两个会计账户。该笔业务导致"银行存款"增加,"银行存款"账户是资产类账户,该账户增加应记入借方;收到投资也导致"实收资本"增加,"实收资本"账户是所有者权益类账户,该账户增加应记入贷方。该笔业务编制会计分录如下:

  借:银行存款   100 000
    贷:实收资本   100 000

【例4-2】12月1日,红星工厂收到胜利工厂投入的设备一台,价值50 000元。

该笔业务的发生涉及"固定资产"和"实收资本"两个会计账户。设备属于固定资产,收到设备使"固定资产"增加,"固定资产"账户是资产类账户,该账户增加应记入借方;收到投资也导致"实收资本"增加,"实收资本"账户是所有者权益类账户,该账户增加应记入贷方。该笔业务编制会计分录如下:

  借:固定资产   50 000
    贷:实收资本——胜利工厂   50 000

【例4-3】12月2日,红星工厂收到大华工厂投入商标权一项,双方确认的价值为100 000元。

该笔业务的发生涉及"无形资产"和"实收资本"两个会计账户。商标权属于无形资产,收到投入商标权使"无形资产"增加,"无形资产"账户是资产类账户,该账户增加应记入借方;收到投资也导致"实收资本"增加,"实收资本"账户是所有者权益类账户,该账户增加应记入贷方。该笔业务编制会计分录如下:

  借:无形资产   100 000
    贷:实收资本——大华工厂   100 000

【例4-4】12月2日,红星工厂收到美华公司投入的原材料A材料一批,价值10 000元。

该笔业务的发生涉及"原材料"和"实收资本"两个会计账户。收到原材料使"原材料"增加,"原材料"账户是资产类账户,该账户增加应记入借方;收到投资也导致"实收资本"增加,"实收资本"账户是所有者权益类账户,该账户增加应记入贷方。该笔业务编制会计分录如下:

  借:原材料——A材料   10 000
    贷:实收资本——美华公司   10 000

(二)资本公积的核算

1. 资本公积的含义

资本公积是投资者或他人投入到企业、出资额超过法定资本的那部分资本金,资本公积也是所有者权益的重要组成部分。资本公积主要包括资本溢价和其他资本公积。本节主要介绍资本溢价,对于其他资本公积明细科目将在中级财务会计中详细介绍。

2. 资本公积的账户设置

为了反映资本公积的增减变动及结余情况,需要设置"资本公积"账户,该账户属于所有者权益类账户,贷方表示资本公积的增加,借方表示资本公积的减少,期末余额在贷方,表示资本公积的累计数。按照我国财政部规定,资本公积应设置"资本溢价"和"其

他资本公积"两个明细科目。其账户结构如下:

借	资本公积	贷
资本公积的减少数	资本公积的增加数	
	期末余额:资本公积的实有数	

3. 资本公积核算举例

【例4-5】12月4日,红星工厂收到投资者投资100 000元存入银行,其中70 000元为实收资本,其余30 000元作为资本公积。

该笔收到投资业务中,其中法定份额部分记入"实收资本"账户,超过法定份额部分应记入"资本公积"账户,因此该业务涉及"银行存款""实收资本"和"资本公积"三个会计账户。收到投资存入银行使"银行存款"增加,"银行存款"账户是资产类账户,该账户增加应记入借方;收到投资也导致"实收资本"和"资本公积"增加,"实收资本"和"资本公积"账户是所有者权益类账户,实收资本和资本公积增加应贷记"实收资本""资本公积"。该笔业务编制会计分录如下:

借:银行存款　　　　　　　　　　　100 000
　　贷:实收资本　　　　　　　　　　70 000
　　　　资本公积——资本溢价　　　　30 000

二、负债筹资业务的核算

负债筹资的方式有很多,既有流动的,也有非流动的,比如赊购、发行债券、短期借款、长期借款等。本节主要以短期借款和长期借款为例介绍负债筹资业务的核算。

(一)短期借款业务的核算

1. 短期借款的含义

短期借款是企业向银行或金融机构等借入的偿还期在1年(含1年)以内的各种借款。

2. 短期借款业务的账户设置

1) "短期借款"账户

该账户属于负债类的账户,主要核算向银行或金融机构等借入的偿还期在1年(含1年)以内的各种借款的增减及结余情况。其贷方登记取得的短期借款,借方登记偿还的短期借款,余额在贷方,表示期末尚未偿还的短期借款。其账户结构如下:

借	短期借款	贷
偿还短期借款	取得短期借款	
	期末余额:尚未偿还的短期借款	

2) "财务费用"账户

该账户属于损益类账户,主要核算企业为筹集资金而发生的各项费用,主要包括利息净支出(减利息收入后的支出)、汇兑净损失(减汇兑收益后的损失)、金融机构的手续费等。其借方登记发生的财务费用,贷方登记应冲减的财务费用的利息收入、汇兑收益以及期末转入"本年利润"账户的财务费用。经过结转后，该账户期末无余额。其账户结构如下：

借	财务费用	贷
发生财务费用		利息收入、汇兑收益
		期末转入"本年利润"账户的财务费用

3) "应付利息"账户

该账户属于负债类账户，核算企业向银行等金融机构借款或发行公司债券等应付而未付的利息。其贷方登记应付的借款利息额，借方登记偿还的利息额，余额在贷方表示尚未归还的借款利息。其账户结构如下：

借	应付利息	贷
偿还借款的利息数		期末计提各种借款利息
		期末余额：尚未偿还的借款利息

企业取得短期借款时，应借记"银行存款"账户，贷记"短期借款"账户。月末核算借款利息时，如果是每个月付息，应借记"财务费用"账户，贷记"银行存款"账户；如果每个季度、每半年等支付利息，每月计提利息时，应借记"财务费用"账户，贷记"应付利息"账户。偿还应付利息时，借记"应付利息"账户，贷记"银行存款"账户。偿还借款本金时，借记"短期借款"账户，贷记"银行存款"账户。

3. 短期借款业务核算举例

【例4-6】红星工厂20××年10月1日向银行借入期限6个月的借款200 000元，存入银行。

该笔业务的发生涉及"银行存款"和"短期借款"两个会计账户。借款存入银行使"银行存款"增加，"银行存款"账户是资产类账户，银行存款增加应借记"银行存款"；借入6个月借款导致"短期借款"增加，"短期借款"账户是负债类账户，短期借款增加应贷记"短期借款"。该笔业务编制会计分录如下：

借：银行存款　　　　　　　200 000
　　贷：短期借款　　　　　　200 000

【例4-7】承上例，红星工厂取得借款利率为6%，利息按季度结算，经计算20××年10月份应负担的利息为1 000元。

该笔业务的发生涉及"财务费用"和"应付利息"两个会计账户。按照权责发生制，10月份利息应记入本月"财务费用"账户，"财务费用"账户是损益类账户中费用，财务费用增加应借记"财务费用"；本月借款利息未付导致"应付利息"增加，"应付利息"账户是负债类账户，应付利息增加应贷记"应付利息"。该笔业务编制会计分录如下：

借：财务费用　　　　　　　1 000
　　贷：应付利息　　　　　　1 000

【例4-8】20××年12月末，红星工厂计提本月利息1 000元，并用银行存款支付本季度的利息3 000元。(11月份计提利息核算同10月份)

该笔业务可以分解成两笔业务。第一笔业务计提12月份利息，按照权责发生制，12月份利息应记入本月"财务费用"账户，"财务费用"账户是损益类账户中费用，财务费用增加应借记"财务费用";本月借款利息未付导致"应付利息"增加,"应付利息"账户是负债类账户,应付利息增加应贷记"应付利息"。第二笔业务用银行存款支付本季度利息,该业务使"应付利息"减少,"应付利息"属于负债类账户,应借记"应付利息",该业务也使"银行存款"减少,应贷记"银行存款"。

借:财务费用　　　　　　　　1 000
　　贷:应付利息　　　　　　　　1 000
借:应付利息　　　　　　　　3 000
　　贷:银行存款　　　　　　　　3 000

【例4-9】第二年3月末红星工厂用银行存款偿还本金200 000元。

该笔业务的发生涉及"银行存款"和"短期借款"两个会计账户。偿还短期借款导致"短期借款"减少,"短期借款"账户是负债类账户,短期借款减少应借记"短期借款";该业务也使"银行存款"减少,"银行存款"账户是资产类账户,银行存款减少应贷记"银行存款"。该笔业务编制会计分录如下:

借:短期借款　　　　　　　　200 000
　　贷:银行存款　　　　　　　　200 000

(二)长期借款业务的核算

1. 长期借款的含义

长期借款是企业向银行及其他金融机构借入的偿还期限在1年以上或超过1年的一个营业周期以上的各种借款。

2. 长期借款业务有关账户设置

1) 长期借款

该账户属于负债类账户,主要核算向银行或金融机构等借入的偿还期在1年以上的各种借款的增减及结余情况。其贷方登记取得的长期借款的本金及计算出的未偿还的利息,借方登记偿还长期借款的本金及利息,余额在贷方,表示期末尚未偿还的长期借款的本息。其账户结构如下:

借	长期借款	贷
偿还长期借款的本金及利息	取得的长期借款本金及计算出的尚未支付的利息	
	期末余额:尚未偿还的长期借款的本息	

2) 在建工程

该账户属于资产类账户,主要核算企业在固定资产建设、安装、技术改造以及固定资产大修理过程中发生的全部支出。其借方登记工程支出的增加,贷方登记完工工程成本的结转,余额在借方,表示期末尚未完工的工程成本。其账户结构如下:

借	在建工程	贷
工程发生的全部支出	结转完工的工程成本	
期末余额:尚未完工的工程成本		

注意:若长期借款是为购置固定资产而发生的,在固定资产达到预定使用状态之前发生的利息,应将其资本化,记入工程成本,即记入"在建工程"账户;若固定资产达到预

定使用状态之后发生的利息,应记入当期损益,即记入"财务费用"账户。

企业取得长期借款时,应借记"银行存款"账户,贷记"长期借款"账户。核算长期借款的利息时,如果利息是到期一次性还本付息而计提利息,应借记"在建工程"或者"财务费用"账户,贷记"长期借款"账户;如果利息分期付息而计提利息时,应借记"在建工程"或者"财务费用"账户,贷记"应付利息"账户。偿还长期借款本息时,借记"长期借款"账户,贷记"银行存款"账户。如果利息分期付息,偿还利息时借记"应付利息"账户,贷记"银行存款"账户。

3. 长期借款业务核算举例

【例4-10】红星工厂20××年1月1日从银行借款2 000 000元,用于建造固定资产(2年完工),期限3年,年利率6%,单利计息,到期还本付息。

该笔业务的发生涉及"银行存款"和"长期借款"两个会计账户。借款存入银行使"银行存款"增加,"银行存款"账户是资产类账户,银行存款增加应借记"银行存款";借入3年期借款导致"长期借款"增加,"长期借款"账户是负债类账户,长期借款增加应贷记"长期借款"。该笔业务编制会计分录如下:

借:银行存款　　　　　　　2 000 000
　　贷:长期借款　　　　　　　　2 000 000

【例4-11】承例4-10,计提20××年1—12月每个月利息10 000元。

在工程项目达到预定使用状态之前发生的利息,应将其资本化,记入工程成本,即记入"在建工程"账户。因此该笔业务的发生涉及"在建工程"和"长期借款"两个会计账户。按照权责发生制,每个月的利息应记入本月"在建工程"账户,"在建工程"账户是资产类账户,在建工程增加应借记"在建工程";本月借款利息到期和本金一起支付,导致"长期借款"增加,"长期借款"账户是负债类账户,长期借款增加应贷记"长期借款"。该笔业务编制会计分录如下:

借:在建工程　　　　　　　10 000
　　贷:长期借款　　　　　　　　10 000

【例4-12】承例4-11,计提第二年1—12月每个月利息10 000元。

工程项目第二年利息仍然将其资本化,记入工程成本,即记入"在建工程"账户。因此该笔业务的发生涉及"在建工程"和"长期借款"两个会计账户。按照权责发生制,每个月利息应记入本月"在建工程"账户,"在建工程"账户是资产类账户,在建工程增加应借记"在建工程";本月借款利息到期和本金一起支付,导致"长期借款"增加,"长期借款"账户是负债类账户,长期借款增加应贷记"长期借款"。该笔业务编制会计分录如下:

借:在建工程　　　　　　　10 000
　　贷:长期借款　　　　　　　　10 000

【例4-13】承例4-12,计提第三年1—12月每个月利息10 000元。

工程项目在第二年年末已经完工,所以第三年利息应记入"财务费用"账户。因此该笔业务的发生涉及"财务费用"和"长期借款"两个会计账户。按照权责发生制,每个月利息应记入本月"财务费用"账户,"财务费用"账户是损益类账户中的费用,财务费用增加应借记"财务费用";计提利息导致"长期借款"增加,"长期借款"账户是负债类账户,长期借款增加应贷记"长期借款"。该笔业务编制会计分录如下:

  借:财务费用   10 000
    贷:长期借款   10 000

【例 4-14】 承例 4-13,第三年年末,红星工厂偿还本金 2 000 000 元和三年利息 360 000 元。

该笔业务的发生涉及"银行存款"和"长期借款"两个会计账户。偿还长期借款导致"长期借款"减少,"长期借款"账户是负债类账户,长期借款减少应借记"长期借款";用银行存款偿还借款使"银行存款"减少,"银行存款"账户是资产类账户,银行存款减少应贷记"银行存款"。该笔业务编制会计分录如下:

  借:长期借款   2 360 000
    贷:银行存款   2 360 000

第二节 供应过程的核算和材料采购成本计算

企业筹集到资金首先进入供应过程。供应过程是企业生产产品的准备过程,在这一过程中,主要任务包括两个方面:一是购买固定资产,二是购买原材料。关于购买原材料的核算有实际成本法和计划成本法,本节主要介绍按照实际成本收发材料的核算,计划成本的具体核算方法将在中级财务会计中介绍。

一、购买固定资产的核算

(一)固定资产的含义

我国《企业会计准则第 4 号——固定资产》中规定:固定资产是同时具备以下特征的有形资产:为生产商品、提供劳务、出租或经营管理而持有的;使用寿命超过一个会计年度的。

(二)固定资产的入账价值

固定资产应按照取得时的实际成本作为入账的价值,取得时的实际成本包括买价、包装费、运杂费、进口关税、保险费,以及为使固定资产达到预定使用状态而发生的相应支出。

(三)购买固定资产的账户设置

1. 固定资产

该账户属于资产类账户,用来核算企业固定资产的原始价值。其借方登记固定资产原值的增加,贷方登记固定资产原值的减少,余额在借方,表示现有固定资产的原值。其账户结构如下:

借	固定资产	贷
固定资产原值的增加	固定资产原值的减少	
期末余额：固定资产原值的结余		

2. 在建工程

该账户在长期借款核算中已经详细介绍。

企业购买不需安装固定资产时，应借记"固定资产"账户、"应交税费——应交增值税(进项税额)"账户，贷记"银行存款"或者"应付账款"账户。购买需要安装固定资产时，安装前应借记"在建工程"账户、"应交税费——应交增值税(进项税额)"账户，贷记"银行存款"或者"应付账款"账户；安装过程中，应借记"在建工程"账户，贷记"银行存款"等相关账户；安装完毕，借记"固定资产"账户，贷记"在建工程"账户。

(四)购买固定资产的业务举例

【例4-15】12月5日，红星工厂购入不需要安装设备一台，买价10 000元，增值税额1 300元，发生包装费1 000元，全部款项用银行存款支付。

该笔业务的发生涉及"固定资产""应交税费——应交增值税(进项税额)"和"银行存款"三个会计账户。购入不需安装设备使"固定资产"增加，"固定资产"账户是资产类账户，固定资产增加应借记"固定资产"；购买货物中增值税应记入"应交税费——应交增值税(进项税额)"，进项税额的增加属于负债的减少，应借记"应交税费——应交增值税(进项税额)"；用银行存款支付使"银行存款"减少，"银行存款"账户是资产类账户，银行存款减少应贷记"银行存款"。该笔业务编制会计分录如下：

借：固定资产　　　　　　　　　　　　　　11 000
　　应交税费——应交增值税(进项税额)　　1 300
　　贷：银行存款　　　　　　　　　　　　12 300

【例4-16】12月6日，购入需安装的设备一台价值20 000元，增值税税率13%，发生包装费2 000元，全部款项以银行存款支付。

该笔业务的发生涉及"在建工程""应交税费——应交增值税(进项税额)"和"银行存款"三个会计账户。购入需安装设备使"在建工程"增加，"在建工程"账户是资产类账户，在建工程增加应借记"在建工程"；购买货物中增值税应记入"应交税费——应交增值税(进项税额)"，进项税额的增加属于负债的减少，应借记"应交税费——应交增值税(进项税额)"；用银行存款支付使"银行存款"减少，"银行存款"账户是资产类账户，银行存款减少应贷记"银行存款"。该笔业务编制会计分录如下：

借：在建工程　　　　　　　　　　　　　　22 000
　　应交税费——应交增值税(进项税额)　　2 600
　　贷：银行存款　　　　　　　　　　　　24 600

【例4-17】12月7日，在安装过程中领用B材料3 000元，应付安装工人工资5 000元。安装完毕，经验收合格交付使用。

该笔业务可以分解成两笔业务。第一笔业务为安装设备，安装设备时领用材料、发生人工导致"在建工程"账户增加，"在建工程"属于资产类账户，应借记"在建工程"账户,导致"原材料"减少,应贷记"原材料"账户,"应付职工薪酬"增加,应贷记"应付职工薪酬"。第二笔业务为设备安装完毕投入使用,使"固定资产"增加,应借记"固定资产"账户,使"在建工程"减少,应贷记"在建工程"账户。

安装过程中发生的费用:
借:在建工程　　　　　　　　　　8 000
　　贷:原材料——B材料　　　　　　3 000
　　　　应付职工薪酬　　　　　　　5 000
安装完毕:
借:固定资产　　　　　　　　　　30 000
　　贷:在建工程　　　　　　　　　30 000

二、材料采购成本的计算及外购材料业务的核算

(一)外购材料成本的计算

材料的采购成本一般由以下各项内容组成:①买价:供应单位的发票价格即不含税价;②运杂费:包括运输费、装卸费、保险费、包装费和仓储费等;③运输途中的合理损耗;④入库前的挑选整理费;⑤规定应由购入材料方承担的税金;⑥其他费用。

在一般情况下,材料的买价应直接记入该材料的采购成本。材料的采购费有的是专为采购某种材料而发生的,有的则是采购几种材料共同发生。对于能够分清属于哪一种材料负担的,应直接记入该材料的采购成本;对于分不清属于哪种材料负担的,应采用适当的分配标准(比如按照材料的重量或买价等标准),分配后记入各种材料的采购成本。但是,对于市内零星运杂费、采购人员差旅费、采购机构经费则不记入材料成本,应记入管理费用。

材料采购费用分配率=共同发生的采购费用额÷分配标准的合计数

某材料应负担的采购费用额=该材料的分配标准×材料采购费用分配率

比如,红星工厂向某单位购入A、B两种材料,其中A材料1 000千克,单价10元,B材料500千克,单价8元,共同发生运杂费300元,试计算A、B两种材料的总成本和单位成本(按照重量分配)。

运杂费的分配率=300÷(1000+500)=0.2(元/千克)
A材料负担的运杂费=1000×0.2=200(元)
B材料负担的运杂费=500×0.2=100(元)
A材料的成本=1000×10+200=10 200(元)
B材料的成本=500×8+100=4 100(元)
A材料的单位成本=10 200÷1000=10.2(元/千克)
B材料的单位成本=4 100÷500=8.2(元/千克)

(二)账户设置

1. 在途物资

该账户属于资产类账户,用来核算企业外购材料的买价和各种采购费用,以计算确定

材料的采购成本。该账户借方登记购入材料的实际成本,贷方登记验收入库的材料成本,期末余额在借方,表示尚未入库的材料成本。"在途物资"账户要根据材料类别或品种设置明细账户,进行明细核算。其账户结构如下:

借	在途物资	贷
购入材料的成本		验收入库的材料成本
期末余额:尚未入库的材料成本		

2. 原材料

该账户属于资产类账户,核算已验收入库材料的增减变动及结余情况。该账户借方登记已验收入库的材料成本,贷方登记发出材料的成本,期末余额在借方,表示期末结存库存材料的成本。"原材料"账户要根据材料类别或品种设置明细账户,进行明细核算。其账户结构如下:

借	原材料	贷
验收入库的材料成本		发出材料的成本
期末余额:期末库存材料成本		

3. 应交税费

该账户属于负债类账户,核算按照税法规定企业应缴纳的各种税款的增减情况。该账户贷方登记计算出的各种应交而未交的税费,借方登记已经缴纳的各种税费,余额在贷方,表示期末尚未缴纳的税费。"应交税费"账户按照税种设置明细账户,进行明细分类核算。

购买材料过程中的"应交税费"账户,主要涉及应交增值税。增值税是对在我国境内销售货物、提供修理修配和加工劳务、进口货物以及提供现代服务业的单位和个人,以增值额为计算依据征收的一种税。增值税一般纳税人应在应交增值税下设置"进项税额""销项税额""出口退税""已交税金""进项税额转出"等明细项目。应交增值税=本期销项税额-本期进项税额。本书只介绍进项税额、销项税额和进项税额转出明细项目,应交增值税的其他明细项目将在中级财务会计中学习。

进项税额是指一般纳税人在购进货物、服务、加工修理修配劳务、无形资产或不动产时支付的增值税额。进项税额=购入货物或接受应税劳务所支付的价款×增值税税率。

销项税额是指一般纳税人在销售货物、服务、加工修理修配劳务、无形资产或不动产时应收取的增值税额。销项税额=销售货物或提供劳务收取的价款×增值税税率。

进项税额转出是指一般纳税人在购进货物、服务、加工修理修配劳务、无形资产或不动产时发生非正常损失或者其他原因而不能从销项税额中抵扣应转出的进项税额。

注:本章业务只有采购货物和运输费考虑进项税额。

"应交税费"账户的结构如下:

借	应交税费	贷
实际缴纳的税费		计算出应交而未交的税金
期末余额:多交的税费		期末余额:尚未缴纳的税费

4. 应付账款

该账户属于负债类账户,核算企业因购买货物或接受劳务应向供应单位支付但尚未支付的款项。该账户贷方登记应付而未付的货款，借方登记偿还的应付款，余额一般在贷方，表示期末尚未支付的货款。"应付账款"应根据供应单位设置明细账户，进行明细核算。其账户结构如下：

借	应付账款	贷
偿还应付款	应付而尚未支付的款项	
	期末余额：尚未偿还的应付款	

购买材料货款未付，应借记"在途物资"或者"原材料"账户、"应交税费——应交增值税(进项税额)"账户，贷记"应付账款"账户；用银行存款偿还应付款时，应借记"应付账款"账户，贷记"银行存款"账户。

5. 应付票据

该账户属于负债类账户，核算企业购买材料物资采用商业汇票的结算时商业汇票的签发、承兑和支付情况。该账户贷方登记企业签发、承兑商业汇票的面额，借方登记到期的商业汇票，余额在贷方，表示尚未到期的商业汇票。"应付票据"应根据债权人设置明细账户或不设明细账户，进行明细核算。其账户结构如下：

借	应付票据	贷
商业汇票到期	签发、承兑商业汇票的面额	
	期末余额：尚未到期的商业汇票	

购买材料开出商业汇票时，应借记"在途物资"或者"原材料"账户、"应交税费——应交增值税(进项税额)"账户，贷记"应付票据"账户；票据到期用银行存款支付，应借记"应付票据"账户，贷记"银行存款"账户；商业承兑汇票到期仍未支付，借记"应付票据"账户，贷记"应付账款"账户。

6. 预付账款

该账户属于资产类账户，核算企业按照合同规定预付给供应单位的货款。该账户借方登记预付的款项，贷方登记收到供应单位的材料而冲销的预付款。"预付账款"根据供应单位设置明细账户，进行明细分类核算。如果企业预付账款业务不多时，也可以不设预付账款账户，将发生的预付款的业务直接记入"应付账款"账户。其账户结构如下：

借	预付账款	贷
预付货款	购料冲销预付款	
期末余额：尚未结清的预付款		

预付货款时，应借记"预付账款"账户，贷记"银行存款"账户；若购买材料款已预付，应借记"在途物资"或者"原材料"账户、"应交税费——应交增值税(进项税额)"账户，贷记"预付账款"账户。

(三)购买材料业务举例

【例4-18】12月8日，从兴丰工厂购入A材料1 000千克，单价20元，增值税2 600元；B材料500千克，单价8元，增值税520元；购入材料共发生运费600元(按材料重量比例分配),增值税 54 元。上述款项全部用存款支付,材料验收入库。

该笔业务的发生涉及"原材料""应交税费——应交增值税(进项税额)"和"银行存款"三个会计账户。购入材料并入库使"原材料"增加,"原材料"账户是资产类账户,原材料增加应借记"原材料";购买货物中增值税应记入"应交税费——应交增值税(进项税额)",进项税额的增加属于负债的减少,应借记"应交税费——应交增值税(进项税额)";用银行存款支付使"银行存款"减少,"银行存款"账户是资产类账户,银行存款减少应贷记"银行存款"。该笔业务编制会计分录如下:

```
借:原材料——A 材料            20 400
       ——B 材料            4 200
    应交税费——应交增值税(进项税额)    3 174
  贷:银行存款                 27 774
```

【例 4-19】12 月 9 日,从友谊工厂购入 C 材料 500 千克,单价 10 元,增值税 650 元。全部款项尚未支付,材料尚未入库。

该笔业务的发生涉及"在途物资""应交税费——应交增值税(进项税额)"和"应付账款"三个会计账户。购入材料未入库使"在途物资"增加,"在途物资"账户是资产类账户,在途物资增加应借记"在途物资";购买货物中增值税应记入"应交税费——应交增值税(进项税额)",进项税额的增加属于负债的减少,应借记"应交税费——应交增值税(进项税额)";款项未付使"应付账款"增加,"应付账款"账户是负债类账户,应付账款增加应贷记"应付账款"。该笔业务编制会计分录如下:

```
借:在途物资——C 材料           5 000
    应交税费——应交增值税(进项税额)    650
  贷:应付账款——友谊工厂          5 650
```

【例 4-20】12 月 9 日,以银行存款 50 000 元向宏大公司预付购买 B 材料的货款。

该笔业务的发生涉及"预付账款""银行存款"两个会计账户。预付货款使"预付账款"账户增加,"预付账款"账户是资产类账户,预付账款增加应借记"预付账款"账户;用银行存款支付使"银行存款"减少,"银行存款"账户是资产类账户,银行存款减少应贷记"银行存款"账户。该笔业务编制会计分录如下:

```
借:预付账款——宏大公司          50 000
  贷:银行存款                50 000
```

【例 4-21】12 月 10 日,用银行存款偿还友谊工厂的欠款 5 650 元。

该笔业务的发生涉及"应付账款""银行存款"两个会计账户。偿还欠款使"应付账款"减少,"应付账款"账户是负债类账户,应付账款减少应借记"应付账款"账户;用银行存款支付使"银行存款"减少,"银行存款"账户是资产类账户,银行存款减少应贷记"银行存款"账户。该笔业务编制会计分录如下:

```
借:应付账款——友谊工厂          5 650
  贷:银行存款                5 650
```

【例 4-22】12 月 10 日,从兴华工厂购入 B 材料 700 千克,单价 8 元,增值税额为 728 元,材料尚未运达企业,企业签发三个月到期的商业承兑汇票一张。

该笔业务的发生涉及"在途物资""应交税费——应交增值税(进项税额)"和"应付票

据"三个会计账户。购入材料未运到使"在途物资"增加，"在途物资"账户是资产类账户，在途物资增加应借记"在途物资"；购买货物中增值税应记入"应交税费——应交增值税(进项税额)"，进项税额的增加属于负债的减少，应借记"应交税费——应交增值税(进项税额)"账户；开出商业汇票使"应付票据"增加，"应付票据"账户是负债类账户，应付票据增加应贷记"应付票据"账户。该笔业务编制会计分录如下：

  借：在途物资——B 材料   5 600
    应交税费——应交增值税(进项税额) 728
   贷：应付票据   6 328

【例 4-23】 12 月 10 日，收到宏大公司发来的已预付货款的 B 材料 5 000 千克，单价 8 元，增值税额 5 200 元，材料已验收入库。

该笔业务的发生涉及"原材料""应交税费——应交增值税(进项税额)"和"预付账款"三个会计账户。购入材料并入库使"原材料"增加，"原材料"账户是资产类账户，原材料增加应借记"原材料"；购买货物中增值税应记入"应交税费——应交增值税(进项税额)"，进项税额的增加属于负债的减少，应借记"应交税费——应交增值税(进项税额)"；该业务使"预付账款"减少，"预付账款"账户是资产类账户，预付账款减少应贷记"预付账款"账户。该笔业务编制会计分录如下：

  借：原材料——B 材料   40 000
    应交税费——应交增值税(进项税额) 5 200
   贷：预付账款——宏大公司   45 200

第三节　生产业务的核算和产品生产成本的计算

生产过程是企业经营过程中的一个主要环节。为了生产产品，必然发生各种耗费，比如材料费、人工费及折旧费等，这些生产耗费最终归集并分配到各种产品中，构成了产品成本。因此，生产过程核算的主要任务是归集并分配各项费用，并计算产品的生产成本，包括总成本和单位成本。

一、生产业务的核算

(一)账户设置

1. 生产成本

该账户属于成本类账户，核算企业的生产部门为生产产品而发生的各项生产费用，主要包括直接材料、直接人工和制造费用。该账户借方登记为生产产品而发生的各项生产费用，贷方登记完工入库产品的生产成本，期末余额在借方，表示尚未完工的产品成本。"生产成本"账户根据产品种类或类别设置明细账户，进行明细分类核算。其账户结构如下：

借	生产成本	贷
发生生产费用		结转完工入库的产品成本
期末余额：尚未完工的产品成本		

2. 制造费用

该账户属于成本类账户，核算生产车间为生产产品而发生的各项间接生产费用，包括车间管理人员的薪酬、折旧费、办公费、水电费等。该账户借方登记发生的间接生产费用，贷方登记期末结转到"生产成本"账户的制造费用，经结转后，期末一般没有余额。"制造费用"账户根据车间设置明细账户，进行明细分类核算。其账户结构如下：

借	制造费用	贷
发生间接生产费用		期末结转到"生产成本"账户的制造费用

3. 应付职工薪酬

该账户属于负债类账户，核算企业根据有关规定应付给职工的各种劳务报酬，包括工资、奖金、津贴及补贴、职工福利费、住房公积金、工会经费和职工教育经费等。该账户借方登记实际支付的职工薪酬数，贷方登记本月计算的应付职工薪酬，期末余额在贷方，表示尚未支付的职工薪酬。"应付职工薪酬"按照"工资""福利费"等设明细账户。其账户结构如下：

借	应付职工薪酬	贷
实际支付的职工薪酬		月末计算分配的职工薪酬
		期末余额：尚未支付的职工薪酬

4. 累计折旧

该账户属于资产类账户，核算固定资产因磨损而减少的价值。该账户是固定资产的备抵账户。该账户贷方登记计提的折旧额，借方登记因固定资产减少而减少的折旧额，期末余额在贷方，表示固定资产累计提取的折旧额。其账户结构如下：

借	累计折旧	贷
因固定资产减少而减少的折旧额		计提折旧额
		期末余额：折旧额的累计数

5. 库存商品

该账户属于资产类账户，核算已完工入库的产成品的成本。该账户借方登记完工入库产品的成本，贷方登记发出的产成品的成本，期末余额在借方，表示库存的产成品的成本。将产品完工入库，借记"库存商品"账户，贷记"生产成本"账户。"库存商品"账户根据产品种类或类别设置明细账户，进行明细分类核算。其账户结构如下：

借	库存商品	贷
完工入库产品的成本		发出产成品的成本
期末余额：库存产成品的实际成本		

(二)生产业务举例

【例4-24】12月11日，红星工厂生产甲产品领用A材料200千克，单价20元；领用B材料1 000千克，单价8元；生产乙产品领用C材料200千克，单价10元；车间领用B

材料 300 千克，单价 8 元；行政管理部门领用 B 材料 200 千克，单价 8 元。

该笔业务的发生涉及"生产成本""制造费用""管理费用"和"原材料"四个会计账户。生产产品耗用材料属于直接材料，应记入"生产成本"账户，"生产成本"属于成本类账户，生产成本增加应记入"生产成本"账户的借方；车间耗用材料应记入"制造费用"账户，"制造费用"属于成本类账户，制造费用增加应记入"制造费用"账户的借方；管理部门耗用材料应记入"管理费用"账户，"管理费用"属于损益类账户中费用，管理费用增加应记入"管理费用"账户的借方；领用材料导致"原材料"账户减少，"原材料"属于资产类账户，材料减少应记入"原材料"账户的贷方。该笔业务编制会计分录如下：

 借：生产成本——甲产品　　　　　12 000
 　　　　　　——乙产品　　　　　 2 000
 　　制造费用　　　　　　　　　　 2 400
 　　管理费用　　　　　　　　　　 1 600
 　　贷：原材料——A 材料　　　　　 4 000
 　　　　　　——B 材料　　　　　 12 000
 　　　　　　——C 材料　　　　　　2 000

【例 4-25】12 月 12 日，用银行存款支付车间水电费 600 元。

该笔业务的发生涉及"制造费用"和"银行存款"两个会计账户。车间水电费应记入"制造费用"账户，"制造费用"属于成本类账户，制造费用增加应记入"制造费用"账户的借方；用银行存款支付导致"银行存款"账户减少，"银行存款"属于资产类账户，应贷记"银行存款"账户。该笔业务编制会计分录如下：

 借：制造费用　　　　　　　　　　　600
 　　贷：银行存款　　　　　　　　　　600

【例 4-26】12 月 28 日，从银行提取现金 60 000 元，以备发工资。

该笔业务的发生涉及"库存现金"和"银行存款"两个会计账户。这两个账户都属于资产类账户，该笔业务使"库存现金"账户增加，应借记"库存现金"账户，使"银行存款"账户减少，应贷记"银行存款"账户。该笔业务编制会计分录如下：

 借：库存现金　　　　　　　　　　60 000
 　　贷：银行存款　　　　　　　　　60 000

【例 4-27】12 月 31 日，结算本月职工工资 60 000 元，其中甲产品工人工资 30 000 元，乙产品工人工资 20 000 元，车间管理人员工资 4 000 元，行政管理人员工资 6 000 元。

该笔业务的发生涉及"生产成本""制造费用""管理费用"和"应付职工薪酬"四个会计账户。生产工人工资属于直接人工应记入"生产成本"账户，"生产成本"属于成本类账户，生产成本增加应记入"生产成本"账户的借方；车间人员工资应记入"制造费用"账户，"制造费用"属于成本类账户，制造费用增加应记入"制造费用"账户的借方；管理部门人员工资应记入"管理费用"账户，"管理费用"属于损益类账户中费用，管理费用增加应记入"管理费用"账户的借方；结算本月工资导致"应付职工薪酬"账户增加，"应付职工薪酬"账户属于负债类账户，应贷记"应付职工薪酬"账户。该笔业务编制会计分录如下：

借：生产成本——甲产品　　　　　　　30 000
　　　　　　——乙产品　　　　　　　20 000
　　制造费用　　　　　　　　　　　　 4 000
　　管理费用　　　　　　　　　　　　 6 000
　　贷：应付职工薪酬——工资　　　　　　　　60 000

【例 4-28】12 月 31 日，用现金发放上月工资 60 000 元。

该笔业务的发生涉及"应付职工薪酬"和"库存现金"两个会计账户。发放工资导致"应付职工薪酬"账户减少，该账户属于负债类账户，应借记"应付职工薪酬"账户；该业务导致"库存现金"账户减少，"库存现金"属于资产类账户，应贷记"库存现金"账户。该笔业务编制会计分录如下：

借：应付职工薪酬——工资　　　　　　60 000
　　贷：库存现金　　　　　　　　　　　　　60 000

【例 4-29】12 月 31 日，计提固定资产折旧费 5 000 元，其中车间 3 000 元，行政管理部门 2 000 元。

该笔业务的发生涉及"制造费用""管理费用"和"累计折旧"三个会计账户。车间折旧费应记入"制造费用"账户，"制造费用"属于成本类账户，制造费用增加应记入"制造费用"账户的借方；管理部门折旧费应记入"管理费用"账户，"管理费用"属于损益类账户中费用，管理费用增加应记入"管理费用"账户的借方；计提折旧导致"累计折旧"账户增加，"累计折旧"账户属于固定资产的备抵账户，累计折旧增加应贷记"累计折旧"账户。该笔业务编制会计分录如下：

借：制造费用　　　　　　　　　　　　3 000
　　管理费用　　　　　　　　　　　　2 000
　　贷：累计折旧　　　　　　　　　　　　　5 000

【例 4-30】12 月 31 日，归集并分配本月制造费用(按照工时分配，甲产品工时 600 小时，乙产品工时 400 小时)。(本业务通过 T 形账户归集制造费用)

该笔业务的发生涉及"生产成本"和"制造费用"两个会计账户。这两个账户都属于成本类账户，该笔业务使"生产成本"账户增加，应借记"生产成本"账户，使"制造费用"账户减少，应贷记"制造费用"账户。该笔业务编制会计分录如下：

借：生产成本——甲产品　　　　　　　6 000
　　　　　　——乙产品　　　　　　　4 000
　　贷：制造费用　　　　　　　　　　　　　10 000

借	制造费用	贷
【例 4-24】　2 400		
【例 4-25】　　600		
【例 4-27】　4 000		
【例 4-29】　3 000		
		【例 4-30】　10 000
本期借方发生额　10 000		本期贷方发生额　10 000
期末余额　　　　0		

【例 4-31】 12 月 31 日，甲产品已经完工入库 220 件，结转甲产品完工成本，乙产品尚未完工。(本业务通过 T 形账户归集甲、乙两种产品成本)

该笔业务的发生涉及 "库存商品"和"生产成本"两个会计账户。"库存商品"账户属于资产类账户，该笔业务使"库存商品"账户增加，应借记"库存商品"账户，使"生产成本"账户减少，应贷记"生产成本"账户。该笔业务编制会计分录如下：

借：库存商品——甲产品　　　　　　　　　48 000
　　贷：生产成本——甲产品　　　　　　　　　48 000

甲产品单位成本=48 000÷220=218.18(元/件)

借	生产成本——甲产品		贷
【例 4-24】	12 000		
【例 4-27】	30 000		
【例 4-30】	6 000		
		【例 4-31】	48 000
本期借方发生额	48 000	本期贷方发生额	48 000
期末余额	0		

借	生产成本——乙产品		贷
【例 4-24】	2 000		
【例 4-27】	20 000		
【例 4-30】	4 000		
本期借方发生额	26 000		
期末余额	26 000		

二、产品成本的计算

产品成本的计算，就是以生产产品的品种或类别为成本计算对象，归集和分配生产过程中发生的各种生产费用，并按成本项目计算各种产品的总成本或单位成本。

产品的生产成本是指生产过程中发生的应记入产品生产成本的生产费用。产品的生产成本一般包括以下三部分。

(一)直接材料

直接材料，是指企业在生产过程中实际消耗的且直接形成产品的材料耗费，一般包括原材料、辅助材料、燃料以及其他直接材料。

(二)直接人工

直接人工，是指直接从事产品生产的工人的工资、奖金、津贴和福利费等薪酬。

(三)制造费用

制造费用，是指生产车间为组织和管理生产所发生的各项间接的生产费用，包括车间的机物料消耗、车间管理人员的薪酬、车间折旧费、车间办公费以及水电费等。

构成产品生产成本的直接材料、直接人工、制造费用也被称为成本项目。

产品成本的计算通常采用的公式有：

完工产品的生产成本=期初在产品的成本+本期发生的生产费用-月末在产品的成本

单位产品的成本=完工产品的生产成本÷完工产品的数量

根据本章生产业务所举的例题计算甲、乙两种产品成本(假设甲、乙两种产品都是本月投产，即本月甲、乙两种产品"生产成本"账户无期初余额)，甲、乙两种产品的有关资料如下。

1. 本月生产费用

本月发生的各项生产费用如表 4-1 所示。

表 4-1　本月发生生产费用　　　　　　　　　　　　　　　　单位：元

产品名称	直接材料	直接人工	制造费用
甲产品	12 000	30 000	10 000
乙产品	2 000	20 000	(按照【例 4-30】生产工时分配)
合计	14 000	50 000	10 000

2. 期末产量资料

甲产品 220 件已全部完工，乙产品尚未完工。

3. 产品成本计算

(1) 制造费用分配。

分配率=10 000÷(600+400)=10(元/小时)

甲产品负担的制造费用=600×10=6 000(元)

乙产品负担的制造费用=400×10=4 000(元)

(2) 产品成本。

甲产品完工产品成本=12 000+30 000+6 000=48 000(元)

乙产品在产品成本=2 000+ 20 000+4 000=26 000(元)

甲产品单位成本=48 000÷220≈218.18(元/件)

关于产品成本的计算有多种方法，比如品种法、分批法、分步法等，这些将在成本会计学中详细介绍。

第四节　销售过程业务的核算

一、发出存货成本的计算

实际工作中，企业发出存货的成本可以采用实际成本法核算，也可以采用计划成本法核算，计划成本法核算将在中级财务会计中学习。实际成本法计算发出存货成本具体又包括：先进先出法、月末一次加权平均法、移动加权平均法和个别计价法。

(一)先进先出法

先进先出法是指假设先入库的存货先发出，来计算发出存货成本的一种方法。先进先出法使期末存货更接近当前市场价格。如果企业存货收发频繁时，采用先进先出法计算发出存货成本工作量较大。同时，当物价上涨时，由于发出存货成本按照先购入的单价计算，导致发出存货成本比当前市价低，从而使本期利润偏高；当物价下跌时，使本期利润偏低。

例如：某企业20××年11月有关W商品的收发资料如表4-2所示。

表4-2　W商品的收发情况

日期	摘要	数量/件	单位成本/(元/件)	总成本/元
11月1日	期初结存	100	20	2 000
11月5日	购入	400	25	10 000
11月15日	发出	300		
11月22日	购入	200	20.5	4 100
11月28日	发出	300		

根据上述资料，采用先进先出法计算发出W商品的成本和期末结存W商品的成本：

本期发出W商品的成本=100×20+200×25+200×25+100×20.5=14 050(元)

期末结存W商品的成本=(100+400+200-300-300)×20.5=2 050(元)

按照先进先出法，该企业W产品收入、发出和结存的具体情况如表4-3所示。

表4-3　W商品明细账(先进先出法)

单位：元

20××年		凭证号数	摘要	收入			发出			结存		
月	日			数量/件	单价	金额	数量/件	单价	金额	数量/件	单价	金额
11	1		期初余额							100	20	2 000
	5	略	购入	400	25	10 000				100 400	20 25	2 000 10 000
	15	略	发出				100 200	20 25	2 000 5 000	200	25	5 000
	22	略	购入	200	20.5	4 100				200 200	25 20.5	5 000 4 100
	28	略	发出				200 100	25 20.5	5 000 2 050	100	20.5	2 050
	30		本月合计	600		14 100	600		14 050	100	20.5	2 050

(二)月末一次加权平均法

一次加权平均法是指本月平时发出存货时,在存货明细账上只登记数量,不登记存货单价和金额,月末一次计算加权平均单价,用发出存货数量乘以一次加权平均单价来计算发出存货成本,用期末结存存货数量乘以一次加权平均单价计算期末存货成本的方法。该种方法计算简单,但是由于平时在明细账上无法反映发出及结存存货的单价和金额,不利于加强存货的日常管理。

一次加权平均单价=(期初结存存货成本+本期购入的存货成本)÷(期初结存的存货数量+本期购入的存货数量)

本期发出存货的成本=发出存货的数量×一次加权平均单价

期末结存存货成本=期末结存存货的数量×一次加权平均单价

根据上例 W 商品收发资料,采用一次加权平均法计算本期发出 W 商品成本和期末结存 W 商品成本:

一次加权平均单价=(2 000+10 000+4 100)÷(100+400+200)=23(元/件)

本期发出 W 商品的成本=(300+300)×23=13 800(元)

期末结存 W 商品的成本=(100+400+200-300-300)×23=2 300(元)

按照一次加权平均法,该企业 W 产品收入、发出和结存的具体情况如表 4-4 所示。

表 4-4 W 商品明细账(一次加权平均法)

单位:元

20××年		凭证号数	摘要	收入			发出			结存		
月	日			数量/件	单价	金额	数量/件	单价	金额	数量/件	单价	金额
11	1		期初余额							100	20	2 000
	5	略	购入	400	25	10 000				500		
	15	略	发出				300			200		
	22		购入	200	20.5	4 100				400		
	28		发出				300			100		
	30		本月合计	600		14 100	600	23	13 800	100	23	2 300

(三)移动加权平均法

移动加权平均法是指每次购入存货都要重新计算一次加权平均单价,并据以计算下一次购入前发出存货的成本和结存存货的成本的一种方法。该种方法能够随时反映发出存货和期末结存存货的成本,有利于加强存货的管理。但是,如果企业购入存货频繁,则加大了会计核算的工作量。

移动加权平均单价=(本次购入前存货结存成本+本次购入存货成本)÷(本次购入前存货结存数量+本次购入存货数量)

发出存货的成本=发出存货的数量×发出存货前存货的单位成本

期末结存存货成本=期末结存存货的数量×本期期末存货单位成本

根据上例 W 商品收发资料,采用移动加权平均法计算本期发出 W 商品成本和期末结存 W 商品成本:

11 月 5 日购入 W 商品后平均单价为

移动加权平均单价=(2000+10000)÷(100+400)=24(元/件)

11 月 22 日购入 W 商品后平均单价为

移动加权平均单价=(200×24+200×20.5)÷(200+200)=22.25(元/件)

本期发出存货成本=300×24+300×22.25=13 875(元)

期末结存存货成本=100×22.25=2 225(元)

按照移动加权平均法,该企业 W 产品收入、发出和结存的具体情况如表 4-5 所示。

表 4-5 W 商品明细账(移动加权平均法)

单位:元

20××年		凭证号数	摘要	收入			发出			结存		
月	日			数量/件	单价	金额	数量/件	单价	金额	数量/件	单价	金额
11	1		期初余额							100	20	2 000
	5	略	购入	400	25	10 000				500	24	12 000
	15	略	发出				300	24	7 200	200	24	4 800
	22		购入	200	20.5	4 100				400	22.25	8 900
	28		发出				300	22.25	6 675	100	22.25	2 225
	30		本月合计	600		14 100	600		13 875	100	22.25	2 225

(四)个别计价法

个别计价法是指每批发出存货的成本都是按照购进该批存货的实际成本进行计价的一种方法。该种方法成本计算准确,但是,采用个别计价法需要对发出存货和结存存货的批次进行分辨,进一步辨认它们购进时的单位成本,工作量也比较大。

续用上例,假设 11 月 15 日发出的 W 商品是 11 月 5 日购入的;11 月 28 日发出的商品中,有 100 件是期初结存的,200 件是 22 日购入的。

本期发出存货成本=300×25+100×20+200×20.5=13 600(元)

期末结存存货成本=100×25=2 500(元)

按照个别计价法,该企业 W 产品收入、发出和结存的具体情况如表 4-6 所示。

表 4-6　W 商品明细账(个别计价法)

单位：元

20××年		凭证号数	摘要	收入			发出			结存		
月	日			数量/件	单价	金额	数量/件	单价	金额	数量/件	单价	金额
11	1		期初余额							100	20	2 000
	5	略	购入	400	25	10 000				100	20	2 000
										400	25	10 000
	15	略	发出				300	25	7 500	100	20	2 000
										100	25	2 500
	22		购入	200	20.5	4 100				100	20	2 000
										100	25	2 500
										200	20.5	4 100
	28		发出				100	20	2 000	100	25	2 500
							200	20.5	4 100			
	30		本月合计	600		14 100	600		13 600	100	25	2 500

二、销售业务的核算

销售过程的主要任务是将生产的产品销售出去满足社会的需要，取得销售收入，使企业的生产耗费得到补偿，并实现企业的经营目标。因此，销售过程的核算主要包括：售出产品确认实现的销售收入、与购货单位办理货款结算、支付各种销售费用、结转产品的销售成本，计算向国家缴纳的销售税金及附加，确认其销售的业务成果。另外，企业除产品销售业务以外，还会发生其他销售业务，如变卖材料、让渡资产使用权等，这些销售业务取得的收入和发生的支出，也是销售过程核算的内容。

(一)主营业务收支核算

1. 账户设置

(1) 主营业务收入。该账户属于损益类账户，核算企业销售产品或提供劳务实现的收入。其贷方登记企业实现的主营业务收入，借方登记由于销售退回和销售折让而冲减的本期主营业务收入和期末转入本年利润的主营业务收入额，结转后该账户期末无余额。"主营业务收入"根据产品的类别设置明细账，进行明细分类核算。其账户结构如下：

借	主营业务收入	贷
销售退回等		实现的主营业务收入
期末转入"本年利润"账户的净收入		

(2) 应收账款。该账户属于资产类账户，核算企业因销售产品或提供劳务应收而未收到的货款。其借方登记销售产品或提供劳务应收取的款项，贷方登记应收账款的收回，期

末余额一般在借方,表示尚未收回的款项。"应收账款"账户根据购货单位或接受劳务的单位设置明细账户,进行明细分类核算。其账户结构如下:

借	应收账款	贷
销售产品或提供劳务,货款未收		收回应收款
期末余额:尚未收回的款项		

销售产品货款未收时,应借记"应收账款"账户,贷记"主营业务收入"账户、"应交税费——应交增值税(销项税额)"账户;收回应收款时,应借记"银行存款"账户,贷记"应收账款"账户。

(3) 应收票据。该账户属于资产类账户,核算企业销售产品或提供劳务收到的商业汇票。其借方登记收到的商业汇票,贷方登记商业汇票到期、贴现等金额,期末余额在借方,表示企业持有的商业汇票的票面价值。"应收票据"可以根据开出、承兑商业汇票的单位设置明细账,也可以不设明细账。其账户结构如下:

借	应收票据	贷
收到商业汇票		票据到期或票据贴现
期末余额:尚未收回的票据金额		

销售产品收到商业汇票时,应借记"应收票据"账户,贷记"主营业务收入"账户、"应交税费——应交增值税(销项税额)"账户;票据到期收到款项时,应借记"银行存款"账户,贷记"应收票据"账户;商业承兑汇票到期款项仍未收到,应借记"应收账款"账户,贷记"应收票据"账户。

(4) 预收账款。该账户属于负债类账户,核算企业在销售产品或提供劳务前预先收取的货款。其贷方登记预收的货款,借方登记销售产品或提供劳务而结算的预收款,期末余额一般在贷方,表示预收货款的结余额,期末余额如果在借方表示应收取的货款。"预收账款"根据购货单位或接受劳务的单位设置明细账户,进行明细分类核算。其账户结构如下:

借	预收账款	贷
销售产品或提供劳务结算预收款		预收货款
期末余额:购货单位应补付的款项		期末余额:预收款结余

如果企业预收账款业务不多,可以不设置"预收账款"账户,而将预收款项记入"应收账款"账户,这种情况下,"应收账款"账户就成为债权债务类账户。

预收货款时,应借记"银行存款"账户,贷记"预收账款"账户;销售产品款已预收时,应借记"预收账款"账户,贷记"主营业务收入"账户、"应交税费——应交增值税(销项税额)"账户。

(5) 主营业务成本。该账户属于损益类账户,核算销售产品的成本。其借方登记已经销售的产品成本,贷方登记期末转入"本年利润"的成本,经结转后,期末无余额。"主营业务成本"账户根据产品的类别设置明细科目,进行明细分类核算。其账户结构如下:

借	主营业务成本	贷
发生的主营业务成本		期末转入"本年利润"

主营业务成本=销售量×产品单位成本

结转已销售产品成本时，应借记"主营业务成本"账户，贷记"库存商品"账户。

(6) 税金及附加。该账户属于损益类账户，核算企业经营活动发生的消费税、城市维护建设税、资源税、教育费附加、房产税、车船使用税、印花税等相关税费。其借方登记计算出的各种税金及附加额，贷方登记期末转入"本年利润"账户的税金及附加额，经结转后，该账户期末无余额。其账户结构如下：

借	税金及附加	贷
计算出应缴纳的税金及附加		期末转入"本年利润"的税金及附加

计算出本期应缴纳的城建税、消费税等，应借记"税金及附加"账户，贷记"应交税费"账户，"应交税费"应根据缴纳税种设置明细账户。

(7) 销售费用。该账户属于损益类账户，核算企业为销售产品而发生的费用，包括广告费、展览费、运输费、销售人员薪酬、销售部门的办公费、折旧费等。其借方登记发生的销售费用，贷方登记期末转入"本年利润"的销售费用，经结转后期末无余额。"销售费用"一般根据费用项目设置明细账，进行明细分类核算。其账户结构如下：

借	销售费用	贷
发生销售费用		期末转入"本年利润"

2. 业务举例

【例4-32】12月17日，红星工厂向美联公司销售甲产品50件，单价400元，增值税2 600元，全部款项存入银行。

该笔业务的发生涉及"银行存款""主营业务收入"和"应交税费——应交增值税(销项税额)"三个会计账户。该笔业务使"银行存款"增加，"银行存款"账户是资产类账户，银行存款增加应记入"银行存款"账户的借方；销售产品导致"主营业务收入"增加，该账户属于损益类账户中收入，应贷记"主营业务收入"账户；销售货物中增值税应记入"应交税费——应交增值税(销项税额)"，销项税额的增加属于负债的增加，应贷记"应交税费——应交增值税(销项税额)"账户。该笔业务编制会计分录如下：

借：银行存款　　　　　　　　　　　　　　22 600
　　贷：主营业务收入　　　　　　　　　　20 000
　　　　应交税费——应交增值税(销项税额)　2 600

【例4-33】12月18日，红星工厂向胜利工厂销售乙产品150件，单价200元，增值税3 900元，货款未收。

该笔业务的发生涉及"应收账款""主营业务收入"和"应交税费——应交增值税(销项税额)"三个会计账户。该笔业务使"应收账款"增加，"应收账款"账户是资产类账户，应收账款增加应记入"应收账款"账户的借方；销售产品导致"主营业务收入"增加，该账户属于损益类账户中收入，应贷记"主营业务收入"账户；销售货物中增值税应记入"应交税费——应交增值税(销项税额)"，销项税额的增加属于负债的增加，应贷记"应交税费——应交增值税(销项税额)"账户。该笔业务编制会计分录如下：

借：应收账款——胜利工厂　　　　　　　　33 900
　　贷：主营业务收入　　　　　　　　　　　　30 000
　　　　应交税费——应交增值税(销项税额)　　3 900

【例4-34】12月18日，红星工厂收到大华工厂预付货款30 000元，存入银行。

该笔业务的发生涉及"银行存款"和"预收账款"两个会计账户。该笔业务导致"银行存款"账户增加，该账户属于资产类账户，应借记"银行存款"账户；该业务导致"预收账款"账户增加，该账户属于负债类账户，应贷记"预收账款"账户。该笔业务编制会计分录如下：

借：银行存款　　　　　　　　　　　　　　30 000
　　贷：预收账款——大华工厂　　　　　　　　30 000

【例4-35】12月18日，红星工厂收到胜利工厂的欠款33 900元，存入银行。

该笔业务的发生涉及"银行存款"和"应收账款"两个会计账户。该笔业务导致"银行存款"账户增加，该账户属于资产类账户，应借记"银行存款"账户；该业务导致"应收账款"账户减少，该账户属于资产类账户，应贷记"应收账款"账户。该笔业务编制会计分录如下：

借：银行存款　　　　　　　　　　　　　　33 900
　　贷：应收账款——胜利工厂　　　　　　　　33 900

【例4-36】12月19日，红星工厂向大华工厂销售乙产品200件，单价200元，增值税5 200元，款已预收。

该笔业务的发生涉及"预收账款""主营业务收入"和"应交税费——应交增值税(销项税额)"三个会计账户。该笔业务使"预收账款"减少，"预收账款"账户是负债类账户，预收账款减少应记入"预收账款"账户的借方；销售产品导致"主营业务收入"增加，该账户属于损益类账户中收入，应贷记"主营业务收入"账户；销售货物中增值税应记入"应交税费——应交增值税(销项税额)"，销项税额的增加属于负债的增加，应贷记"应交税费——应交增值税(销项税额)"账户。该笔业务编制会计分录如下：

借：预收账款——大华工厂　　　　　　　　45 200
　　贷：主营业务收入　　　　　　　　　　　　40 000
　　　　应交税费——应交增值税(销项税额)　　5 200

【例4-37】12月20日，红星工厂向东方工厂销售甲产品200件，单价400元，增值税10 400元，收到一张三个月的商业汇票。

该笔业务的发生涉及"应收票据""主营业务收入"和"应交税费——应交增值税(销项税额)"三个会计账户。该笔业务使"应收票据"增加，"应收票据"账户是资产类账户，应收票据增加应记入"应收票据"借方；销售产品导致"主营业务收入"增加，该账户属于损益类账户中收入，应贷记"主营业务收入"账户；销售货物中增值税应记入"应交税费——应交增值税(销项税额)"，销项税额的增加属于负债的增加，应贷记"应交税费——应交增值税(销项税额)"账户。该笔业务编制会计分录如下：

借：应收票据　　　　　　　　　　　　　　90 400
　　贷：主营业务收入　　　　　　　　　　　　80 000
　　　　应交税费——应交增值税(销项税额)　　10 400

【例4-38】12月20日,用银行存款支付产品展览费3 000元。

该笔业务的发生涉及"销售费用"和"银行存款"两个会计账户。产品展览费应记入"销售费用"账户,"销售费用"属于损益类账户中费用,销售费用增加应记入"销售费用"账户的借方;用银行存款支付导致"银行存款"账户减少,"银行存款"属于资产类账户,应贷记"银行存款"账户。该笔业务编制会计分录如下:

借:销售费用　　　　　　　　　　3 000
　　贷:银行存款　　　　　　　　　　3 000

【例4-39】12月31日,红星工厂月末结转已经销售的甲、乙两种产品的成本(销售产品成本采用一次加权平均法计算,本业务应结合例4-31笔业务,假设甲产品期初库存420件,单位成本190.48元/件,乙产品期初库存625件,单位成本80元/件)。

该笔业务的发生涉及"主营业务成本"和"库存商品"两个会计账户。该笔业务使"主营业务成本"账户增加,"主营业务成本"属于损益类账户中费用,主营业务成本增加应记入"主营业务成本"账户的借方;"库存商品"账户属于资产类账户,该笔业务使"库存商品"账户减少,应贷记"库存商品"账户。该笔业务编制会计分录如下:

甲产品单位成本=(420×190.48+220×218.18)÷(420+220)=200(元/件)
甲产品的销售成本=(50+200)×200=50 000(元)
乙产品的销售成本=(150+200)×80=28 000(元)

借:主营业务成本　　　　　　　　78 000
　　贷:库存商品——甲产品　　　　　50 000
　　　　　　　　——乙产品　　　　　28 000

【例4-40】12月31日,红星工厂计算出本月应缴纳的城建税700元,教育费附加300元。

该笔业务的发生涉及"税金及附加"和"应交税费"两个会计账户。该笔业务使"税金及附加"账户增加,"税金及附加"属于损益类账户中费用,税金及附加增加应记入"税金及附加"账户借方;"应交税费"账户属于负债类账户,该笔业务使"应交税费"账户增加,应贷记"应交税费"账户。该笔业务编制会计分录如下:

借:税金及附加　1 000
　　贷:应交税费——应交城建税　　　　700
　　　　　　　　——应交教育费附加　　300

(二)其他业务收支的核算

其他业务是指企业在经营过程中发生的除主营业务以外的其他销售业务,包括出租固定资产、出租无形资产、出租包装物和商品、销售材料等活动。主营业务和其他业务根据企业性质确定,一个企业的主营业务有可能是另一个企业的其他业务,比如出租业务对于租赁公司为主营业务,对于制造企业为其他业务。

1. 账户设置

(1) 其他业务收入。该账户属于损益类账户,核算企业由主营业务活动以外的其他业务活动实现的收入,如变卖材料实现的收入、出租固定资产取得的租金、让渡无形资产使用权取得的收入等。该账户贷方登记企业实现的其他业务收入,借方登记期末转入"本年

利润"的其他业务收入,经结转后该账户期末无余额。其账户结构如下:

借	其他业务收入	贷
期末转入"本年利润"的其他业务收入		实现的其他业务收入

(2) 其他业务成本。该账户属于损益类账户,核算企业主营业务以外的其他业务所发生的成本,比如,变卖材料的成本、出租固定资产的折旧费、出租无形资产的摊销额等。该账户借方登记发生其他业务成本的金额,贷方登记期末转入"本年利润"的其他业务成本,经结转后该账户期末无余额。其账户结构如下:

借	其他业务成本	贷
发生的其他业务成本		期末转入"本年利润"的其他业务成本

2. 业务举例

【例4-41】12月24日,销售A材料1 000千克,单价25元,增值税税率13%,款项存入银行。

该笔业务的发生涉及"银行存款""其他业务收入"和"应交税费——应交增值税(销项税额)"三个会计账户。该笔业务使"银行存款"增加,"银行存款"账户是资产类账户,该账户增加应记入"银行存款"账户的借方;销售材料导致"其他业务收入"增加,该账户属于损益类账户中收入,应贷记"其他业务收入"账户;销售货物中增值税应记入"应交税费——应交增值税(销项税额)",销项税额的增加属于负债的增加,应贷记"应交税费——应交增值税(销项税额)"账户。该笔业务编制会计分录如下:

借:银行存款 28 250
　　贷:其他业务收入 25 000
　　　　应交税费——应交增值税(销项税额) 3 250

【例4-42】12月24日,收到出租固定资产租金20 000元,款项存入银行。

该笔业务的发生涉及"银行存款""其他业务收入"两个会计账户。该笔业务使"银行存款"增加,"银行存款"账户是资产类账户,该账户增加应记入"银行存款"账户的借方;出租导致"其他业务收入"增加,该账户属于损益类账户中收入,应贷记"其他业务收入"账户。该笔业务编制会计分录如下:

借:银行存款 20 000
　　贷:其他业务收入 20 000

【例4-43】12月24日,结转上述A材料的成本20 000元。

该笔业务的发生涉及"其他业务成本""原材料"两个会计账户。该笔业务使"其他业务成本"增加,"其他业务成本"账户属于损益类账户中费用,该账户增加应记入"其他业务成本"账户的借方;该业务导致"原材料"减少,应贷记"原材料"账户。该笔业务编制会计分录如下:

借：其他业务成本　　　　　　　　　　　　　　20 000
　　贷：原材料——A 材料　　　　　　　　　　　　　20 000

【例 4-44】12 月 31 日，计提出租固定资产的折旧 12 000 元。

该笔业务的发生涉及"其他业务成本""累计折旧"两个会计账户。该笔业务使"其他业务成本"增加，"其他业务成本"账户属于损益类账户中费用，该账户增加应记入"其他业务成本"账户的借方；该业务导致"累计折旧"增加，"累计折旧"属于"固定资产"的备抵账户，应贷记"累计折旧"账户。该笔业务编制会计分录如下：

借：其他业务成本　　　　　　　　　　　　　　12 000
　　贷：累计折旧　　　　　　　　　　　　　　　　　12 000

第五节　财务成果的形成及分配业务的核算

财务成果是企业一定时期经营活动的最终成果，即实现的利润或发生的亏损。企业的利润或亏损在很大程度上反映了企业经营的效益和经营水平的高低。企业若实现利润，首先应缴纳所得税，然后将税后利润按照规定程序进行分配，一部分留归企业自行支配，一部分分给企业的所有者。企业若发生亏损，应按照规定进行弥补。因此，财务成果的核算内容包括利润形成业务和利润分配业务两大部分。

一、财务成果的构成及计算

财务成果表现为利润，是指企业在一定会计期间的经营成果。企业的利润取决于收入和费用、直接记入当期利润的利得和损失金额。利润一般由营业利润、利润总额和净利润等部分构成，营业利润、利润总额和净利润的计算公式如下：

营业利润=营业收入-营业成本-税金及附加-销售费用-管理费用-财务费用-资产减值
　　　　　损失+其他收益±公允价值变动净损益±投资净损益±资产处置净损益

其中，营业收入=主营业务收入+其他业务收入
　　　　营业成本=主营业务成本+其他业务成本

利润总额=营业利润+营业外收入-营业外支出

净利润=利润总额-所得税费用

上述计算利润的公式中涉及的会计科目都是损益类科目，主营业务收入、其他业务收入、主营业务成本、其他业务成本、税金及附加、销售费用、财务费用等会计科目在前面已经介绍过，本节将要对管理费用、投资收益、营业外收入、营业外支出、所得税费用等内容进行阐述，以便说明企业在一定时期内的净利润的形成过程，并在此基础上，进一步阐述净利润分配的核算内容。资产减值损失、其他收益、公允价值变动收益、资产处置收益四个账户将在中级财务会计中详细介绍。

二、营业利润的核算

(一)账户设置

1. 管理费用

该账户属于损益类(费用)账户,用来核算企业行政管理部门为组织和管理企业的生产经营活动而发生的各项费用,如企业行政管理部门人员的工资、办公费、差旅费、折旧费、业务招待费等。该账户借方登记发生的各项管理费用,贷方登记期末转入"本年利润"的管理费用,经结转后该账户期末无余额。其账户结构如下:

借	管理费用	贷
发生管理费用		期末转入"本年利润"的管理费用

2. 投资收益

该账户属于损益类,核算企业对外投资所获得的收益或发生的亏损。该账户贷方登记实现的投资收益和期末转入"本年利润"账户的投资净损失,借方登记发生的投资损失和期末转入"本年利润"账户的投资净收益,期末"投资收益"账户转入"本年利润"后,该账户无余额。其账户结构如下:

借	投资收益	贷
发生投资损失		实现的投资收益
期末转入"本年利润"账户的投资净收益		期末转入"本年利润"账户的投资净损失

(二)业务举例

【例4-45】 12月26日,红星工厂办公人员张红出差预借差旅费1 000元,用现金支付。

该笔业务的发生涉及"其他应收款""库存现金"两个会计账户。预借差旅费应记入"其他应收款"账户,"其他应收款"账户属于资产类账户,该账户增加应记入借方;现金支付导致"库存现金"减少,"库存现金"属于资产类账户,应贷记"库存现金"账户。该笔业务编制会计分录如下:

借:其他应收款——张红　　　　1 000
　　贷:库存现金　　　　　　　　　　1 000

【例4-46】 12月27日,张红出差归来报销差旅费800元,余额退回现金。

该笔业务的发生涉及"管理费用""库存现金"和"其他应收款"三个会计账户。差旅费应记入"管理费用"账户,"管理费用"账户属于损益类账户中费用,该账户增加应记入"管理费用"账户的借方;退回现金导致"库存现金"增加,"库存现金"属于资产类账户,应借记"库存现金"账户;报销差旅费导致"其他应收款"减少,"其他应收款"账户属于资产类账户,应贷记"其他应收款"账户。该笔业务编制会计分录如下:

借:管理费用　　　　　　　　　　800
　　库存现金　　　　　　　　　　200
　　贷:其他应收款——张红　　　　1 000

【例4-47】 12月27日,用银行存款支付办公部门水电费1 000元。

该笔业务的发生涉及"管理费用"和"银行存款"两个会计账户。办公部门水电费应记入"管理费用"账户,"管理费用"属于损益类账户中费用,管理费用增加应记入"管理费用"账户借方;用银行存款支付导致"银行存款"账户减少,"银行存款"属于资产类账户,应贷记"银行存款"账户。该笔业务编制会计分录如下:

借:管理费用　　　　　　　　　　1 000
　　贷:银行存款　　　　　　　　　　1 000

【例4-48】 12月27日,美华公司宣告向红星工厂发放现金股利40 000元。

该笔业务的发生涉及"应收股利"和"投资收益"两个会计账户。该笔业务使"应收股利"增加,"应收股利"账户属于资产类账户,该账户增加应记入"应收股利"账户借方;该业务导致"投资收益"增加,"投资收益"属于损益类账户中收益,应贷记"投资收益"账户。该笔业务编制会计分录如下:

借:应收股利　　　　　　　　　　40 000
　　贷:投资收益　　　　　　　　　　40 000

通过前面各项业务的核算,可以计算红星工厂本月份的营业利润。在销售过程的核算中,红星工厂主营业务收入共为170 000元(20 000+30 000+40 000+80 000),主营业务成本为78 000元,税金及附加为1 000元,其他业务收入为45 000元(25 000+20 000),其他业务成本为32 000(20 000+12 000),销售费用为3 000元,财务费用为1 000元,管理费用为11 400元(1 600+6 000+2 000+800+1 000),投资收益为40 000元。所以,营业利润=(170 000+45 000)-(78 000+32 000)-1 000-3 000-1 000-11 400+40 000=128 600(元)。

三、净利润的核算

(一)账户设置

1. 营业外收入

该账户属于损益类账户,核算企业发生的与正常生产经营无直接关系的各种收入。取得该收入一般不需企业付出相应代价,因而营业外收入和营业外支出不配比。比如接受捐赠利得、与企业日常活动无关的政府补助、盘盈利得、罚款利得等。该账户贷方登记实现的营业外收入,借方登记期末转入"本年利润"账户的营业外收入,经结转后期末无余额。其账户结构如下:

借	营业外收入	贷
期末转入"本年利润"账户的营业外收入		实现营业外收入

2. 营业外支出

该账户属于损益类账户,核算企业发生的与正常生产经营无直接关系的各种支出。发生该支出企业一般没有得到相应报酬,营业外支出与营业外收入不配比。比如对外捐赠、罚款支出、非常损失、盘亏损失等。该账户借方登记发生的营业外支出,贷方登记期末转入"本年利润"账户的营业外支出,经结转后期末无余额。其账户结构如下:

借	营业外支出	贷
发生营业外支出	期末转入"本年利润"账户的营业外支出	

3. 所得税费用

该账户属于损益类账户,核算企业根据有关规定应在当期损益中扣除的所得税费用的计算及结转情况。其借方登记应记入本期损益的所得税税额;贷方登记期末转入"本年利润"账户的所得税税额,经结转后期末无余额。其账户结构如下:

借	所得税费用	贷
计算出的所得税费用	期末转入"本年利润"账户的所得税费用	

计算出本期应交所得税时,应借记"所得税费用"账户,贷记"应交税费——应交所得税"账户;期末结转所得税时,应借记"本年利润"账户,贷记"所得税费用"账户;缴纳所得税时,应借记"应交税费——应交所得税"账户,贷记"银行存款"账户。

4. 本年利润

该账户属于所有者权益类账户,用来核算企业实现的净利润(或发生的净亏损)的情况。其贷方登记期末从损益类账户转入的各项收益额,主要包括主营业务收入、其他业务收入、投资收益、营业外收入等;借方登记期末从损益类账户转入的各项费用额,主要包括主营业务成本、税金及附加、其他业务成本、管理费用、财务费用、销售费用、营业外支出、所得税费用等。该账户年内期末余额如果在贷方,表示累计实现的净利润,如果在借方,表示累计实现的净亏损。年末,将该账户余额结转至"利润分配——未分配利润"账户,经结转后该账户年末没有余额。其账户结构如下:

借	本年利润	贷
期末转入的各项费用	期末转入的各项收入	
期末余额:累计亏损	期末余额:累计净利润	

(二)业务举例

【例4-49】12月27日,红星工厂收到某单位的违约罚款收入4 300元,存入银行。

该笔业务的发生涉及"银行存款""营业外收入"两个会计账户。该笔业务使"银行存款"增加,"银行存款"账户是资产类账户,银行存款增加应记入"银行存款"账户的借方;罚款收入导致"营业外收入"增加,该账户属于损益类账户中利得,应贷记"营业外收入"账户。该笔业务编制会计分录如下:

借:银行存款　　　　　　　　　　4 300
　　贷:营业外收入　　　　　　　　　　4 300

【例4-50】12月27日,红星工厂向灾区捐款20 000元。

该笔业务的发生涉及"营业外支出"和"银行存款"两个会计账户。对外捐赠应记入"营业外支出"账户,"营业外支出"属于损益类账户中损失,营业外支出增加应记入"营业外支出"账户的借方;用银行存款支付导致"银行存款"账户减少,"银行存款"属于资产类账户,应贷记"银行存款"账户。该笔业务编制会计分录如下:

借：营业外支出　　　　　　　　　　　　20 000
　　贷：银行存款　　　　　　　　　　　　　20 000

通过上述业务的核算，可知红星工厂本月份利润总额为 112 900 元(128 600+4 300-20 000)。

【例4-51】12月31日，红星工厂结转损益类账户中的各项收入。

该笔业务涉及"主营业务收入""其他业务收入""投资收益""营业外收入"和"本年利润"五个会计账户。收入转入本年利润，使各项收入减少，使本年利润增加，收入减少应记入借方，"本年利润"属于所有者权益类账户，"本年利润"账户增加应记入贷方。该笔业务编制会计分录如下：

借：主营业务收入　　　　　　　　　　170 000
　　其他业务收入　　　　　　　　　　　45 000
　　投资收益　　　　　　　　　　　　　40 000
　　营业外收入　　　　　　　　　　　　 4 300
　　贷：本年利润　　　　　　　　　　　259 300

【例4-52】12月31日，红星工厂结转损益类账户中的各项费用。

该笔业务涉及"本年利润""主营业务成本""其他业务成本""税金及附加""销售费用""管理费用""财务费用""营业外支出"八个会计账户。费用及损失转入本年利润，各项费用和损失减少，也使本年利润减少。"本年利润"属于所有者权益类账户，"本年利润"账户减少应记入借方，费用损失减少应记入贷方。该笔业务编制会计分录如下：

借：本年利润　　　　　　　　　　　　146 400
　　贷：主营业务成本　　　　　　　　　 78 000
　　　　税金及附加　　　　　　　　　　　1 000
　　　　其他业务成本　　　　　　　　　32 000
　　　　销售费用　　　　　　　　　　　 3 000
　　　　管理费用　　　　　　　　　　　11 400
　　　　财务费用　　　　　　　　　　　 1 000
　　　　营业外支出　　　　　　　　　　20 000

借		本年利润	贷	
【例4-52】 结转费用			【例4-51】 结转收入	
主营业务成本	78 000		主营业务收入	170 000
税金及附加	1 000		其他业务收入	45 000
其他业务成本	32 000		投资收益	40 000
销售费用	3 000		营业外收入	4 300
管理费用	11 400			
财务费用	1 000			
营业外支出	20 000			
本期借方发生额	146 400		本期贷方发生额	259 300
			期末余额：	112 900

注："本年利润"账户只反映利润总额的形成过程。

【例4-53】12月31日，计算并结转红星工厂应交的所得税。(所得税税率25%)

该笔业务实际上包含两笔业务。第一笔业务计算所得税，第二笔业务结转所得税。第一笔业务涉及"所得税费用"和"应交税费——应交所得税"两个会计账户，该业务使"所得税费用"增加，"所得税费用"属于损益类账户中费用，应记入借方；该业务也使"应交税费"增加，"应交税费"属于负债类账户，应记入贷方。第二笔业务涉及"本年利润"和"所得税费用"两个会计账户，该业务使"本年利润"减少，"本年利润"属于所有者权益类账户，应记入借方；该业务也使"所得税费用"减少，"所得税费用"属于损益类账户中费用，应记入贷方。该笔业务编制会计分录如下：

本期应交所得税=(259 300-146 400)×25%=28 225(元)

借：所得税费用　　　　　　　　　　28 225
　　贷：应交税费——应交所得税　　　　28 225
结转所得税：
借：本年利润　　　　　　　　　　　28 225
　　贷：所得税费用　　　　　　　　　　28 225

通过上述业务的核算，可计算出红星工厂的净利润为 84 675 元(112 900-28 225)。

四、财务成果分配的核算

财务成果的分配即利润的分配，是企业经过股东大会或类似权力机构的批准，将企业可供分配的利润按照一定的顺序进行分配的行为。利润分配不仅关系到企业的未来发展，而且还关系到每个股东的利益，所以，必须做好利润分配工作，正确进行利润分配核算。

(一)利润分配的顺序

根据《中华人民共和国公司法》等有关法律、法规的规定，对于企业当年实现的净利润应先弥补以前年度尚未弥补的亏损，有剩余再按照下列顺序进行分配。

(1) 提取法定盈余公积金。法定盈余公积金是指《公司法》规定企业应按照本年实现净利润的一定比例提取，公司制企业按照本年净利润的 10%提取；其他企业根据需要来确定提取比例，但是提取比例不能低于 10%。如果法定盈余公积金累计额超过了企业注册资本的 50%，可以不再提取法定盈余公积金。

(2) 提取任意盈余公积金。企业按照净利润的一定比例提取法定盈余公积金后，经股东大会决议，可以提取任意盈余公积金，任意盈余公积金的提取比例视企业情况而定。

(3) 分配给投资者。企业提取盈余公积金后，可以按照规定向投资者分配利润。

(二)账户设置

1. 利润分配

该账户属于所有者权益类账户，用来核算企业净利润的分配或净亏损的弥补以及以前结存的未分配利润(或未弥补的亏损)情况。其贷方登记年末从"本年利润"账户转入的全年实现的净利润以及用盈余公积弥补的亏损额；借方登记年末从"本年利润"账户转入的全年累计亏损额以及实际分配的利润额。年末余额如果在借方，表示尚未弥补的亏损；年末余额如果在贷方，表示尚未分配的利润。

"利润分配"一般需设置以下几个明细账户:"提取法定盈余公积""提取任意盈余公积""应付现金股利""转作资本(股本)的股利""盈余公积补亏""未分配利润"等。年末,应将"提取法定盈余公积""提取任意盈余公积""应付现金股利""转作资本(股本)的股利""盈余公积补亏"等其他明细账户的余额转入"未分配利润"明细账户,经过结转后,除"未分配利润"明细账户有余额外,"利润分配"其他明细账户均没有余额。其账户结构如下:

借	利润分配	贷
实际分配的利润额		盈余公积补亏
年末从"本年利润"转入的净亏损		年末从"本年利润"转入的全年净利润
年内余额:已分配的利润额		
年末余额:未弥补的亏损		年末余额:未分配的利润

2. 盈余公积

该账户属于所有者权益类账户,用来核算企业从净利润中提取的公积金,盈余公积包括法定盈余公积和任意盈余公积。其贷方登记盈余公积的提取;借方登记盈余公积的使用。期末余额在贷方,表示盈余公积的结存数。盈余公积一般需设置两个明细账户:"法定盈余公积"和"任意盈余公积"。其账户结构如下:

借	盈余公积	贷
使用盈余公积金		提取盈余公积金
		期末余额:盈余公积金的结存数

3. 应付股利

该账户属于负债类账户,用来核算企业应付给投资者的利润或股利。其贷方登记应付而尚未支付给投资者的股利或利润;借方登记实际支付给投资者的股利或利润。期末余额在贷方,表示尚未支付给投资者的股利或利润。注意企业分配给投资人的股票股利不在本账户核算。其账户结构如下:

借	应付利润(股利)	贷
实际支付的利润或股利		应付而未付的利润或股利
		期末余额:尚未支付的利润或股利

(三)业务举例

【例4-54】12月31日,红星工厂结转全年的净利润980 000元。

该笔业务的发生涉及"本年利润"和"利润分配"两个会计账户。该笔业务使"本年利润"减少,"本年利润"账户属于所有者权益类账户,本年利润减少应记入"本年利润"账户借方;该业务导致"利润分配"增加,"利润分配"属于所有者权益类账户,应贷记"利润分配"账户。该笔业务编制会计分录如下:

借:本年利润　　　　　　　　　　　980 000
　　贷:利润分配——未分配利润　　　980 000

【例4-55】12月31日,红星工厂按照净利润的10%提取法定盈余公积金。

该笔业务的发生涉及"利润分配"和"盈余公积"两个会计账户。该笔业务使"利润分配"减少,"利润分配"账户属于所有者权益类账户,该账户减少应记入借方;该业务导致"盈余公积"增加,"盈余公积"属于所有者权益类账户,应贷记"盈余公积"账户。该笔业务编制会计分录如下:

借:利润分配——提取法定盈余公积　　　　98 000
　　贷:盈余公积——法定盈余公积　　　　　　　98 000

【例4-56】12月31日,红星工厂按照净利润的40%向投资者分配利润。

该笔业务的发生涉及"利润分配"和"应付利润(股利)"两个会计账户。该笔业务使"利润分配"减少,"利润分配"账户属于所有者权益类账户,该账户减少应记入借方;该业务导致"应付利润(股利)"增加,"应付利润(股利)"属于负债类账户,应贷记"应付利润(股利)"账户。该笔业务编制会计分录如下:

借:利润分配——应付利润　　　　　　　　392 000
　　贷:应付利润(股利)　　　　　　　　　　　　392 000

【例4-57】12月31日,结清利润分配的其他各明细账户。

该笔业务是将利润分配的其他明细账户"提取法定盈余公积"和"应付利润(股利)"转入"未分配利润"。"提取法定盈余公积"和"应付利润(股利)"转入"未分配利润"时,"利润分配——未分配利润"减少应记入借方,"利润分配——提取法定盈余公积"和"利润分配——应付利润(股利)"应记入贷方。该笔业务编制会计分录如下:

借:利润分配——未分配利润　　　　　　　490 000
　　贷:利润分配——提取法定盈余公积　　　　　98 000
　　　　　　　　——应付利润(股利)　　　　　392 000

借	利润分配——提取法定盈余公积		贷
【例4-55】	98 000		
		【例4-57】	98 000
本期借方发生额	98 000	本期贷方发生额	98 000
		期末余额:	0

借	利润分配——应付利润(股利)		贷
【例4-56】	392 000		
		【例4-57】	392 000
本期借方发生额	392 000	本期贷方发生额	392 000
		期末余额:	0

借	利润分配——未分配利润		贷
		【例4-54】	980 000
【例4-57】	490 000		
本期借方发生额	490 000	本期贷方发生额	980 000
		期末余额:	490 000

本 章 小 结

资金筹集业务的核算主要介绍了所有者权益筹资和负债筹资的核算。所有者权益筹资核算中主要介绍了实收资本、资本公积等账户；负债筹资核算主要介绍了短期借款、应付利息、财务费用、长期借款等会计账户。

购买业务的核算主要介绍了购买设备和购买材料的核算。购买设备核算主要介绍了固定资产、在建工程等账户；购买材料核算主要介绍了在途物资、原材料、应交税费——应交增值税(进项税额)、应付账款、预付账款、应付票据等账户。

生产过程核算主要介绍了产品进入生产过程到产品完工入库这一过程。主要涉及生产成本、制造费用、应付职工薪酬、累计折旧、库存商品等账户。

销售过程核算主要介绍了主营业务收支的核算和其他业务收支的核算。主营业务收支核算中主要介绍了主营业务收入、应交税费——应交增值税(销项税额)、主营业务成本、税金及附加、应收账款、预收账款、应收票据等账户；其他业务收支的核算主要介绍了其他业务收入和其他业务成本等账户。

利润的形成及分配核算主要介绍了利润形成核算和利润分配核算。利润形成核算过程中主要介绍了销售费用、管理费用、营业外收入、营业外支出、所得税费用、本年利润等账户；利润分配核算中主要介绍了利润分配、盈余公积、应付股利等账户。

自 测 题

一、单项选择题

1. 车间的办公费应作为(　　)记入"制造费用"账户的借方。
   A. 直接生产费用　　　　　　　　B. 间接生产费用
   C. 直接记入费用　　　　　　　　D. 间接记入费用
2. 企业购进材料发生的运杂费等采购费用，应记入(　　)。
   A. 管理费用　　B. 财务费用　　C. 材料采购成本　　D. 材料买价
3. 下列费用中，不应记入产品成本的有(　　)。
   A. 直接材料费　　B. 直接人工费　　C. 期间费用　　D. 制造费用
4. 下列项目中，属于营业外支出的有(　　)。
   A. 无法收回的应收账款　　　　　B. 支付的广告费
   C. 对外捐赠　　　　　　　　　　D. 销售多余材料的成本
5. 实收资本是指企业实际收到的投资者投入的资本，它是企业(　　)中的主要组成部分。
   A. 资产　　B. 负债　　C. 所有者权益　　D. 收入
6. 8月31日，"本年利润"账户有贷方余额50 000元，表示(　　)。
   A. 8月份实现的净利润　　　　　　B. 8月31日实现的净利润

C. 1月1日至8月31日累计实现的净利润　　D. 结转利润分配数后的剩余数额

7. 企业计算应交所得税时，应借记的科目是(　　)。
   A. 利润分配　　B. 所得税费用　　C. 应交税费　　D. 税金及附加
8. "生产成本"账户期末借方余额表示(　　)。
   A. 完工产品成本　　　　　　　　B. 期末未完工产品的成本
   C. 库存产成品成本　　　　　　　D. 本月生产费用合计
9. 企业年终结账后，(　　)账户应无余额。
   A. 利润分配　　B. 本年利润　　C. 盈余公积　　D. 应交税费
10. 某企业购入一台需要安装的设备，取得的增值税专用发票上注明的设备买价为50 000元，增值税额为6 500元，支付的运输费为1 200元，支付的安装费为4 200元，则固定资产价值为(　　)。
    A. 61 900　　B. 59 700　　C. 58 500　　D. 55 400

二、多项选择题

1. 期末结转到"本年利润"账户借方的发生额有(　　)账户。
   A. 主营业务收入　　B. 主营业务成本　　C. 所得税费用　　D. 销售费用
2. 销售产品时，与"主营业务收入"账户发生对应关系的账户有(　　)。
   A. 银行存款　　B. 应收账款　　C. 预收账款　　D. 预付账款
3. 属于营业利润构成要素的项目有(　　)。
   A. 主营业务收入　　B. 其他业务收入　　C. 营业外收入　　D. 所得税费用
4. 下列损益类账户中，期末应将其余额转入"本年利润"账户贷方的有(　　)。
   A. 主营业务收入　　B. 销售费用　　C. 其他业务收入　　D. 营业外收入
5. 借方记录减少发生额的账户有(　　)。
   A. 短期借款　　B. 累计折旧　　C. 销售费用　　D. 主营业务收入
6. 计提固定资产折旧时，与"累计折旧"对应的账户为(　　)。
   A. 制造费用　　　　　　　　B. 管理费用
   C. 销售费用　　　　　　　　D. 银行存款
7. 管理费用包括的内容有(　　)。
   A. 利息费用　　　　　　　　B. 厂部办公费
   C. 广告费　　　　　　　　　D. 厂部固定资产的折旧费
8. 企业结转生产完工验收入库产品的生产成本时，编制会计分录涉及的账户有(　　)。
   A. 生产成本　　　　　　　　B. 制造费用
   C. 主营业务成本　　　　　　D. 库存商品
9. 下列各项中，构成企业外购存货入账价值的有(　　)。
   A. 买价　　　　　　　　　　B. 运杂费
   C. 运输途中合理损耗　　　　D. 入库前挑选整理费
10. 贷方记录减少发生额的账户有(　　)。
    A. 管理费用　　　　　　　　B. 固定资产
    C. 销售费用　　　　　　　　D. 主营业务收入

三、判断题

1. 为便于计算和反映固定资产的账面净值，固定资产因磨损而减少的价值应记入"固定资产"账户的贷方。（　）

2. 制造费用是指直接用于产品生产，但不便于记入产品成本，因而没有专设成本项目的费用。（　）

3. 20××年9月30日，"本年利润"账户的贷方余额1 000 000元，表示9月份实现的利润总额。（　）

4. 企业本期预收的销货款，属企业本期的收入。（　）

5. 行政管理部门领用的原材料应记入"制造费用"账户的借方。（　）

6. "生产成本"账户期末如有借方余额，为尚未加工完成的各项在产品成本。（　）

7. 企业职工工资都应记入产品生产成本。（　）

8. 累计折旧账户的余额在贷方，所以属于负债类账户。（　）

9. 管理费用的发生额会直接影响产品成本和当期利润总额。（　）

10. 一般纳税企业购买材料时支付的增值税不记入材料的采购成本。（　）

四、业务题

(一)练习筹资业务的核算

资料：某企业20××年6月发生下列经济业务。

1. 收到投资者投入的资本金100 000元存入银行。
2. 从银行取得6个月的借款50 000元，存入银行。
3. 收到美联公司投入的设备一台，价值600 000元。
4. 收到某单位投入专利权一项，价值200 000元。
5. 向银行借入3年期借款100 000元存入银行。
6. 将资本公积50 000元转增资本。
7. 计提本月短期借款利息3 000元。
8. 以银行存款偿还短期借款50 000元，长期借款100 000元。

要求：根据上述经济业务编制会计分录。

(二)练习供应过程业务的核算

资料：某企业20××年6月发生下列经济业务。

1. 购买不需安装的设备一台，买价100 000元，运杂费900元，增值税13 000元，所有款项均以银行存款支付。
2. 向华兴工厂购进甲材料2 000千克，单价20元，计40 000元，增值税5 200元；乙材料1 500千克，单价10元，计15 000元，增值税1 950元，全部款项以银行存款支付。
3. 用银行存款支付上述甲、乙材料的运杂费7 000元(按照甲、乙两种材料重量分配)。
4. 将上述购买的甲、乙两种材料验收入库。
5. 用银行存款向中原工厂预付购买甲材料的货款20 000元。
6. 向宏大工厂购进丙材料5 000千克，单价30元，计150 000元，增值税19 500元，款项尚未支付。
7. 用现金支付丙材料的运费及装卸费1 000元。

8. 将丙材料验收入库，结转已入库材料成本。

9. 收到中原工厂发来的已预付货款的甲材料1 000千克，单价20元，增值税额2 600元，材料已验收入库。

10. 用银行存款向中原工厂补付材料款2 600元。

要求：根据上述经济业务编制会计分录(运杂费按材料重量分摊)。

(三)练习生产过程业务的核算

资料：某企业20××年6月发生下列经济业务。

1. 生产A产品耗用甲材料1 000千克，单价20元，乙材料2 000千克，单价10元。

2. 车间用银行存款购买办公用品500元。

3. 生产B产品耗用甲材料200千克，单价20元，丙材料500千克，单价30元，车间耗用丙材料300千克，单价30元。

4. 从银行提取现金80 000元，备发工资。

5. 结算本月职工工资80 000元，其中A产品工人工资30 000元，B产品工人工资20 000元，车间管理人员10 000元，行政管理人员20 000元。

6. 计提固定资产折旧4 000元，其中，车间计提折旧3 000元，管理部门计提折旧1 000元。

7. 归集并分配本月制造费用。(按照产品的生产工时分配，A产品3 000小时，B产品2 000小时)

8. 将本月生产的A产品全部验收入库，B产品尚未完工。

要求：编制上述业务的会计分录。

(四)练习销售过程业务的核算

资料：某公司6月份发生下列业务。

1. 销售给顺达工厂A产品700件，单价200元，增值税税率13%，款项收到存入银行。

2. 向新兴工厂销售B产品1 000台，单位售价400元，增值税税率13%，款项尚未收到。

3. 销售甲材料500千克，单价25元，增值税税率13%，款项收到存入银行。甲材料单位成本20元，结转已售材料的成本。

4. 收到天山公司预付购买A产品货款20 000元存入银行。

5. 收到新兴工厂偿还购买B产品的货款及税款共452 000元，存入银行。

6. 向天山公司销售A产品100件，单价200元，增值税税率13%，货款已预收，不足款项又收到银行存款。

7. 结转已售A、B两种产品的生产成本。(A产品单位生产成本120元，B产品单位生产成本260元)

8. 用银行存款支付销售A产品的运费1 000元。

要求：根据上述业务编制会计分录。

(五)练习利润形成及分配业务的核算

资料：某企业12月份发生下列业务。

1. 销售A产品600件，单价200元，销售B产品500台，单价400元，增值税税率13%，款项收到存入银行。

2. 出租固定资产一台收到租金 5 000 元，存入银行。

3. 接受捐赠设备一台，价值 100 000 元。

4. 向灾区捐赠银行存款 30 000 元。

5. 用银行存款支付广告费 10 000 元。

6. 用银行存款支付管理部门水电费 11 400 元。

7. 计提管理部门固定资产折旧费 2 000 元，计提出租固定资产折旧费 1 500 元。

8. 计提本月份银行借款利息 1 000 元。

9. 结转已售 A、B 两种产品的制造成本。其中，A 产品成本 72 000 元，B 产品成本为 130 000 元。

10. 月末，结转损益类账户。

11. 计算并结转本月应交所得税。(税率 25%)

12. 已知 1—11 月份累计净利润 420 000 元，结转全年净利润。

13. 按税后净利润的 10% 计提法定盈余公积金。

14. 按税后净利润的 30% 向投资者分配利润。

要求：根据上述业务编制会计分录。

第五章

会 计 凭 证

【学习要点及目标】

- 掌握会计凭证的概念及种类;
- 掌握原始凭证的概念、种类、填制和审核;
- 掌握记账凭证的概念、种类、填制和审核;
- 了解会计凭证的传递和保管。

【核心概念】

会计凭证　原始凭证　记账凭证

【引导案例】

20××年某学校张老师去北京开会归来,他根据往返车票和住宿发票填制差旅费报销单,往返车票上的时间分别是20××年5月10日和5月13日,5月10日到达北京入住宾馆,而住宿发票上开出的时间是5月11日,从住宿发票上反映出张老师只在北京住了一夜。张老师拿着后面附有车票和住宿发票的差旅费报销单到该学校财务处报销,该业务由财务处小李负责。

问题:
(1) 车票、发票和差旅费报销单在会计上是原始凭证还是记账凭证?
(2) 小李看到张老师报销单据要不要对它们进行审核?若需要审核,小李有可能会发现哪些问题?
(3) 学校应该给予张老师4天补助还是2天补助?

上述单据都属于会计凭证中的原始凭证,原始凭证传递到财务部门,财务人员应该首先对原始凭证进行审核,审核无误后再根据原始凭证编制记账凭证。所以,本章主要介绍原始凭证的填制和审核、记账凭证的填制和审核等内容。

第一节 会计凭证概述

一、会计凭证的作用

(一)会计凭证的概念

会计凭证是记录经济业务的发生和完成情况,登记账簿依据的书面证明。因此,每个企业、事业和行政单位在办理任何一项经济业务时,都必须由有关人员取得和填制会计凭证,记录业务发生的日期、经济业务内容以及数量、单价和金额,并由相关人员在凭证上签名盖章,以明确经济责任。

(二)会计凭证的作用

会计核算主要有三个基本步骤,分别为填制会计凭证、登记会计账簿和编制会计报表。因此填制会计凭证是登记会计账簿的依据,填制和审核会计凭证是会计核算方法之一,也是会计核算工作的第一步。及时填制和审核会计凭证既可以保证会计信息的客观性和完整性,又可以进行会计监督。会计凭证具有以下几个方面的作用。

(1) 会计凭证可以及时地记录经济业务发生或完成的情况,为记账提供原始依据。

任何一笔业务发生后,都要由相关部门或人员填制或取得会计凭证。例如,出差人员借款要填制借款单;购买材料,要由销货方开出发票;领用材料要填制领料单等。借款单、发票、领料单等都是会计凭证,这些凭证上都记录了相关的经济业务,证明了业务的发生或完成情况。会计凭证填制后要进行审核,审核无误后据以登记账簿,会计凭证为登记账簿提供了真实、可靠的原始依据。

(2) 可以发挥会计监督和控制的作用,检查经济业务的真实性、合理性和合法性。

填制或取得会计凭证后，需要对会计凭证进行审核，通过审核会计凭证可以发现企业发生的经济业务是否符合国家有关制度的规定，是否符合企业内部计划、预算的规定，有无违纪行为，以确保经济业务的真实性、合法性和合理性。

(3) 明确经济责任，加强经济管理的岗位责任制。

经济业务发生后，取得或填制的会计凭证上要由相关人员签字、盖章，以明确相关人员的经济责任，使其在职权范围内各负其责。一旦发现会计凭证有错误，要追究相关人员的责任。

二、会计凭证的种类

按照填制的程序和用途的不同，可以将会计凭证分为原始凭证和记账凭证。

原始凭证是由经办人填制的，在经济业务发生时取得或填制，载明经济业务的发生或完成情况，并作为记账原始依据的会计凭证。原始凭证是具有法律效力的书面证明。凡是没有记录业务内容，不能证明经济业务发生情况的单据不是原始凭证，比如购货合同、购货申请单、银行对账单、计划、银行存款余额调节表等都不是原始凭证。

记账凭证是由会计人员根据审核无误的原始凭证或原始凭证汇总表填制的会计分录凭证。记账凭证是登记账簿的直接依据。

第二节　原　始　凭　证

一、原始凭证的种类

(一)原始凭证按取得来源不同，可以分为自制原始凭证和外来原始凭证

1. 自制原始凭证

自制原始凭证是在经济业务发生时由本单位内部有关人员填制的原始凭证，如领料单(见表 5-1)、产品入库单、销货发票、借款单等。

2. 外来原始凭证

外来原始凭证是指经济业务发生时，从其他单位或个人取得的原始凭证，如车票、购货发票等。

(二)按照填制的手续和内容不同，可以分为一次凭证、累计凭证和汇总原始凭证

1. 一次凭证

一次凭证是指只记录一笔经济业务或同时记录若干项同类经济业务，手续一次完成的原始凭证，如领料单、增值税专用发票。外来原始凭证一般是一次凭证。一次凭证只记录一笔业务，所以数量比较多，核算比较麻烦。

2. 累计凭证

累计凭证是指在一定时期内记录多笔同类业务，手续多次完成的原始凭证。例如，限额领料单如表 5-2 所示。一张累计凭证上记录多笔业务，从而减少了原始凭证的数量，减轻了记账凭证的登记工作。

表 5-1 <u>领　料　单</u>

材料编号	材料名称	规格	计量单位	数量		价格		第三联记账
				请领	实领	单价	金额	
备注：						合计		

领料部门：　　　　　　　　　　　　　　　　　　编　号：
用　途：　　　　　　　　　　年　月　日　　　发料仓库：

记账：　　　　　发料：　　　　　审批：　　　　　领料：

表 5-2 <u>限　额　领　料　单</u>

领料部门：一车间　　　　　　　　　　　　　　　　编　号：021
用　途：生产用　　　　　　2016 年 12 月　　　　发料仓库： 2 号库

材料编号	材料名称	材料规格	计量单位	领用限额	单价	全月实用	
						数量	金额
1202	圆钢	22mm	千克	1 000	6 元	900	5 400
领料日期	请领数量	实发数量	领料人签章	发料人签章	限额结余		
3	200	200	刘亮	张华	800		
10	230	230	刘亮	张华	570		
18	270	270	刘亮	张华	300		
25	200	200	刘亮	张华	100		
合计	900	900					

供应部门负责人：　　　　　　生产部门负责人：　　　　　　仓库管理人员：

3. 汇总原始凭证

汇总原始凭证是指对多张同类原始凭证进行汇总而重新编制的一张新的原始凭证，如领料单汇总表(见表 5-3)、差旅费报销单、工资费用分配表等。

表5-3 领 料 单 汇 总 表

年　月

用　途	上　旬	中　旬	下　旬	月　计
生产成本				
甲产品				
乙产品				
制造费用				
管理费用				
在建工程				
本月领料合计				

(三)按照格式不同，可以分为通用原始凭证和专用原始凭证

1. 通用原始凭证

通用原始凭证是指由有关部门统一印制，在全国或地区范围内，具有统一格式的原始凭证，如增值税专用发票、银行结算凭证等。

2. 专用原始凭证

专用原始凭证是指各单位自行规定格式、自行印制，仅在本单位使用的原始凭证，如领料单、制造费用分配表等。

二、原始凭证的基本内容

由于企业发生经济业务的多样性，记录经济业务的原始凭证也多种多样，具体内容也有所不同。但是原始凭证包含的基本内容包括：

(1) 原始凭证的名称。
(2) 原始凭证的编号和填制日期。
(3) 填制和接受凭证的单位名称。
(4) 经济业务的内容、数量、单价和金额。
(5) 经办人员的部门和人员的签名或盖章。

三、原始凭证的填制

原始凭证是具有法律效力的书面证明，填制原始凭证必须符合下列要求。

(一)记录真实

原始凭证上所记载的业务的日期、金额等内容必须客观、真实可靠，与实际相符合，绝不允许弄虚作假。

(二)内容齐全

原始凭证上各项目的填列应齐全，不能有遗漏。凭证上要包括凭证名称、填制凭证的

日期、业务内容、数量、单价和金额、填制凭证单位或个人的名称和签章、接受凭证单位名称等。

(三)手续完备

原始凭证上必须由相关人员签名或盖章。自制原始凭证必须有本单位相关负责人的签字或盖章；从外单位取得的原始凭证，必须盖有填制单位的公章；从个人取得的原始凭证必须由填制人员签名或盖章；对外开出的原始凭证必须盖有本单位的公章。

购买实物的原始凭证必须有实物的验收证明；发生销货退回时，除了填制退货发票外，还必须有退货验收证明。借款收据要附到记账凭证的后面，当收回借款时，应该另开收据，不得退回原借款收据。

(四)填制及时

经济业务发生后，应及时填制或取得原始凭证，并及时报会计部门审核，填制记账凭证。

(五)书写规范

原始凭证上的文字在书写时，字迹要工整、规范、清晰、易于辨认，不得使用简化字。
原始凭证上的小写金额在书写时应注意：
(1) 小写金额应该一个一个写，不得连笔；
(2) 小写金额的最高位前面应加上人民币符号(¥)；
(3) 人民币符号和最高位之间不能留有空白；
(4) 凡是小写金额前有人民币符号的，金额后不用写货币单位；
(5) 以元为单位的金额，除了表示单价外，一律具体到角分，无角和分的，应在角位和分位写"00"或"-"，有角无分的，应在分位写"0"，不得用符号"-"。

原始凭证上的大写金额在书写时应注意：
(1) 大写金额要用正楷或行书书写；
(2) 大写金额具体到元或角的，在元或角后应写"整(正)"字；
(3) 大写金额具体到分位的，在分位后不需加"整(正)"字。

(六)原始凭证不得涂改或挖补

原始凭证不得涂改或挖补。一旦发现原始凭证有错误，应该由原开出单位重开或更正，更正处要盖开出单位的公章。如果原始凭证金额有错误，应该由原出具单位重新填写，不得更正。若支票等重要原始凭证有错误，不得更正，必须重新填写。

四、原始凭证的审核

(一)原始凭证的审核内容

原始凭证填制以后，必须及时送交会计部门，会计部门在填制记账凭证之前，必须对其进行严格审查和核对，以确保原始凭证内容真实、合法、合理。审核原始凭证应从以下几个方面进行。

1. 真实性的审核

原始凭证记录了企业发生的最原始的经济业务，原始凭证的真实性对会计信息的质量有重要影响。原始凭证的真实性审核包括审核经济业务的双方当事单位和当事人是否真实；经济业务发生的时间、填制凭证的日期是否真实；经济业务的内容是否真实；经济业务的数量、金额是否真实等。

2. 合法性、合理性的审核

合法性是指原始凭证记录的业务内容是否符合国家法律法规，是否符合会计制度的规定；合理性是指原始凭证记录的业务内容是否符合企业计划、预算等规定，是否符合审批权限和手续，以及费用开支标准是否符合规定。

3. 完整性的审核

原始凭证的完整性审核包括审核原始凭证上填写的项目是否齐全，手续是否完备，相关人员是否签字盖章；外来原始凭证是否有填制单位和填制人员的签章；自制原始凭证是否有本单位经办人员签章。

4. 正确性的审核

原始凭证的正确性审核是指审核原始凭证各项目的填制是否符合原始凭证的填制要求；原始凭证填写的金额是否正确，填写是否规范，大小写金额是否一致；原始凭证若填制错误是否采用正确的更正方法进行更正，是否有涂改、挖补现象。

(二)原始凭证审核结果的处理

原始凭证审核后应根据不同情况进行不同处理。

(1) 对于审核无误的原始凭证，应及时根据原始凭证编制记账凭证；

(2) 审核后发现原始凭证真实、合法、合理，但是原始凭证填制得不完整，应该退回并要求有关经办人员补充完整；

(3) 审核后发现原始凭证不合法、不合理、不真实，会计人员应该不予接受，并向单位负责人报告。

第三节 记 账 凭 证

一、记账凭证的种类

(一)记账凭证按照用途不同，可以分为专用记账凭证和通用记账凭证

1. 专用记账凭证

专用记账凭证是指分类反映业务内容的记账凭证。专用记账凭证根据反映经济业务内容的不同，又分为收款凭证、付款凭证和转账凭证三种。

1) 收款凭证

收款凭证是记录收到库存现金或银行存款的记账凭证。也就是借方有"库存现金"或"银行存款"的分录需登记收款凭证。收款凭证的格式如表5-4所示。

表5-4 收款凭证

借方科目：　　　　　　　　　　　　　年　月　日　　　　　　　　字第　号

摘　要	贷方科目		√	金　额									附件
	总账科目	二级或明细科目		百	十	万	千	百	十	元	角	分	
													张
合　　计													

会计主管：　　　　记账：　　　　复核：　　　　制单：　　　　出纳：

2) 付款凭证

付款凭证是记录支付库存现金或银行存款业务的记账凭证。也就是贷方有"库存现金"或"银行存款"的分录需登记付款凭证。付款凭证的格式如表5-5所示。

表5-5 付款凭证

贷方科目：　　　　　　　　　　　　　年　月　日　　　　　　　　字第　号

摘　要	借方科目		√	金　额									附件
	总账科目	二级或明细科目		百	十	万	千	百	十	元	角	分	
													张
合　　计													

会计主管：　　　　记账：　　　　复核：　　　　制单：　　　　出纳：

3) 转账凭证

转账凭证是记录没有涉及库存现金和银行存款业务的记账凭证。也就是没有涉及"库存现金"或"银行存款"的分录需登记到转账凭证上。转账凭证的格式如表5-6所示。

表5-6 转账凭证

　　　　　　　　　　　　　　　　　年　月　日　　　　　　　　字第　号

摘　要	总账科目	明细科目	√	借方金额									贷方金额									附件
				百	十	万	千	百	十	元	角	分	百	十	万	千	百	十	元	角	分	
																						张
合　　计																						

会计主管：　　　　记账：　　　　复核：　　　　制单：

2. 通用记账凭证

通用记账凭证是指对经济业务不进行分类，记录所有经济业务的记账凭证。其格式同转账凭证，如表 5-7 所示。

表 5-7　记　账　凭　证

　　　　　　　　　　　　年　月　日　　　　　　　　　　　　　字第　号

摘　要	总账科目	明细科目	√	借方金额 百十万千百十元角分	贷方金额 百十万千百十元角分	
						附件
						张
合　计						

会计主管：　　　　记账：　　　　复核：　　　　制单：

(二) 记账凭证按照填制会计科目数目不同，可以分为单式记账凭证和复式记账凭证

1. 单式记账凭证

单式记账凭证是指在一张凭证上只填制一个会计科目的记账凭证。单式记账凭证又分为借项记账凭证和贷项记账凭证。如果记账凭证上只填借方科目称为借项记账凭证，若记账凭证上只填贷方科目称为贷项记账凭证。因为每个分录至少涉及两个会计科目，所以每笔分录至少编两张单式记账凭证。采用单式记账凭证便于分工记账和科目汇总，但是，不便于查账、不能反映会计科目的对应关系，不能检查分录的正确性。

2. 复式记账凭证

复式记账凭证是指在一张凭证上填制会计分录中涉及的所有科目和金额的记账凭证。专用记账凭证和通用记账凭证都属于复式记账凭证。复式记账凭证可以反映经济业务的全貌，了解会计科目的对应关系，检查分录的正确性。但是，采用复式记账凭证不便于分工记账和科目汇总。

二、记账凭证的基本内容

记账凭证是根据审核无误的原始凭证编制的会计分录凭证，是登记账簿的直接依据。记账凭证虽然种类不一，但是所有记账凭证都应包含以下基本内容：①记账凭证的名称；②凭证的编制日期和编号；③经济业务内容摘要；④会计科目的名称、记账方向和金额；⑤所附原始凭证张数；⑥有关人员的签名或盖章，包括制单、审核、记账和会计主管等人，收付款的记账凭证还应由出纳人员签字盖章。

三、记账凭证的填制

(一)填制要求

记账凭证是登记账簿的依据,在填制记账凭证时必须做到内容真实完整、分录正确、填制及时等。一般情况下,填制记账凭证应做到以下几点。

1. 根据审核无误的原始凭证填制记账凭证

记账凭证可以根据一张原始凭证填制,也可以根据原始凭证汇总表填制,还可以根据多张同类原始凭证填制,但是,不能把不同类原始凭证进行汇总填制到一张记账凭证上。

2. 一般记账凭证后面必须附有原始凭证

一般记账凭证后面必须附有原始凭证,并在记账凭证上注明所附原始凭证的张数,但是有两种情况记账凭证后可以不附原始凭证:结账和更正错账的记账凭证。如果根据一张原始凭证填制多张记账凭证,可以将原始凭证附在主要的记账凭证后面,在未附原始凭证的记账凭证上注明"原始凭证**张,附件见*字*号记账凭证",以便日后查阅。

3. 记账凭证日期的填制

一般记账凭证上的填制日期为填制记账凭证的当天,不能提前也不能延后。但是,当按照权责发生制计算应计收入、应计费用,月末结转损益类账户时编制的记账凭证,填制日期应为本月月末的日期。

4. 记账凭证需要连续编号

记账凭证应从每月的第 1 号开始连续编号,不得重号、漏号。记账凭证的编号主要有以下几种情况。

(1) 总字编号法:将所有记账凭证不分业务内容,按照业务发生时间的先后顺序统一编号,即从本月第一笔业务填制的第 1 号凭证开始,到本月最后一张记账凭证第**号凭证结束。这种编号法一般适用于通用记账凭证、发生业务较少的单位。

(2) 三类编号法:每月将收款凭证、付款凭证和转账凭证分别按照顺序编号,比如收字 1 号、付字 1 号和转字 1 号。这种编号方法适用于专用记账凭证。

(3) 五类编号法:每月分别将现金收款凭证、银行存款收款凭证、现金付款凭证、银行存款付款凭证和转账凭证按照顺序编号。比如,现收字 1 号、银收字 1 号、现付字 1 号、银付字 1 号、转字 1 号。这种编号方法适用于专用记账凭证且收款业务和付款业务较多的单位。

另外,如果一项经济业务需要填多张记账凭证,可采用分数编号法,如"转字 $20\frac{1}{3}$ 号""转字 $20\frac{2}{3}$ 号""转字 $20\frac{3}{3}$ 号"。

5. 记账凭证填制错误处理

记账凭证如果填制错误，应根据不同情况进行不同处理。

(1) 记账凭证填制错误，但是还没有登记账簿，则重新填制记账凭证；

(2) 在当年内发现已经入账的记账凭证有错误，应采用正确的更正方法进行更正，具体更正方法见第六章第三节错账更正见容；

(3) 发现以前年度的记账凭证有错误，直接用蓝字填制一张正确的记账凭证。

6. 记账凭证的金额栏空行处理

记账凭证的金额栏如果有空行，应当自最后一笔金额数字下的空行处至合计数上的空行处划线注销。

(二)专用记账凭证的填制方法

1. 收款凭证

收款凭证是指记录收到库存现金或银行存款业务的记账凭证。收款凭证的填制方法如下。

(1) 收款凭证左上方所填列的借方科目，应是"库存现金"或"银行存款"科目；

(2) 收款凭证内的贷方科目，应填列与"库存现金"或"银行存款"相对应的总账科目和所属明细科目；

(3) 收款凭证的填制日期为填制该凭证的时间；

(4) 收款凭证右上角填制收款凭证的编号，每月从月初第 1 号开始，比如，如果采用五类编号法，分别为银收 1、银收 2、……、现收 1、现收 2、……；

(5) "摘要"栏是对经济业务的简要说明；

(6) "金额"栏填列经济业务实际发生的数额；

(7) "√"栏是根据收款凭证登记账簿后所做的记账标记，以避免重记或漏记；

(8) 在收款凭证的右侧有附件**张，应填写记账凭证所附原始凭证张数；

(9) 收款凭证最下方要有相关人员签字或盖章。

【例5-1】12 月 18 日，收到胜利工厂的欠款 33 900 元，存入银行。出纳人员根据审核无误的银行收账通知单编制收款凭证，如表 5-8 所示。

表 5-8　收 款 凭 证

借方科目：银行存款　　　　　　20××年 12 月 18 日　　　　　　银收 字第 5 号

摘　要	贷方科目		√	金　额								
	总账科目	二级或明细科目		百	十	万	千	百	十	元	角	分
收到欠款	应收账款	胜利工厂				3	3	9	0	0	0	0
合　　　计				¥		3	3	9	0	0	0	0

附件 1 张

会计主管：赵明亮　　　记账：吴桐　　　复核：关影　　　制单：杨双

2. 付款凭证

付款凭证是指记录支付库存现金或银行存款业务的记账凭证。付款凭证的填制方法和收款凭证基本相同，但也有不同之处。不同之处主要在于：

(1) 付款凭证左上方所填列的贷方科目，应是"库存现金"或"银行存款"科目；

(2) 在付款凭证内借方科目，应填列与"库存现金"或"银行存款"相对应的总账科目和所属明细科目；

(3) 付款凭证右上角编号应为银付1、银付2、……，现付1、现付2、……。

注意：为了避免重复记账，对于现金和银行存款之间相互划转的经济业务，只编制付款凭证，不编收款凭证。比如，从银行提取现金应编制银行存款付款凭证；将现金存入银行编制库存现金付款凭证。

【例5-2】12月9日，以银行存款50 000元向宏大工厂预付购买B材料的货款。出纳人员编制付款凭证如表5-9所示。

表5-9　付　款　凭　证

贷方科目：银行存款　　　　　　20××年 12 月 9 日　　　　　　　银付字　第 1 号

摘　要	借方科目		√	金　额								附件1张
	总账科目	二级或明细科目		百	十	万	千	百	十	元	角	分
预付货款	预付账款	宏大工厂			5	0	0	0	0	0	0	
合　计				¥	5	0	0	0	0	0	0	

会计主管：**赵明亮**　　记账：**吴桐**　　复核：**关影**　　制单：**杨双**

3. 转账凭证

转账凭证是记录不涉及库存现金和银行存款业务的记账凭证。转账凭证的填制方法和收款凭证有相同之处，也有不同之处。不同之处在于：

(1) 将经济业务所涉及的总账科目及明细科目全部填列在凭证内，借方科目在前，贷方科目在后。

(2) 右上角的编号应为转字第 1 号、转字第 2 号、……

【例5-3】12月1日，红星工厂收到胜利工厂投入的设备一台，价值50 000元。会计人员编制转账凭证如表5-10所示。

表5-10　转　账　凭　证

20××年 12 月 1 日　　　　　　　　　　　　　　　　　　转字第 1 号

摘　要	总账科目	明细科目	√	借方金额									贷方金额									附件1张
				百	十	万	千	百	十	元	角	分	百	十	万	千	百	十	元	角	分	
收到投资	固定资产	设备				5	0	0	0	0	0	0										
	实收资本	胜利工厂													5	0	0	0	0	0	0	
合　计				¥		5	0	0	0	0	0	0	¥		5	0	0	0	0	0	0	

会计主管：**赵明亮**　　记账：**吴桐**　　复核：**关影**　　制单：**海星**

四、记账凭证的审核

为了保证记账凭证的正确性和真实性,保证账簿的质量,记账凭证填制后应由相关人员进行审核。审核记账凭证主要从以下几个方面进行。

(1) 记账凭证是否附有原始凭证;所附原始凭证的业务内容与记账凭证是否相符;所附原始凭证的张数是否与记账凭证所列附件相符;所附原始凭证金额是否与记账凭证金额相符。

(2) 记账凭证中所列示应借、应贷的会计科目是否正确,对应关系是否明确。

(3) 记账凭证中所列项目是否齐全,有关人员是否签章,手续是否完备。

第四节　会计凭证的传递与保管

一、会计凭证的传递

会计凭证的传递是指会计凭证从编制或取得之日起,到归档保管为止,在单位内部有关部门、人员之间按规定的时间、路线进行传递和处理的过程。

合理地组织会计凭证的传递,可以及时地反映和监督经济业务的发生和完成情况,为经济管理提供可靠的会计信息;合理组织会计凭证传递,有利于单位内部各部门和人员间的分工合作、相互牵制,加强经营管理的岗位责任制,充分发挥会计的监督职能。

会计凭证传递应包括传递程序、传递时间和传递手续三方面内容。

(1) 确定会计凭证的传递程序。为了提高工作效率、加强内部控制制度、明确责任分工,各单位应根据人员分工、单位发生的业务、机构设置、经营管理的需要合理设计传递程序。设计的凭证传递程序应保证有关部门和人员及时了解经济业务的情况,及时办理凭证手续,又可避免多余的环节,以提高工作效率。

(2) 规定会计凭证的传递时间。各单位应根据有关部门和人员办理经济业务所需确定凭证在各环节可停留的最长时间,会计凭证的传递都应在报告期内完成,以保证会计信息的及时性。

(3) 确定会计凭证的传递手续。会计凭证的传递手续是会计凭证在传递中的衔接手续。设计的传递手续应完备严密、简单易行。凭证的传递都应按照一定手续办理,以保证会计凭证在传递过程中的安全完整。

二、会计凭证的保管

会计凭证是一个单位的重要经济档案和历史资料,必须妥善保管,以便查阅利用,其保管方法和要求如下。

(1) 每月记账后,会计人员应将各种记账凭证,连同所附原始凭证或原始凭证汇总表,按凭证编号的顺序,加上封面和封底,定期装订成册,并在装订线上加贴封签,以防止散失。在凭证封面上还要写明单位名称、凭证种类、年度和月份、起讫日期、凭证起止号码等内容。

(2) 会计凭证由会计部门整理立卷或装订成册。当年会计凭证，在年度终了后，可暂由会计部门保管 1 年，期满后由会计部门移交本单位档案保管部门。凭证保管应按照《会计档案管理办法》规定保管期限进行保管，会计凭证的保管期限一般为 30 年，其中涉及外事的应永久保管。保管期未满的会计凭证，任何人不得销毁。会计凭证期满后需要销毁的，需开列清单，报经领导批准后，由会计部门和档案保管部门共同派人监督销毁。对于未结清的债权债务的原始凭证，即使期满也不得销毁，需保管到债权债务结清为止。

(3) 原始凭证原则上不得外借，如有特殊原因需要借原始凭证，报经批准后，在不拆散原卷宗的前提下，应限期归还。其他单位如有特殊原因需要调阅或复制会计凭证时，必须经本单位领导批准方可复制。

(4) 外来原始凭证如有遗失，应取得签发单位加盖公章的书面证明，证明中应列明原始凭证的编号、金额和业务内容等，由经办单位会计机构负责人和单位负责人批准后，才能代替原始凭证。如果原始凭证丢失无法取得证明的，比如车票，应由经办人写明发生的经济业务的详细情况，由本单位会计机构负责人和单位负责人批准后，才能代替原始凭证。

本 章 小 结

本章主要介绍了会计凭证概述、原始凭证、记账凭证和会计凭证的传递及保管。会计凭证的概述这一部分主要介绍了会计凭证的概念及作用、会计凭证的种类。原始凭证主要介绍了原始凭证的概念、种类、基本内容、填制要求和审核。记账凭证主要介绍了记账凭证的概念、种类、基本内容、填制要求和审核。会计凭证传递和保管主要介绍了会计凭证在有关部门间如何传递，会计凭证如何保管以及凭证的保管期限。该章重点内容是原始凭证和记账凭证的填制和审核，会计凭证的传递和保管只需了解即可。

自 测 题

一、单项选择题

1. 会计人员应根据(　　)及有关资料编制记账凭证。
　　A. 填写齐全的原始凭证　　　　B. 盖有填制单位财务公章的原始凭证
　　C. 审核无误的原始凭证　　　　D. 计算准确的原始凭证

2. 下列原始凭证中，属于累计原始凭证的是(　　)。
　　A. 领料单　　B. 增值税专用发票　　C. 差旅费报销单　　D. 限额领料单

3. 会计凭证传递是指从会计凭证取得或填制时起至(　　)过程中，在单位内部有关部门和人员之间的传送程序。
　　A. 登记账簿　　　　　　　　　B. 编制会计报表
　　C. 归档保管　　　　　　　　　D. 保管期满销毁

4. 下列各项中，不属于原始凭证审核内容的是( )。
   A. 原始凭证的真实性　　　　B. 原始凭证的合法性
   C. 会计分录的正确性　　　　D. 原始凭证的完整性
5. 会计凭证按照编制的程序和用途不同，分为( )。
   A. 外来凭证和自制凭证　　　B. 专用凭证和通用凭证
   C. 一次性凭证和累计凭证　　D. 原始凭证和记账凭证
6. 根据国家《会计档案管理办法》的规定，原始凭证和记账凭证的保存期限为( )。
   A. 3年　　　B. 5年　　　C. 10年　　　D. 30年
7. 可以不附原始凭证的记账凭证是( )。
   A. 更正错误的记账凭证　　　B. 从银行提取现金的记账凭证
   C. 用现金发放工资的记账凭证　D. 销售产品的记账凭证
8. 销售产品货款未收，应该填制( )。
   A. 银收字记账凭证　　　　　B. 现付字记账凭证
   C. 转账凭证　　　　　　　　D. 单式凭证
9. 货币资金之间的划转业务只编制( )。
   A. 付款凭证　B. 收款凭证　C. 转账凭证　D. 记账凭证
10. 下列不能作为会计核算的原始凭证的是( )。
    A. 发货票　　B. 合同书　　C. 入库单　　D. 领料单

二、多项选择题

1. 原始凭证按照填制手续及内容不同分为( )。
   A. 一次凭证　B. 专用凭证　C. 累计凭证　D. 汇总原始凭证
2. 关于记账凭证的填制依据，下列说法中正确的有( )。
   A. 可以根据每一张原始凭证填制
   B. 可以根据原始凭证汇总表填制
   C. 可以根据内容和类别不同的原始凭证汇总填制
   D. 可以根据若干张同类原始凭证汇总编制
3. "领料单"是( )。
   A. 外来原始凭证　　　　　　B. 自制原始凭证
   C. 一次凭证　　　　　　　　D. 累计凭证
4. 下列经济业务中，应填制转账凭证的是( )。
   A. 收到投资者投入的原材料　B. 收到投资者投入的银行存款
   C. 购买材料未付款　　　　　D. 销售商品收到商业汇票一张
5. 下列属于外来原始凭证的有( )。
   A. 购货发票　　　　　　　　B. 出差人员车船票
   C. 银行结算凭证　　　　　　D. 领料单
6. 转账凭证属于( )。
   A. 记账凭证　B. 原始凭证　C. 复式记账凭证　D. 专用记账凭证
7. 在原始凭证上书写阿拉伯数字，正确的有( )。

A. 金额数字一律具体到角、分

B. 无角无分的，角位和分位可写"00"或者符号"-"

C. 有角无分的，分位应当写"0"

D. 有角无分的，分位也可以用符号"-"代替

8. 下列有关会计凭证的表述中，正确的有(　　)。

   A. 会计凭证是记录经济业务的书面证明　B. 会计凭证可以明确经济责任

   C. 会计凭证是编制报表的直接依据　　　D. 会计凭证是登记账簿的依据

9. 涉及库存现金和银行存款之间划款的业务时，可以编制的记账凭证有(　　)。

   A. 银行存款收款凭证　　　　　　　　B. 银行存款付款凭证

   C. 库存现金收款凭证　　　　　　　　D. 库存现金付款凭证

10. 王明出差回来，报销差旅费 2 000 元，原预借 2 500 元，交回剩余现金 500 元，这笔业务应该编制的记账凭证有(　　)。

   A. 汇总原始凭证　　B. 收款凭证　　C. 付款凭证　　D. 转账凭证

三、判断题

1. 自制原始凭证是单位会计人员自行填制的原始凭证。（　　）
2. 原始凭证仅是填制记账凭证的依据，登记账簿只能依据记账凭证。（　　）
3. 付款凭证左上角"借方科目"处，应填写"库存现金"或"银行存款"科目。（　　）
4. 各种凭证若填写错误，不得随意涂改、刮擦、挖补。（　　）
5. 发现以前年度记账凭证有错误的，应当用蓝字填制一张更正的记账凭证。（　　）
6. 企业的各种原始凭证都不得涂改、刮擦和变造，如果发生错误，应采用划线更正法予以更正。（　　）
7. 各种记账凭证只能根据一张原始凭证填制。（　　）
8. 单式记账凭证是按单项交易或事项分别填制的记账凭证。（　　）
9. 为了简化工作手续，可以将不同内容和类别的原始凭证汇总，填制在一张记账凭证上。（　　）
10. 会计凭证的传递是指从原始凭证的填制或取得起，到会计凭证归档保管止，在财务部门内部按规定路线进行传递和处理的程序。（　　）

四、简答题

1. 什么是会计凭证？填制和审核会计凭证有何作用？
2. 什么是原始凭证？原始凭证应具备哪些内容？
3. 什么是记账凭证？记账凭证应具备哪些内容？
4. 原始凭证的审核内容有哪些？
5. 记账凭证的审核内容有哪些？

第六章

会计账簿

【学习要点及目标】
- 掌握会计账簿的定义和种类；
- 掌握账簿的设置和登记；
- 掌握错账更正的各种方法；
- 掌握结账和对账的方法。

【核心概念】

序时账簿　总分类账簿　明细分类账簿　划线更正法　红字更正法　补充登记法　结账　对账

【引导案例】

某公司20××年1月初银行存款余额为800 000元，本月涉及银行存款的经济业务如表6-1所示(假设下列业务中不考虑增值税)。

表6-1　银行存款的经济业务

业务序号	公司发生的业务	会计分录	凭证种类及编号
1	1日，从银行提现金500元		
2	3日，购买材料40 000元，其中30 000元用银行存款支付，10 000元货款未付，材料已经入库		
3	5日，用银行存款支付办公部门水电费10 000元		
4	6日，销售产品70 000元，款项存入银行		
5	10日，从银行借入6个月借款50 000元，存入银行		
6	15日，收到投资者投入的银行存款100 000元		
7	20日，用银行存款购买设备一台，价值80 000元		
8	25日，用银行存款支付前欠材料款10 000元		
9	28日，将现金存入银行2 000元		
10	30日，收到某单位的预付款50 000元，存入银行		

问题：

(1) 根据表6-1中的每笔业务编制会计分录，并指出每笔业务所编制记账凭证的种类和编号。

(2) 根据上述经济业务编制的记账凭证能否连续、系统、全面地记录"银行存款"账户的增加额、减少额和余额？

第一节　会计账簿概述

一、会计账簿的含义

会计账簿是指以审核无误的会计凭证为依据，由许多具有一定格式的账页构成，用来连续、系统地记录和反映经济业务的簿籍。设置和登记账簿是会计核算方法之一，是编制会计报表的基础。账簿由许多具有一定格式的账页构成，每张账页一旦标明会计科目，该账页就成为以该科目为名称的账户，因此，账簿只是外在形式，账户才是账簿的实质内容，账簿和账户之间是形式与内容的关系。

二、会计账簿的作用

(一)会计账簿可以提供系统完整的会计信息

每张会计凭证只能记录和反映个别经济业务，不能系统和全面地反映所有经济业务，会计凭证提供的会计信息是零散的、不连续的。只有通过设置和登记账簿，才能把凭证上提供的零散的、大量的资料归类到账簿中，账簿既可以提供总括资料，又能够提供详细资料；既能够提供分类资料，又可以提供序时资料。总之，根据凭证登记账簿后，账簿提供的信息更完整、更系统、更全面。

(二)会计账簿是编制会计报表的基础

在任何一种会计核算形式下，资产负债表、利润表和现金流量表等会计报表中的数据都来源于会计账簿的记录。在财务报表附注中注明的利润形成及分配情况、财产物资变动情况等内容，也是以账簿记录中的数据为依据。因此，账簿是编制报表的依据，会计报表数据的真实性和可靠性与账簿有直接关系。

(三)会计账簿为会计分析和会计检查提供资料和依据

账簿记录中记载了资产、负债、所有者权益、收入、费用和利润等数据资料，这些数据资料可以反映企业的财务状况和经营成果，为企业进行财务分析提供依据；同时账簿中的数据资料也有助于会计检查，进行会计监督，以促进企业进行依法经营。

三、会计账簿的种类

(一)账簿按用途分类可分为序时账簿、分类账簿和备查账簿

1. 序时账簿(日记账)

序时账簿是指按照经济业务发生的时间先后顺序逐日逐笔登记的账簿。序时账簿又分为普通日记账和特种日记账。普通日记账是将企业发生的所有业务按照时间先后顺序逐日逐笔登记的账簿；特种日记账是指将企业发生的某一类业务按照时间先后顺序逐日逐笔登记的账簿，比如库存现金日记账和银行存款日记账属于特种日记账。在会计实务中，除了库存现金和银行存款设置日记账外，其他项目一般不设特种日记账。

2. 分类账簿

分类账簿是指按照会计科目进行分类设置和登记的账簿。分类账簿又分为总分类账簿和明细分类账簿两种。总分类账簿简称总账，是根据总分类科目(一级科目)设置的账簿，总分类账提供总括会计信息；明细分类账簿简称明细账，是根据明细分类科目设置的账簿，明细账提供更详细具体的会计信息。

3. 备查账簿

备查账簿又称辅助账簿，是用来记录在日记账和分类账中没有登记或登记不全的经济业务的一种账簿。备查账没有固定格式，各单位根据业务需要自行设置。如企业的"经营租入固定资产登记簿""委托加工材料登记簿"为备查账簿。

(二)账簿按外表形式分类可分为订本式账簿、活页式账簿和卡片式账簿

1. 订本式账簿

订本式账簿是指账簿在启用前就已经将所有账页按照一定顺序装订成册的账簿。该种

账簿的优点是可以避免账页散失和账页被抽换；缺点是不便于记账分工，不能根据需要增减账页，容易造成浪费，或影响连续记账。订本式账簿主要适用于库存现金日记账、银行存款日记账和总分类账。

2. 活页式账簿

活页式账簿是指由许多零散账页组成的账簿。这种账簿的账页平时放在活页夹中，年末时再装订成册。这种账簿的优点是便于记账分工，可以根据需要随时增减账页；缺点是账页容易散失和被抽换。活页式账簿主要适用于明细分类账。

3. 卡片式账簿

卡片式账簿是指以硬卡片作为账页，平时放到卡片箱里进行保管的账簿。卡片式账簿的优缺点与活页账基本相同。企业的固定资产明细账应采用卡片式账簿。

四、会计账簿的基本内容

各种账簿所记录的经济业务内容不同，提供核算资料的详细程度不一样，格式也多种多样，但其基本内容是相同的，主要有三部分。

1. 封面

账簿封面主要写明账簿的名称和记账单位名称。账簿名称比如写总分类账、银行存款日记账、库存现金日记账等。

2. 扉页

扉页主要包括账户目录、账簿启用和经管人员一览表(格式和内容见表6-2)。

表 6-2 账簿启用和经管人员一览表

单位名称					账簿名称				
账簿页数					启用日期				
会计主管					单位领导				

移交记录

接管日期			接管人		移交日期			移交人		监交人	
年	月	日	姓名	签章	年	月	日	姓名	签章	姓名	签章
印花税票											

账户目录是由会计记账人员在账簿中开设账页户头后，按顺序将每个账户的名称和页数登记，以便查阅账簿中登记的内容。

3. 账页

账页是账簿的主要组成部分，是用来具体记录经济业务的增减及结果的载体。账页主要包括：①账户名称，即会计科目；②登账日期栏；③凭证种类和号数栏；④摘要栏(简要说明所记录经济业务的内容)；⑤金额栏(包括借、贷方发生额及余额栏)；⑥总页次和分户页次(账页号数)。

第二节 账簿的设置与登记

一、账簿的设置要求

为了充分发挥会计账簿的作用，各会计主体必须按照国家统一会计制度的规定，根据各自经济活动的特点和经营管理的要求设置账簿。一般来说，应符合下列要求。

(1) 确保全面系统地反映和监督各单位的经济活动和财务收支状况，为经营管理和编制会计报表提供完整、系统的会计核算资料。

(2) 从单位实际出发，考虑人力和物力的节约，以免重复记账。

(3) 在格式设计上，要从需要核算的经济业务的内容和需要提供的核算指标出发，力求简明，以提高会计工作效率。

二、账簿的登记规则

为了保证账簿登记规范、正确，在登记账簿时必须按照下列要求进行登记。

(1) 以审核无误的会计凭证为依据。会计人员应根据审核无误的会计凭证及时登记账簿。要将凭证日期、凭证编号、摘要、金额和其他有关资料逐项登记到账簿上，做到登账及时、数字准确、字迹清晰。

(2) 注明记账符号。根据凭证登记账簿后，要在记账凭证记账处签名或者盖章，并在记账凭证上注明已经登账的符号"√"，表示已经过账，以免发生重记或漏记现象。

(3) 书写留空。账簿中文字和数字书写时不要写满格，上面要留有适当空格，一般应占格距的1/2，以便进行错账更正。

(4) 登账使用蓝黑墨水。登记账簿要用蓝黑墨水或者黑墨水书写，不得使用圆珠笔登账(银行复写账簿除外)，也不能使用铅笔登账。

下列情况下可以使用红笔记账。

(1) 冲销错账。

(2) 账页中未印明余额方向的，在余额栏内登记负数余额时。

(3) 多栏式账页中不设借贷栏的，登记减少数。

(4) 会计制度中规定的其他情况。

(5) 账页连续登记。各种账簿应按账页顺序连续登记，不得跳行、隔页。一旦在登账时出现跳行、隔页，应在空行、空页处用红色墨水画对角线注销，注明"此行空白""此页空白"字样，并由记账人员签名或者盖章。

(6) 结出余额。凡需要结出余额的账户，结出余额后，应当在"借或贷"栏内写明"借"或者"贷"。没有余额的，应该在"借或贷"栏内写"平"字，并在余额栏内"元"位上用"〇"表示。

(7) 过次页承前页。每登完一张账页结转下页时，应结出本页合计数和余额，在本页最后一行摘要栏内注明"过次页"，下一页第一行摘要栏内注明"承前页"字样，以保证账簿记录的连续性。

三、日记账的格式与登记

(一)库存现金日记账的设置与登记

1. 库存现金日记账的定义

库存现金日记账是由出纳人员根据现金收款凭证、现金付款凭证和银行存款付款凭证，按照经济业务发生的时间先后顺序逐日逐笔登记的账簿。每天终了，库存现金日记账应结出余额，并与库存现金实有数进行核对，以检查库存现金账实是否相符。

2. 库存现金日记账的账页格式

库存现金日记账采用订本式账簿，其账页格式有三栏式和多栏式，企业一般采用"三栏式"，即"收入(借方)""支出(贷方)""结余(余额)"三栏(见表6-3)。

表6-3 库存现金日记账

20××年		凭 证		摘 要	对方科目	收 入	付 出	结 余
月	日	种类	号数					
10	1			期初余额				500
	1	现付	1	购买办公用品	管理费用		400	
	1	银付	1	提现	银行存款	5 000		5 100
	2	现付	2	预借差旅费	其他应收款		2 000	3 100
				……				

3. 库存现金日记账的登记方法

(1) 日期栏：库存现金日记账的日期应为所依据的记账凭证上的日期。

(2) 凭证种类及编号栏：库存现金日记账根据库存现金收款凭证、库存现金付款凭证和银行存款付款凭证填制，如果根据库存现金收款凭证填制日记账，种类填"现收"，根据库存现金付款凭证填制日记账，种类填"现付"，根据银行存款付款凭证填制日记账，种类填"银付"。库存现金日记账上的编号为所依据记账凭证的编号。

(3) 收入、支出和结余栏："收入"栏根据库存现金收款凭证和银行存款付款凭证登记，"支出"栏根据库存现金付款凭证登记，"结余"栏为每日结出的余额。

【例6-1】红星工厂20××年10月1日、2日发生下列经济业务。

(1) 1日用现金400元购买办公用品；
(2) 1日从银行提取现金5 000元；
(3) 1日收到胜利工厂欠款20 000元存入银行；
(4) 2日职工李刚预借差旅费2 000元，用现金支付；
(5) 2日向美菱公司销售乙产品200件，单价200元，增值税5 200元，款项存入银行；
(6) 2日向大华公司销售甲产品20件，单价400元，增值税税率13%，货款未收；
(7) 2日购买A材料500千克，单价20元，增值税1 300元，材料验收入库，款项用银行存款支付；
(8) 生产甲产品领用A材料200千克，单价20元。

要求：根据上述业务编制专用记账凭证，并登记库存现金日记账。

(1) 编制现付1号凭证，分录如下：
借：管理费用　　　　　　　　　　400
　　贷：库存现金　　　　　　　　400

(2) 编制银付1号凭证，分录如下：
借：库存现金　　　　　　　　　5 000
　　贷：银行存款　　　　　　　5 000

(3) 编制银收1号凭证，分录如下：
借：银行存款　　　　　　　　20 000
　　贷：应收账款——胜利工厂　20 000

(4) 编制现付2号凭证，分录如下：
借：其他应收款——李刚　　　2 000
　　贷：库存现金　　　　　　　2 000

(5) 编制银收2号凭证，分录如下：
借：银行存款　　　　　　　　45 200
　　贷：主营业务收入——乙产品　40 000
　　　　应交税费——应交增值税(销项税额)　5 200

(6) 编制转字1号凭证，分录如下：
借：应收账款——大华公司　　9 040
　　贷：主营业务收入——甲产品　8 000
　　　　应交税费——应交增值税(销项税额)　1 040

(7) 编制银付2号凭证，分录如下：
借：原材料——A材料　　　　10 000
　　应交税费——应交增值税(进项税额)　1 300
　　贷：银行存款　　　　　　　11 300

(8) 编制转字2号凭证，分录如下：
借：生产成本——甲产品　　　4 000
　　贷：原材料——A材料　　　4 000

根据上述收款凭证和付款凭证登记库存现金日记账，如表6-3所示。

(二)银行存款日记账的格式与登记

1. 银行存款日记账的定义

银行存款日记账是由出纳人员根据银行存款收款凭证、银行存款付款凭证和库存现金付款凭证,按照经济业务发生的时间顺序逐日逐笔进行登记的账簿。银行存款日记账应按开户银行或其他金融机构、存款种类等分别设置。每日终了应结出银行存款日记账的余额,并将余额与银行对账单进行核对,每月至少核对一次。

2. 银行存款日记账账页格式

银行存款日记账采用订本式账簿,其账页格式有三栏式和多栏式,一般采用"三栏式"。与库存现金日记账基本相同。

3. 银行存款日记账登记

银行存款日记账的"日期"栏,"凭证种类和号数"栏,"摘要"栏,"收入、支出和结余"栏,同库存现金日记账相同,这里不再重复。

根据上例编制银行存款日记账,如表6-4所示。

表6-4 银行存款日记账

20××年		凭证		摘 要	对方科目	收 入	付 出	结 余
月	日	种类	号数					
10	1			期初余额				100 000
	1	银付	1	提现	库存现金		5 000	
	1	银收	1	收回欠款	应收账款	20 000		115 000
	2	银收	2	销售产品	主营业务收入等	45 200		
	2	银付	2	购买材料	原材料等		11 300	148 900
				……				

四、分类账的格式与登记

分类账簿是按照会计科目进行分类设置和登记的账簿。分类账分为总分类账和明细分类账两种。

(一)总分类账的格式与登记

总分类账簿根据总分类科目设置,分类记录经济业务的账簿。总分类账簿提供总括信息,并对明细账起着统驭和控制作用。不同核算形式登记总分类账的依据不同,记账凭证核算形式下根据记账凭证登记总分类账,汇总记账凭证核算形式下根据汇总记账凭证登记总分类账,科目汇总表核算形式下根据科目汇总表登记总分类账。

总分类账一般采用订本式账簿,其账页格式一般为三栏式,即"借""贷""余"三栏,具体格式如表6-5(根据上例编制的应收账款总账)所示。

表 6-5 总分类账

会计科目：应收账款

20××年		凭证		摘要	对方科目	借方	贷方	借或贷	余额
月	日	种类	号数						
10	1			期初余额				借	30 000
	1	银收	1	收回欠款	银行存款		20 000	借	10 000
	2	转	1	销售产品	主营业务收入	8 000		借	18 000
	2	转	1	销售产品	应交税费	1 040		借	19 040
				……					

(二)明细账的格式与登记

明细分类账是根据明细科目设置，登记某一类经济业务详细内容的账簿。明细分类账提供的会计信息更详细、更具体，对总分类账起到补充说明的作用。在每一种核算形式下，明细分类账都依据原始凭证或原始凭证汇总表、记账凭证进行登记。

明细分类账一般采用活页式账簿，其中固定资产明细账采用卡片式账簿。明细分类账的账页格式主要有以下三种。

1. 三栏式明细账

三栏式明细账的账页格式与三栏式总分类账的账页格式相同，即账页金额栏只有借方、贷方和余额三栏。这种明细账适用于只核算金额不需要核算数量的业务，如债权债务明细账(应收账款、应付账款、预收账款、预付账款等)、资本类明细账(实收资本、资本公积等)。其格式如表 6-6(根据上例编制的应收账款——胜利工厂明细账)所示。

2. 数量金额式明细账

数量金额式明细账是指账页中设置收入(借方)、发出(贷方)、结存(余额)三栏，每个栏目又设置了数量、单价和金额三个具体栏目。这种明细账适用于既要核算金额又要核算数量的业务，如原材料明细账、库存商品明细账。其格式如表 6-7(根据上例编制的原材料——A 材料明细账)所示。

表 6-6 三栏式明细分类账

一级科目：应收账款
二级科目：胜利工厂

20××年		凭证		摘要	对方科目	借方	贷方	借或贷	余额
月	日	种类	号数						
10	1			期初余额				借	25 000
	1	银收	1	收回欠款	银行存款		20 000	借	5 000
				……					

表 6-7 数量金额式明细分类账

原材料明细分类账

材料名称：A 材料　　　　　　　　　　　　　　　　　　　　　　计量单位：千克

20××年		凭 证		摘要	收 入			发 出			结 存		
月	日	种类	号数		数量	单价	金额	数量	单价	金额	数量	单价	金额
10	1			期初余额							100	20	2 000
	2	银付	2	购料	500	20	10 000				600	20	12 000
	2	转	2	领料				200	20	4 000	400	20	8 000
				……									

3. 多栏式明细账

多栏式明细账是指根据企业发生的经济业务特点，在一张账页上根据明细项目分设若干栏目，以便集中反映明细科目的详细资料的明细账。这种明细账主要适用于成本、费用、收入、利润等业务。多栏式明细账又分为借方多栏式(见表 6-8)、贷方多栏式(见表 6-9)和借贷多栏式(见表 6-10)。借方多栏式明细账适用于生产成本、制造费用、管理费用、销售费用、主营业务成本等明细账；贷方多栏式明细账适用于主营业务收入、其他业务收入、营业外收入等明细账；借贷多栏式明细账适用于本年利润、应交税金——应交增值税等明细账。

表 6-8 生产成本明细分类账(借方多栏式)

车间：一车间
产品：甲产品　　　　　　　　　　　　　　　　　　　　　　　　　　　　　　第　　页

20××年		凭 证		摘 要	借方项目			
月	日	种类	号数		直接材料	直接人工	制造费用	合 计
10	1			期初余额	94 000	8 600	17 400	120 000
	2	转	2	领用材料	4 000			4 000
				……				

表 6-9 主营业务收入明细分类账(贷方多栏式)

20××年		凭 证		摘 要	贷方(项目)					
月	日	种类	编号		甲产品	乙产品	丙产品	丁产品	……	合 计
10	2	银收	2	销售产品		40 000				40 000
	2	转	1	销售产品	8 000					8 000
				……						

表 6-10　本年利润明细账(借贷多栏式)

20××年		凭证		摘要	借方				贷方				借或贷	余额
月	日	种类	号数		主营业务成本	其他业务成本	……	合计	主营业务收入	其他业务收入	……	合计		

五、总分类账与明细分类账的平行登记

(一)总分类账与明细分类账的关系

总分类账是根据总分类科目设置,分类记录经济业务的账簿,总分类账簿提供总括会计信息;明细分类账是根据明细科目设置,登记某一类经济业务详细内容的账簿。明细分类账提供的会计信息更详细、更具体。总分类账能够控制和统驭其所属的明细分类账,明细分类账对其所归属的总分类账起到补充和详细说明作用。两者虽然反映经济业务的详细程度不同,但是两者所反映的业务内容是相同的,两者登记的原始依据也相同。

(二)总分类账与明细分类账之间的平行登记

平行登记是指单位发生的经济业务,需要根据相关的会计凭证一方面登记到有关总分类账中,另一方面登记到其所属的明细分类账上的方法。总分类账和明细分类账之间应进行平行登记,具体平行登记的要点如下。

1. 依据相同

对于每一项经济业务,都要根据相关的会计凭证,既登记总分类账又登记总分类账所属的明细分类账。

2. 方向相同

经济业务发生后,根据凭证将业务记入总分类账和记入所属明细分类账的方向是相同的。也就是说,经济业务记入总分类账的借方,其所属的明细分类账也记入借方;如果经济业务记入总分类账的贷方,所属的明细分类账也记入贷方。

3. 期间相同

每一项经济业务必须在同一期间登记到总分类账和所属的明细分类账上。但是同一期间登记并不是同时登记,也就是说,总分类账和所属明细分类账在登记时可以有先后顺序,只要在同一期间登记入账就可以。

4. 金额相同

经济业务发生后,记入总分类账的金额必须等于记入其所属明细分类账的金额之和。

具体公式如下：

总分类账的期初余额=该总分类账所属的明细分类账的期初余额之和

总分类账本期借方发生额=该总分类账所属明细分类账的借方发生额之和

总分类账本期贷方发生额=该总分类账所属明细分类账的贷方发生额之和

总分类账的期末余额=该总分类账所属的明细分类账的期末余额之和

【例6-2】红星工厂20××年11月1日"应收账款"期初余额为70 000元，其中胜利工厂40 000元，大华工厂30 000元。本月发生下列应收账款的经济业务(假设不考虑增值税)。

(1) 11月4日，向胜利工厂销售产品20 000元，向大华工厂销售产品30 000元，货款未收。

  借：应收账款——胜利工厂 20 000
       ——大华工厂 30 000
    贷：主营业务收入   50 000

(2) 11月10日，收到胜利工厂欠款40 000元和大华工厂欠款40 000元，存入银行。

  借：银行存款   80 000
    贷：应收账款——胜利工厂 40 000
         ——大华工厂 40 000

(3) 11月25日，向胜利工厂销售产品10 000元，货款未收。

  借：应收账款——胜利工厂 10 000
    贷：主营业务收入   10 000

根据上述业务及编制的会计分录登记"应收账款"总账，如表6-11所示，大华工厂明细账如表6-12所示，胜利工厂明细账如表6-13所示。

表6-11 总分类账

会计科目：应收账款

20××年		凭 证		摘 要	对方科目	借 方	贷 方	借或贷	余 额
月	日	种类	号数						
11	1			期初余额				借	70 000
	4	略	略	销售产品	主营业务收入	50 000		借	120 000
	10	略	略	收回欠款	银行存款		80 000	借	40 000
	25	略	略	销售产品	主营业务收入	10 000		借	50 000
	30			本月合计		60 000	80 000	借	50 000

表6-12 "应收账款"明细分类账

明细科目：大华工厂

20××年		凭 证		摘 要	对方科目	借 方	贷 方	借或贷	余 额
月	日	种类	号数						
11	1			期初余额				借	30 000
	4	略	略	销售产品	主营业务收入	30 000		借	60 000
	10	略	略	收回欠款	银行存款		40 000	借	20 000
	30			本月合计		30 000	40 000	借	20 000

表 6-13　"应收账款"明细分类账

明细科目：胜利工厂

20××年		凭证		摘要	对方科目	借方	贷方	借或贷	余额
月	日	种类	号数						
11	1			期初余额				借	40 000
	4	略	略	销售产品	主营业务收入	20 000		借	60 000
	10			收回欠款	银行存款		40 000	借	20 000
	25			销售产品	主营业务收入	10 000		借	30 000
	30			本月合计		30 000	40 000	借	30 000

在实际工作中，常常通过编制"明细分类账本期发生额及余额对照表的方式核对总分类账和明细分类账，如表 6-14 所示。

表 6-14　"应收账款"明细分类账本期发生额及余额对照表

明细账户名称	期初余额		本期发生额		期末余额	
	借方	贷方	借方	贷方	借方	贷方
胜利工厂	40 000		30 000	40 000	30 000	
大华工厂	30 000		30 000	40 000	20 000	
合计	70 000		60 000	80 000	50 000	

第三节　错账更正

在登记账簿过程中难免会发生各种各样的错误，若有错误，不准刮擦、挖补，应采用正确的更正方法进行更正。更正错账的方法主要有划线更正法、红字更正法和补充登记法。

一、划线更正法

(一)适用范围

在结账前，发现记账凭证正确，根据正确记账凭证登记账簿时账簿登记错误，应采用划线更正法。

(二)更正方法

首先，将账簿上错误的文字或数字划红线注销，但必须保持原有字迹清晰可见；然后，在红线上方的空白处用蓝字写上正确的文字或数字，并由记账人员在更正处盖章，以明确责任。划线注销时要注意如果金额有错误，应将整个金额划红线注销，不能只注销个别写错的数字。例如：把 809 元误写成 890 元时，应将错误数字即 890 全部用红线注销，而不能只注销"90";若文字有错误,只把错误的文字用红线注销。

二、红字更正法

(一)适用范围

红字更正法一般适用于下列两种错账。

(1) 记账以后,若发现记账凭证中会计科目有错误,导致账簿记录错误,应采用红字更正法更正。

(2) 记账以后,发现记账凭证中会计科目正确,但是所记金额大于应记金额,也应采用红字更正法更正。

(二)更正方法

1. 第一种错账的更正方法

首先用红字金额填制一张与原错误记账凭证完全相同的记账凭证,在"摘要"栏注明"冲销××年××月××日××号凭证",并据以用红字登记入账;然后,再用蓝字填写一张正确的记账凭证,在"摘要"栏注明"更正××年××月××日××号凭证",并据以蓝字登记账簿。

2. 第二种错账的更正方法

将多记的金额用红字填制一张与原记账凭证会计科目相同的记账凭证,在"摘要"栏注明"冲销××年××月××日××号凭证的多记金额",并据以红字登记账簿,以冲销多记金额。

【例6-3】2日,接受投资者投入设备一台,价值80 000元,已经入账。会计分录如下:
借:固定资产　　　　　　80 000
　　贷:资本公积　　　　　　　80 000

记账凭证中贷方科目应为实收资本,而不是资本公积,所以会计科目错误,应采用红字更正法。具体更正如下。

(1) 用红字金额填制一张与错误记账凭证内容相同的凭证,并据以红字登账。会计分录如下:
借:固定资产　　　　　　80 000
　　贷:资本公积　　　　　　　80 000

(2) 再用蓝字填制一张正确的记账凭证,并据以蓝字登账。会计分录如下:
借:固定资产　　　　　　80 000
　　贷:实收资本　　　　　　　80 000

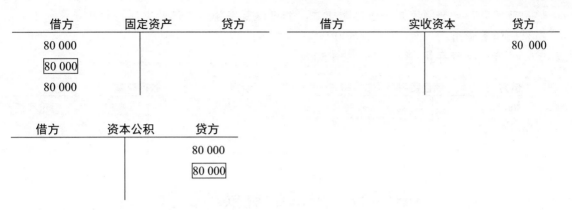

【例6-4】张俭预借差旅费3 000元,用现金支付,已经记账。会计分录如下:

借:其他应收款　　　　　　　　30 000
　　贷:库存现金　　　　　　　　30 000

记账凭证中会计科目正确,只是金额多记了27 000元,应采用红字更正法。具体更正如下。

将多记金额用红字填制一张记账凭证,并据以红字登账。记账凭证的会计分录如下:

借:其他应收款　　　　　　　　27 000
　　贷:库存现金　　　　　　　　27 000

借方	其他应收款	贷方		借方	库存现金	贷方
30 000						30 000
27 000						27 000

三、补充登记法

(一)适用范围

记账后,若发现记账凭证会计科目正确,但是所记金额小于应记金额,并据以登记账簿,应采用补充登记法。

(二)更正方法

将少记金额用蓝字编制一张与原记账凭证会计科目相同的记账凭证,在"摘要"栏中注明"补记××年××月××日××号凭证的少记金额",并据以蓝字登入账。

【例6-5】以银行存款支付本月广告费5 000元,已经入账。记账凭证中的会计分录如下:

借:销售费用　　　　　　　　　500
　　贷:银行存款　　　　　　　　500

记账凭证中的会计科目正确,只是金额少计了4 500元,应采用补充登记法进行更正。具体更正如下:

用蓝字将少计金额填制一张记账凭证,并据以蓝字登账,记账凭证的会计分录如下:
借:销售费用　　　　　　　　4 500
　　贷:银行存款　　　　　　　　4 500

借方	销售费用	贷方	借方	银行存款	贷方
500					500
4 500					4 500

第四节　账簿的更换与保管

一、账簿的更换

一般来说,总分类账、日记账和大多数明细分类账需要每年更换一次。有些账簿可以跨年度使用,比如固定资产卡片账、备查账等。

二、账簿的保管

各种账簿是重要的会计档案,各单位必须按规定妥善保管,不得丢失和任意销毁。年度结账后,会计账簿可由会计部门暂保一年,期满后由会计部门编制移交清册,转交给档案保管部门。

会计账簿应归类整理,编造目录,妥善保管。已归档的会计账簿不得借出,如有特殊需要,经本单位负责人和会计主管人员批准后,方可查阅或复制。

会计账簿是重要的会计档案,必须按照 2016 年 1 月 1 日执行《会计档案管理办法》规定的期限进行妥善保管。各种账簿的保管期限分别是:日记账、总账和明细账保管期限为 30 年;固定资产卡片账在固定资产报废清理后应继续保存 5 年;涉外账簿应长期保管。保管期满后,应按照相关的程序经审批后才能销毁。

本 章 小 结

本章主要介绍了账簿的概念及种类、账簿的设置与登记、错账更正以及账簿的更换与保管。

会计账簿是指以审核无误的会计凭证为依据,由许多具有一定格式的账页构成,用来连续、系统地记录和反映经济业务的簿籍。设置和登记账簿是会计核算方法之一,是编制会计报表的基础。账簿由许多具有一定格式的账页构成,每张账页一旦标明会计科目,该账页就成为以该科目为名称的账户,因此,账簿只是外在形式,账户才是账簿的实质内容,账簿和账户之间是形式与内容的关系。账簿根据用途分为序时账、分类账和备查账;账簿按照外形特征分为订本账、活页账和卡片账。

账簿设置与登记部分主要介绍了账簿的登记要求、特种日记账的设置与登记、总分类账的设置与登记、明细分类账的设置与登记。

错账更正部分主要介绍了划线更正法、红字更正法和补充登记法三种方法,每一种方法都介绍了适用范围及更正方法。

账簿的更换与保管主要介绍了账簿的更换,账簿如何保管以及保管期限问题。

自 测 题

一、单项选择题

1. 账簿按其用途的不同,可分为( )。
    A. 订本式账簿、活页式账簿、卡片式账簿
    B. 序时账簿、分类账簿、备查账簿
    C. 三栏式账簿、多栏式账簿、数量金额式账簿
    D. 总分类账、明细分类账、日记账和辅助性账簿
2. 按照交易或事项发生或完成时间的先后顺序逐日逐笔进行登记的账簿是( )。
    A. 分类账簿   B. 序时账簿   C. 三栏式账簿   D. 备查账簿
3. 记账人员在登记账簿后,若当年发现所依据的记账凭证中使用的会计科目有误,应采用的更正方法是( )。
    A. 划线更正法   B. 红字更正法   C. 补充登记法   D. 修改更正法
4. 下列项目中,不属于账实核对的是( )。
    A. 库存现金日记账余额和库存现金实有数核对
    B. 银行存款日记账余额与银行对账单的核对
    C. 账簿记录与原始凭证的核对
    D. 债权债务明细账与对方单位的账面记录核对
5. "生产成本"明细账应采用( )。
    A. 三栏式   B. 数量金额式   C. 多栏式   D. 横线登记式
6. "租入固定资产明细账"属于( )。
    A. 分类账簿   B. 序时账簿   C. 备查账簿   D. 卡片账簿
7. 对某些在序时账和分类账等主要账簿中都不予登记或登记不够详细的经济业务事项进行补充登记时使用的账簿称为( )。
    A. 日记账   B. 总分类账   C. 备查账簿   D. 联合账簿
8. 企业生产车间因生产产品领用材料10 000元,在填制记账凭证时,将借方科目记为"管理费用"并已经登记账簿,应采用的更正方法是( )。
    A. 划线更正法   B. 红字更正法   C. 补充登记法   D. 重填记账凭证法
9. 对账时账账核对不包括( )。
    A. 总账有关账户的余额核对   B. 总账和明细账之间的核对
    C. 总账和备查账之间的核对   D. 总账和日记账之间的核对
10. 下列账簿中,一般应采用活页式账簿的有( )。

A. 日记账　　　　B. 总分类账　　　　C. 明细分类账　　　　D. 备查账

二、多项选择题

1. 下列账户中，只需反映金额指标的有(　　)账户。
   A. 实收资本　　　B. 原材料　　　C. 库存商品　　　D. 短期借款
2. 下列选项中，可以作为登记明细账的依据的有(　　)。
   A. 记账凭证　　　B. 原始凭证　　　C. 汇总原始凭证　D. 汇总记账凭证
3. 数量金额式明细账的收入、发出、结存三大栏内，都分设(　　)三个小栏。
   A. 数量　　　　B. 单价　　　C. 种类　　　D. 金额
4. 错账更正的方法一般有(　　)。
   A. 平行登记法　　B. 划线更正法　　　C. 补充登记法　　D. 红字更正法
5. 下列错账，当年内发现更正时，适用于红字更正法更正的有(　　)。
   A. 记账凭证中会计科目错误
   B. 记账凭证中应借应贷会计科目正确，但所记金额大于应记金额
   C. 记账凭证中应借应贷会计科目正确，但所记金额小于应记金额
   D. 记账凭证正确，记账时出现数字错误
6. 库存现金日记账可以根据(　　)记账凭证登记。
   A. 库存现金收款凭证　　B. 库存现金付款凭证
   C. 银行存款收款凭证　　D. 银行存款付款凭证
7. 会计账簿的基本内容有(　　)。
   A. 封面　　　　B. 封底　　　C. 扉页　　　D. 账页
8. 账簿按照外形特征分为(　　)。
   A. 订本式账簿　　B. 多栏式账簿　　　C. 卡片式账簿　　D. 活页式账簿
9. 下列明细账中，一般采用多栏式明细分类账的有(　　)明细账。
   A. 应收账款　　　B. 库存商品　　　C. 生产成本　　　D. 本年利润
10. 下列选项不符合登记账簿要求的有(　　)。
    A. 为防止篡改，文字书写要占满格　　B. 数字书写一般要占格距的1/2
    C. 将登记中不慎出现的空页撕掉　　　D. 用圆珠笔登记账簿

三、判断题

1. 对账的三方面内容中，账证相符是账账相符和账实相符的基础。(　　)
2. 年终结账时有余额的账户，应将其余额结转到下一会计年度，结转后本年有余额账户的余额即变为零。(　　)
3. 结账时应划结账线，月结时划通栏单红线，年结时划通栏双红线。(　　)
4. 账簿与账户的关系是形式与内容的关系，账簿是外在形式，账户是真实内容。(　　)
5. 对账中，企业应付账款明细账的账面余额与对方单位账面数额的核对，属于账账核对的内容。(　　)
6. 明细分类账的登记依据只能是记账凭证。(　　)
7. 除结账和更正错账外，一律不得使用红色墨水登记账簿。(　　)

8. 总分类账一般采用订本账，明细分类账一般采用活页账。（   ）

9. 每年年初，除了少数明细账不必更换新账外，总账、日记账和大部分明细账都必须更换新账。（   ）

10. 在我国，一般只对原材料明细核算采用卡片账。（   ）

四、简答题

1. 简述错账更正的方法、适用范围及更正方法。
2. 简述对账的基本内容。
3. 明细分类账的账页格式有哪几种？各适用哪些账户？
4. 库存现金日记账和银行存款日记账的登记依据分别是什么？

五、改错题

资料：胜利工厂将账簿记录与记账凭证进行核对时，发现下列经济业务的账簿记录有误。

1. 以现金 1 000 元支付广告费。原记账凭证的会计分录为：
　　借：管理费用　　　　　　　1 000
　　　　贷：库存现金　　　　　　　1 000

2. 结转已售产品成本 59 000 元。原记账凭证的会计分录为：
　　借：本年利润　　　　　　　95 000
　　　　贷：主营业务成本　　　　　95 000

3. 收回欠款 8 600 元存入银行。原记账凭证的会计分录为：
　　借：银行存款　　　　　　　6 800
　　　　贷：应收账款　　　　　　　6 800

4. 计提管理部门固定资产折旧费 5 100 元。原记账凭证的会计分录为：
　　借：管理费用　　　　　　　51 000
　　　　贷：累计折旧　　　　　　　51 000

5. 结算本月份应付职工工资，其中：生产工人工资为 14 000 元，厂部管理人员工资为 3 400 元。原记账凭证的会计分录为：
　　借：生产成本　　　　　　　14 000
　　　　管理费用　　　　　　　3 400
　　　　贷：应付职工薪酬　　　　　17 400

根据该记账凭证登记账簿时，其"管理费用"借方金额误记为 4 300 元。

要求：将上述各项经济业务的错误记录，分别以适当的错账更正方法予以更正。

第七章

会计报表编制前的准备工作

【学习要点及目标】

- 理解权责发生制和收付实现制的含义及其利弊;
- 掌握期末账项调整的内容和方法;
- 了解财产清查的意义、分类及内容;
- 掌握不同财产清查的主要方法;
- 掌握银行存款余额调节表的编制;
- 掌握财产清查结果的会计处理;
- 掌握对账的意义及内容;
- 了解不同的结账方法。

【核心概念】

权责发生制 收付实现制 账项调整 财产清查 对账 结账 银行存款余额调节表

【引导案例】

A公司是一家生产电脑配件的公司，2018年10月，公司销售人员和B电脑公司签订了一份销售500件配件的合同，货款总金额为50 000元，增值税税率为13%。根据合同规定，这批货物在2018年12月5日发运给B电脑公司，货款将于2019年2月份收到。A公司会计人员在发运货物后确认了这笔销售收入，编制会计分录如下：

借：应收账款　　　　　　　　　　　　　56 500
　　贷：主营业务收入　　　　　　　　　50 000
　　　　应交税费——应交增值税(销项税额)　6 500

A公司在2018年12月末召开年底总结大会时，不同部门就本年销售业绩的确定展开了激烈的争论。有的部门认为这笔业务应该算作2019年的销售收入，因为货款尚未收回，所有已经做的工作都存在风险，只有实际收到了货款，才算销售真正完成。有的部门则认为这笔业务应该算作2018年的销售收入，既然已经签订合同，前期付出了大量的努力，货物也已经发出，就应该算作2018年的销售业绩，从而计算2018年应得的奖金。

此外，总经理在审查全年各月度财务报表时，发现12月的管理费用和销售费用相比其他月份明显偏高，咨询会计人员，会计人员解释是因为12月企业支付了2019年办公设备的保险费和2019年上半年的电视台广告费，分别记入了12月份的管理费用和销售费用。

请思考：会计人员就以上问题的处理是否符合我国企业会计准则的规定？你认为企业的销售业绩和费用列支应如何处理更加合理？

第一节　账项调整

一、会计基础

通常情况下，企业生产经营是持续不断的。在持续经营假设下，如果没有证据证明企业将要面临解散或终止经营，会被认为一直不断经营下去。而为了及时获取企业生产经营信息，会计上将持续不断的经营过程人为划分为会计期间，如月度、季度、半年度和年度，定期提供会计信息，以便于信息使用者及时了解企业的财务状况和经营成果，从而做出正确的经济决策。由于企业经营活动是连续不断的，而会计期间却是人为划分，难免出现会计主体发生交易事项时间与货币收支时间不一致的情况。比如，企业已经提前收取货款，但是商品销售业务还没有发生；或者企业已经销售商品，但是却没有在本期收到货款。那么，在会计实务中，究竟是以实际收到和支出款项为标准确认本期收入和费用，还是以收入的实现和费用的发生为标准确认本期收入和费用，就形成了收付实现制和权责发生制两种会计基础。

(一)收付实现制

收付实现制又称现金制或现收现付制，是以实际收到或支付款项作为确认、计量和报告收入、费用的标准。具体地说，凡是本期实际收到款项的收入，不论其是否在本期实现，都作为本期的收入；凡是本期实际支付款项的费用，不论其是否在本期发生，都作为本期的费用。反之，凡是本期没有实际收付款项，即使相关的权利和责任应归属于本期，也不作为本期的收入和费用处理。

(二)权责发生制

权责发生制又称应计制或应收应付制，是以与收入相关的权利已经取得或与费用相关的义务、责任实际发生作为确认、计量和报告收入、费用的标准。具体地说，凡是本期已实现的收入，不论款项是否收到，都应作为本期的收入；凡是本期已耗用或应负担的费用，不论款项是否支出，都应作为本期的费用。反之，凡不应归属于本期的收入和费用，即使款项已经收支，也不作为本期的收入和费用处理。

(三)收付实现制与权责发生制的比较

表 7-1 列示了安达公司 20××年 6 月份部分经济业务分别按收付实现制和权责发生制进行收入和费用确认的情况。

通过表 7-1 可以看出，在收付实现制基础下，只要款项的收付在本期，就应该确认为本期的收入和费用，不在本期的不予以确认，收支期间和收入费用的确认期间完全一致，所以不必考虑预收收入、预付费用以及应计收入和应计费用。这种会计基础核算手续简单，不存在期末对账簿记录进行调整的问题，但不利于准确核算企业的生产经营成果，容易导致不同会计期间收入费用缺乏可比性，因此目前我国主要在行政事业单位或规模非常小的个体企业使用收付实现制。

在权责发生制基础下，会产生收支期间和收入费用确认期间不一致的情况，从而导致企业日常的账簿记录不能完全反映应归属本期的收入和费用，因此必须考虑预收收入、预付费用以及应计收入和应计费用，期末通过账项调整确认应归属本期的收入和费用，从而准确计算本期利润。这种会计基础核算相对比较复杂，但能全面反映企业经济业务过程和真实的财务状况，对经营成果的确认更加合理，因此，我国《企业会计准则——基本准则》在总则第九条明确指出：企业应当以权责发生制为基础进行会计确认、计量和报告。

表 7-1　收付实现制与权责发生制的应用举例　　　　　　　　　　单位：元

安达公司 20××年 6 月业务	收付实现制		权责发生制	
	收入	费用	收入	费用
销售商品一批，总售价 72 000 元，款项已收讫	72 000		72 000	
预收货款 24 000 元，款项存入银行，商品将在下月交付	24 000			
以银行存款预付下季度仓库租金 10 800 元		10 800		
销售商品一批，售价 84 000 元，货物已发出，货款将于下月结算			84 000	
以银行存款支付本月水电费 3 000 元		3 000		3 000
以银行存款支付本年度第二季度短期借款利息 12 000 元		12 000		4 000
当年 3 月份已预付本年度第二季度的财产保险费 6 000 元				2 000
合计	96 000	25 800	156 000	9 000
利润	70 200		147 000	

二、期末账项调整

在权责发生制基础下,由于有些收入和费用没有产生相应的现金收支,所以在日常会计核算中没有进行账务处理,期末为了正确地确认、计量相关资产、负债、收入和费用,需要对本期已经实现的收入和已经发生的费用进行调整并登记入账,从而保证会计报表的准确性,因此需要进行账项调整。期末账项调整是根据权责发生制的要求,在期末按照权利和义务应归属的期间,对有关账项进行调整,以确认本期实现的收入和发生的费用以及相关的资产和负债,真实反映企业的财务状况和经营成果。

比如,企业租赁厂房,往往在合同开始时一次性支付本月或更长时间的租金,企业为了减少工作量,产生的租金费用不会每天进行记录,通常只是在实际支付租金时记录现金的支出,在会计期末再根据本期实际应负担的部分,通过账项调整确认相关费用。又如,企业出租房屋,往往在合同开始时一次性收取本月或更长时间的租金,产生的租金收入也不会每天进行记录,通常只是在实际收取租金时记录现金的收入,在会计期末再根据本期实际赚取的租金收入,通过账项调整确认相关收入。再如,在日常经营中,企业每天都会发生人工耗费,但是往往本月的工资费用要到下个月才支付,因此期末就需要进行账项调整,确认本期已经消耗的费用和相应的负债;同样地,企业存入银行的存款每天都会产生利息收入,实际款项的收到则取决于银行的利息支付政策,但是为了减少工作量,企业不会每天记录利息收入,因此期末就需要进行账项调整,确认本期已经实现的利息收入和相应的资产。

具体而言,期末账项调整的内容主要包括应计项目、递延项目和其他项目。

(一)应计项目

应计项目是指收入已经实现或者费用已经发生,但是相关款项在以后会计期间才能收到或者支出,即归属期间早于收支期间。期末账项调整时,一方面确认收入或费用,另一方面确认应收的资产或应计的负债。应计项目包括应计收入和应计费用两类。

1. 应计收入

应计收入是指本期收入已经实现,获得收取款项的权利,但是款项需在以后会计期间方能实际收到。比如,企业期末应收而未收的租金收入、利息收入等。在期末应对尚未确认的这部分收入调整入账,通常一方面确认相应的资产,计入有关资产账户的借方;另一方面确认收入,根据收入的性质计入有关收入账户的贷方。

【例7-1】长江公司20××年4月30日应收本月银行存款利息收入120元,利息收入将于第二季度末结算,则该公司4月末应做以下调整分录:

  借:应收利息　　　　　　　　　　　120
   贷:财务费用——利息收入　　　　　　120

将来实际收到4月份的利息收入时,编制会计分录:

  借:银行存款　　　　　　　　　　　120
   贷:应收利息　　　　　　　　　　　　120

【例7-2】长江公司于20××年7月1日将一批包装物出租给达美公司,每月租金100

元，7月底尚未收到租金，则该公司应在7月末做以下调整分录：

借：其他应收款——达美公司　　　　100
　　贷：其他业务收入　　　　　　　　　100

将来企业实际收到7月份的租金收入时，编制会计分录：

借：银行存款　　　　　　　　　　　100
　　贷：其他应收款　　　　　　　　　　100

2. 应计费用

应计费用是指本期费用已经发生或者耗费，承担支付款项的责任和义务，但是款项在以后会计期间才进行实际支付。比如，企业期末应付而未付的工资费用、利息费用、租金费用、税收费用等。在期末应对尚未确认的这部分费用调整入账，通常一方面确认相应的费用，记入有关费用账户的借方；另一方面确认负债，记入有关负债账户的贷方。

【例7-3】长江公司于20××年8月1日租入一处闲置的仓库，租期为3个月，每月租金2 400元，8月底尚未支付租金，则该公司应在8月底做以下调整分录：

借：管理费用　　　　　　　　　　2 400
　　贷：其他应付款　　　　　　　　　2 400

当企业以后会计期间实际支付8月份租金时，编制会计分录：

借：其他应付款　　　　　　　　　2 400
　　贷：银行存款　　　　　　　　　　2 400

【例7-4】长江公司于20××年9月1日，向银行借入3个月的短期借款120万元，年利率10%，按照借款合同规定，于到期日11月30日一次还本付息。相关业务处理如下。

长江公司9月1日借入款项开始使用，在9月30日形成应付未付的利息10 000元，则该公司在9月底应做以下调整分录：

借：财务费用　　　　　　　　　10 000
　　贷：应付利息　　　　　　　　　10 000

同样，10月底应做以下调整分录：

借：财务费用　　　　　　　　　10 000
　　贷：应付利息　　　　　　　　　10 000

11月30日偿还本金和利息时，编制会计分录：

借：短期借款　　　　　　　　1 200 000
　　财务费用　　　　　　　　　　10 000
　　应付利息　　　　　　　　　　20 000
　　贷：银行存款　　　　　　　　1 230 000

(二)递延项目

递延项目是指本期已经收到或者支出款项，但是相关收入尚未实现，费用尚未发生，需在以后会计期间才能实现相关收入或发生相关耗费，因此，收入和费用需递延至以后会计期间予以确认。递延项目包括预收收入和预付费用两类。

1. 预收收入

预收收入又称"递延收入",是指本期已经收到款项,但相关收入尚未实现,企业承担了未来提供商品或服务的责任和义务,因此入账时一方面根据收取的款项记入"库存现金""银行存款"等账户的借方,另一方面,根据承担的责任或义务记入相关负债账户的贷方;在以后会计期间,随着责任或义务的履行,收入得以实现,负债随之减少,因此,一方面计入相关负债账户借方,摊销负债账户余额;另一方面,根据收入的性质计入相关收入账户的贷方,确认已实现的收入。

【例7-5】长江公司20××年年初出租闲置厂房一栋,租金每月10 000元,1月1日收取全年租金120 000元。

20××年1月1日预收租金时,编制会计分录:

借:银行存款　　　　　120 000
　　贷:预收账款　　　　　120 000

1月31日,长江公司已经实现一个月的租金收入,编制调整分录:

借:预收账款　　　　　10 000
　　贷:其他业务收入　　　　10 000

以后连续12个月,长江公司应于每月末编制相同会计分录,摊销预收账款,确认每月实现的租金收入。

2. 预付费用

预付费用又称"递延费用",是指本期已经支付款项,但相关耗费尚未发生,企业取得未来收到商品或服务的权利,因此一方面根据取得的权利记入有关资产账户的借方,另一方面,根据支付的款项记入"库存现金""银行存款"等账户的贷方;在以后会计期间,随着企业实际收到商品或服务,费用不断增加,享有的权利逐渐减少,因此,一方面,记入相关资产账户贷方,摊销资产账户余额;另一方面记入相关费用账户的借方,确认已发生的费用。

【例7-6】长江公司于20××年3月初已预付本年度第二季度的财产保险费6 000元。该公司应做以下会计处理:

20××年3月初支付财产保险费时:

借:预付账款　　　　　6 000
　　贷:银行存款　　　　　6 000

4、5、6月均在受益期内享受了保险的权利,因此每月末应编制调整分录:

借:管理费用　　　　　2 000
　　贷:预付账款　　　　　2 000

(三)其他项目

除上述应计项目和递延项目外,会计期末还需进行一些其他账项的调整,如固定资产折旧、无形资产摊销、坏账准备计提等。这类账项调整通常需要会计人员的估计和判断,因此也称为"估计项目"。固定资产折旧的原理类似于递延费用,只是固定资产的使用寿命、折旧方法等都需要根据固定资产的特点和使用情况进行估计,从而计算每期的折旧费用,再根据固定资产的用途分别计入"制造费用""管理费用"等账户。具体业务处理见第四章的相关例题。无形资产摊销和坏账准备计提等内容将在后续课程中讲解。

第二节 财产清查

一、财产清查的意义

财产清查是指通过对企业的货币资金、财产物资及债权债务等进行盘点和核对,来查明各项货币资金、财产物资和债权债务的实有数和账面数是否相符的一种专门方法,是对账工作的重要环节,也是会计核算的基本方法之一。

理论上会计账簿所反映的会计信息应该是真实可靠的,但是在实际工作中,可能会由于多方面的原因导致会计账簿记录的信息与实物存在不一致的情况。比如财产物资的自然损耗或升溢;由于计量、检验不准确而造成品种、数量或质量上的差错;由于保管人员徇私舞弊或管理不善而造成财产物资的短缺、损坏或变质;由于自然灾害或意外事故等原因而造成的损失;银行存款在结算过程中由于企业和银行之间凭证传递的时间差异造成的未达账项;会计人员在编制会计凭证和登记账簿时出现的记账错误等。因此,定期或不定期开展财产清查,对于保证会计信息的真实性、加强资产管理具有重要的意义。

(一)保护财产物资的安全完整

通过财产清查,可以查明企业各项财产物资、货币资金等保管是否安全,检查是否由于监管不力造成物品霉烂、变质或者存在管理人员徇私舞弊、非法挪用、贪污盗窃等情况,从而及时采取相应措施,完善监管制度。

(二)保证会计资料的真实可靠

通过财产清查,可以查明企业各项财产物资、货币资金和债权债务的实存数,将其与账面金额进行核对,分析存在差异的原因,能够及时发现记账过程中存在的问题,从而调整账面金额,保持账存数与实存数一致,保证会计信息资料真实可靠。

(三)挖掘财产物资的使用潜力,加速资金周转

通过财产清查,可以查明企业各项财产物资的储备和利用情况,及时发现物资储备不足、积压呆滞等情况,以便采取措施,及时处理,提高财产物资的使用效率,加速资金周转,保证企业生产经营的顺利进行。

(四)保证财经纪律和结算制度的执行

通过财产清查,可以查明各单位及有关人员是否遵守财经纪律和结算制度,有无不合理占用他人资金、贪污盗窃、挪用公款等情况,从而促使各单位及个人严格按规定用途使用资金,及时进行债权债务的结算,自觉遵守财经纪律和结算制度。

二、财产清查的种类

(一)按照清查范围分类

财产清查按照清查范围不同,可以分为全面清查和局部清查。

1. 全面清查

全面清查是对企业的各项财产物资、货币资金和债权债务进行全面盘点和核对。全面清查的主要内容有:

(1) 库存现金、银行存款等货币资金。
(2) 企业持有的股票、债券等有价证券。
(3) 原材料、在途物资、在产品、半成品、库存商品等各项存货。
(4) 房屋、建筑物、机器设备、运输设备等固定资产。
(5) 银行借款、应收账款、应付账款等各种债权债务。

全面清查内容多、范围广,需要投入较多的人力,花费的时间较长,因此一般情况下不需要进行全面清查,但是在以下几种情况下企业有必要进行全面清查。

(1) 年终决算前应进行全面清查,以明确经济责任,摸清企业资产、负债准确情况,保证生产经营需要,确保年终决算会计资料真实可靠。
(2) 企业撤销、改制、合并、联营或改变隶属关系时需要进行全面清查,以准确评估企业价值,避免出现资产流失等情况。
(3) 开展清产核资时需要进行全面清查。
(4) 企业主要领导人调离工作岗位时应进行全面清查,将清查的结果作为离任审计的重要依据,用以评价和确定离任领导人员的业绩和责任。

2. 局部清查

局部清查也称"重点清查",是根据实际工作需要,对企业的某一部分财产物资、货币资金和债权债务进行盘点和核对。局部清查的范围较小,日常主要用于流动性强、性质重要的物资清查。

局部清查一般在以下几种情况下进行。

(1) 库存现金,应在每日业务终了时清点核对,做到日清月结。
(2) 银行存款和银行借款,应至少每月与银行核对一遍。
(3) 原材料、在产品、库存商品以及在途物资、贵重物品等,应每月清点一次。
(4) 债权、债务等往来款项,每年至少要与对方核对一至两次。

此外,实物保管人员因工作调动办理移交时,或者企业遭受自然灾害或意外损失时,也应及时进行局部清查,以明确相关责任,查明财产物资受损失的具体情况。

(二)按照清查时间分类

财产清查按照清查时间不同,可以分为定期清查和不定期清查。

1. 定期清查

定期清查是指按照计划安排的时间对财产物资、货币资金和债权债务进行清查。通常是在年末、季末、月末结账前进行。

定期清查的范围和内容，一般根据实际情况和需要，可以选择全面清查，也可以选择局部清查。一般情况下，年末应进行全面清查，季度、月度终了时进行局部清查。

2. 不定期清查

不定期清查是事先并无规定清查时间，而根据实际需要临时对财产物资、货币资金和债权债务进行的清查。一般在企业更换财产物资保管人，遭受自然灾害或意外损失，企业撤销、合并或改变隶属关系，上级主管部门或财政审计部门等对本单位进行检查时，可选择不定期清查，以确定财产物资的实际数量和金额，明确相关经济责任。

三、财产清查前的准备工作

财产清查是完善经营管理和加强会计核算的重要手段，为了保证清查工作顺利进行，在清查之前，企业应做好各方面的准备工作。

(一)组织上的准备

为了顺利完成财产清查工作，在财产清查前根据企业实际需要成立财产清查机构，应由总会计师或主管领导任组长，会计部门、生产部门、技术部门、仓库管理部门等共同参与。财产清查小组的主要任务是：

(1) 组织清查人员学习相关政策规定，掌握有关法律法规和业务知识，为清查做好准备。

(2) 明确财产清查目的、对象和范围。

(3) 制订财产清查计划。根据财产清查的目的和要求制订财产清查的具体计划，包括确定清查对象和范围、清查的时间安排、清查的方式方法、清查人员的配备等。

(4) 检查、监督清查工作的具体实施。

(5) 及时发现并处理清查中出现的问题。

(6) 清查工作结束后，及时进行总结，将清查结果和处理意见上报领导和有关部门审批。

(二)业务上的准备

会计部门、财产物资保管部门及其他相关部门应该积极配合，认真做好各项准备工作。

(1) 会计部门应将有关账目在财产清查前登记齐全，结出余额，核对准确，保证账证相符、账账相符，为清查工作提供可靠的依据。

(2) 财产物资保管部门应在清查前将所保管的各项财产物资整理清楚，排列整齐，挂上标签，标明品种、规格及剩余数量，便于清查盘点。

(3) 财产清查人员应提前准备、校验计量器具以及必要的凭证、表格，以便及时填列清查结果及有关处理意见。

四、财产清查的内容和方法

各类财产物资具有不同的特点,因此应采用不同的清查方法,以保证清查工作的顺利进行。

(一)库存现金的清查

库存现金的清查采用实地盘点法,盘点库存现金的实存数,然后与现金日记账的账面余额进行核对,检查是否相符。库存现金的清查主要分为以下两种情况。

1. 出纳人员自查

由出纳人员每日业务终了时清点库存现金实有数,并与当日的现金日记账余额核对,做到账款相符,如表7-2所示。

表7-2 库存现金盘点报告表

单位名称: 　　　　　　　　　　　　年　月　日

实存金额	账存金额	对比结果		备注
		盘 盈	盘 亏	

盘点人: 　　　　　　　　　　　　　　出纳员:

2. 专门人员清查

由于企业现金收支业务频繁,极易出现错误或舞弊现象,企业应不定期进行抽查。不定期抽查通常采取事先不通知的突击检查方式,以增强其有效性。企业对库存现金清查时出纳人员必须在场,如果发现库存现金短缺或溢余,必须当场核实其数额。同时,清查人员要认真审核收、付款凭证和有关账簿,检查库存现金收付是否合理合法,库存现金是否超过限额,有无以借条、收据充抵库存现金,有无任意坐支现金或私设"小金库"等违规现象。

清查结束后,清查人员要根据清查结果,编制库存现金盘点报告表,作为反映库存现金实存数和会计处理的原始凭证,其一般格式如表7-2所示。

(二)银行存款的清查

银行存款的清查一般采用与银行核对账目的方法,即将开户银行送来的对账单与企业的银行存款日记账逐笔进行核对,以查明账实是否相符。企业在与银行对账之前,应先检查本单位的银行存款日记账是否正确,然后再与开户银行送来的对账单进行核对,检查是否存在差异。经过核对,若发现双方账目不一致,其原因可能有两个:一是企业或银行在记账时发生错误;二是存在未达账项。所谓未达账项,是指企业与银行之间由于凭证传递上的时间差,导致一方已经入账,而另一方因尚未收到凭证或未办妥手续而没有登记入账的款项。未达账项大致有两类。

第一类：企业已经登记入账，而银行因未办完相关手续尚未登记入账的款项，具体又分为：

(1) 企业已入账、银行未入账的收入款项，如企业送存开户银行的款项，企业已经根据进账单等有关凭证登记银行存款的增加；而银行因尚未办完有关手续而未登记入账。

(2) 企业已入账、银行未入账的支付款项，如企业开出支票，根据支票存根等有关凭证已经登记银行存款的减少；而持有支票的收款人并没有立即将支票送存银行，开户银行因没有接到有关凭证尚未记账。

第二类：银行已经登记入账，而企业因未收到通知尚未登记入账的款项，具体又分为：

(1) 银行已入账、企业未入账的收入款项，如企业委托开户银行收存的款项，开户银行已经收到并登记入账，而企业由于没有接到银行的收款通知尚未记账；又如银行付给企业的存款利息，银行在结算出利息时直接计入企业存款账户，作为企业存款的增加，但利息单据尚未送达企业，因此，企业在银行存款日记账中没有进行反映。

(2) 银行已入账、企业未入账的支付款项，如企业委托开户银行支付的款项，开户银行付款后直接登记入账，而企业没有接到银行的付款通知尚未记账。

以上任何一种未达账项的存在，都会导致银行存款日记账与银行对账单的余额不符。对于未达账项，企业应编制"银行存款余额调节表"，在银行存款日记账和银行对账单余额基础上，调整未达账项，核查二者是否相符。具体而言，即在银行存款日记账余额基础上调整银行已入账而企业未入账的款项；在银行对账单余额基础上调整企业已入账而银行未入账的款项。调整时，收入款项作为调增项目，支付款项作为调减项目。银行存款日记账和银行对账单调整后的余额应该相等，即所有未达账项实际到达之后企业应有的银行存款实际数额。如果调节后双方余额一致，说明记账一般没有差错；如果调节后余额仍不一致，则说明企业或银行有记账差错，应查明原因，如属企业自身记账错误，应按照错账更正的方法加以更正；如属银行记账错误，应及时通知开户银行进行更正。

【例7-7】 长江公司20××年5月31日银行存款日记账的余额为560 700元，开户银行对账单余额为586 550元，经逐笔核对，发现有以下几笔未达账项。

(1) 5月30日，企业开出转账支票48 300元支付货款，持票人尚未到银行办理转账手续。

(2) 5月31日，企业将收到的转账支票一张28 450元送存开户银行，银行尚未入账。

(3) 5月31日，银行结算出应付给企业的存款利息10 000元，已计入企业账户，企业尚未收到通知。

(4) 5月31日，开户银行代企业支付水电费4 000元，企业尚未收到付款通知。

根据上述资料编制长江公司20××年5月31日的银行存款余额调节表，如表7-3所示。

需要说明的是，银行存款余额调节表只是起到了核对银行存款账目的作用，企业无须对未达账项编制调整分录，也不能根据调节后的金额更改银行存款日记账记录。对于银行已经入账而企业尚未入账的未达账项，在企业实际收到有关原始凭证时才能据以编制记账凭证并登记银行存款日记账和总账。

表7-3 银行存款余额调节表

20××年5月31日　　　　　　　　　　　　　　　　　　　　单位：元

项　目	金　额	项　目	金　额
银行存款日记账余额	560 700	银行对账单余额	586 550
加：银行已入账、企业尚未入账的收入款项	10 000	加：企业已入账、银行尚未入账的收入款项	28 450
减：银行已入账、企业尚未入账的支付款项	4 000	减：企业已入账、银行尚未入账的支付款项	48 300
调节后的余额	566 700	调节后的余额	566 700

(三)实物资产的清查

1. 存货的盘存制度

实物资产中存货数量较多，清查工作的开展与盘存制度密切相关。确定存货账面结存数量有两种盘存制度：实地盘存制和永续盘存制。

实地盘存制又称定期盘存制，是平时在存货账上只记收入(或增加)的数量，而不登记发出(或减少)的数量，期末通过实物盘点来确定结存数量，据以推算发出或减少的存货数量。因此，实地盘存制被称为"以存计耗制"或"以存计销制"。其计算公式如下：

本期发出数量=期初库存数量+本期收入数量-期末库存数量

实地盘存制的优点在于简化了存货日常的记账工作，但也具有明显的缺点。

(1) 不能随时反映存货的收入、发出和结存情况，不利于对存货的日常监督和管理。

(2) 不能随时反映发出存货的数量和成本，影响成本结转的及时性。

(3) 容易掩盖存货管理中存在的偷窃、浪费或自然损耗等管理不善的问题。

永续盘存制又称账面盘存制，是在账面上及时登记存货收入(或增加)、发出(或减少)的数量，并随时在账面上反映出库存数量。其计算公式如下：

期末库存数量=期初库存数量+本期收入数量-本期发出数量

采用永续盘存制，虽然不需要利用期末实物盘点确定库存数量，但由于自然损耗、计量差错、管理疏漏等各种因素，依然有可能出现账面结存数量与实际结存数量不相符的情况，因此仍有必要对实物资产进行定期或不定期的实地盘点，以检查账面记录与实物是否相符，从而及时发现问题，加强资产的管理。

永续盘存制虽然在一定程度上增加了企业日常会计核算的工作量，但能有效克服实地盘存制的不足，在账面上可随时反映每种存货的收入、发出和结存情况，有利于及时结转存货成本，发现资产管理中存在的问题，加强对存货的日常监督，因此被广泛采用。

2. 实物资产的清查方法和盘点

1) 实物资产的清查方法

实物资产的清查包括对原材料、在产品、半成品、库存商品、固定资产、低值易耗品、包装物等资产在数量上和质量上的清点核对。实物资产的清查通常采用以下几种方法。

(1) 实地盘点法。实地盘点法是通过逐一清点或用计量仪器来确定财产物资的实存数量。一般通过点数、过称、量尺等方法确定数量。这种方法工作简单,适用范围广,大部分实物资产清查均可采用这种方法。

(2) 技术推算法。技术推算法是利用技术方法,对财产物资的数量进行推算,而不是逐一清点。这种方法适用于量大、散装或成堆、难以逐一清查的实物资产,如成堆的煤炭、矿石、黄沙或者灌装的油等。

(3) 询证核对法。询证核对法通常是通过向对方发函等方式对财产物资的数量进行确定。这种方法主要用于清查委托外单位加工、保管、代销的实物资产以及在途物资等。

2) 盘点工作

为了明确经济责任,进行财产清查时,有关实物保管人员必须在场,并参加盘点工作。

财产清查过程中,清查人员应将清查的结果如实登记到有关凭证中,便于后期会计人员进行会计处理。根据需要,一般可填制以下几种凭证。

(1) 盘存单。盘存单是记录盘点结果的书面证明,也是反映财产物资实存数量的原始凭证。清查人员协同财产物资保管员现场对财产物资进行盘点,确定清查财产的数量,并检查其质量。然后,清查人员应如实登记到"盘存单"中,并由实物保管人员和参加盘点人员同时签字或盖章。盘存单的格式如表 7-4 所示。

表 7-4 盘存单

财产类别:　　　　　　　　　　　　　　　　　　　　　编号:
存放地点:　　　　　　　年　月　日　　　　　　金额单位:

编号	名称	规格型号	计量单位	数量	单价	金额	备注

盘点人:　　　　　　　　　　实物负责人:

(2) 账存实存对比表。采用永续盘存制的企业也可根据财产物资明细账中的结存记录进行盘点,对于账实相符的财产物资可不必再登记"盘存单",而仅对账实不符的财产物资登记"账存实存对比表",以反映账面记录与实际情况的具体差异。账存实存对比表如表 7-5 所示。

表 7-5 账存实存对比表

年　月　日　　　　　　　　　　　金额单位:

编号	名称及规格	计量单位	单价	实存		账存		盘盈		盘亏		备注
				数量	金额	数量	金额	数量	金额	数量	金额	

主管人员:　　　　　　　会计:　　　　　　　制表人:

(3) 积压变质报告单。在财产清查时如果发现有积压变质物资，应另行堆放，并填制积压变质报告单，报经有关领导审批后做出相应的处理。积压变质报告单如表 7-6 所示。

表 7-6　积压变质报告单

年　　月　　日　　　　　　　　　　　　　　　金额单位：

编号	名称	规格型号	计量单位	进货单价	实存数量	金额	情况说明	处理意见

审批意见：

盘点人：　　　　　　　　实物负责人：

(四)债权债务的清查

对于企业的债权、债务一般采用"询证核对法"进行清查，清查单位向往来经济单位发送询证函，对方单位核对无误盖章后回复。函证信的格式和内容如图 7-1 所示。

××单位：

　　你单位于 20××年×月×日购入我单位××产品×件，已付款项××元，尚有××元货款未付，为了核对账目，特函请查证，是否相符，请在回单联中注明后盖章寄回。

　　　此致

　　敬礼！

核查单位：(盖章)
20××年×月×日

请沿此虚线裁开，将以下回单联寄回。

往来款项对账单(回单联)

××××核查单位：

　　你单位寄来的"往来款项对账单"已经收到，经核对相符(如不符，应注明具体内容和金额)。

单位(盖章)
20××年×月×日

图 7-1　函证信

企业在收到上述回单后，应据此编制"往来款项清查表"，如表 7-7 所示。注明核对相符与不相符的款项，对不相符的款项进一步查明原因，及时进行处理。

表 7-7　往来款项清查表

总分类账户名称：　　　　　　　　年　　月　　日

明细分类账户		清查结果		核对不符原因分析			备注
名称	账面余额	核对相符金额	核对不符金额	未达账项金额	有争议款项金额	其他	

五、财产清查结果的处理

财产清查结果有两种：账实相符和账实不符。账实相符说明企业的会计记录基本准确，不需要进行专门的账务处理。账实不符主要包括财产物资的盘盈、盘亏或毁损等情况。其中，盘盈是指实存数大于账存数，说明财产物资发生溢余；盘亏或毁损是指实存数小于账存数，说明财产物资发生短缺。对于清查过程中出现的溢余和短缺情况，企业应认真核实数字，调整账簿记录，使账存数与实存数保持一致，调查分析发生差异的原因，明确经济责任，提出处理意见，按规定管理权限经批准后，予以严肃认真处理。同时企业应当认真总结经验教训，提出改进措施，建立健全必要的规章制度，明确财产物资保管责任，提高经营管理水平。

(一)账户设置

财产清查结果主要通过设置"待处理财产损溢"账户进行会计处理，该账户核算企业在财产清查过程中查明的各种财产物资盘盈、盘亏和毁损的价值，物资在运输途中发生的非正常短缺与损耗也通过本科目核算。该账户借方登记各种财产物资的盘亏、毁损数及经批准后转销的盘盈数，贷方登记除固定资产以外的财产物资的盘盈数及经批准后转销的盘亏、毁损数。企业对于清查过程中出现的盘盈、盘亏和毁损情况，应查明原因，在期末结账前处理完毕，结转后该账户应无余额。固定资产的盘盈通过"以前年度损益调整"账户处理，不再通过该账户核算。"待处理财产损溢"账户结构如图 7-2 所示。

借方	待处理财产损溢	贷方
清查时发现的盘亏、毁损数		清查时发现的盘盈数
经批准后盘盈的转销数		经批准后盘亏、毁损的转销数

图 7-2　"待处理财产损溢"账户结构

(二)会计核算步骤

会计核算通常分两步进行，第一步：审批前，根据清查过程中取得的原始凭证编制记账凭证，并登记入账。一方面调整财产物资的金额，将账簿记录调整为实际数；另一方面反映"待处理财产损溢"的金额。盘盈时,借记"原材料""库存商品"等账户,贷记"待处理财产损溢"账户;盘亏时,借记"待处理财产损溢"账户,贷记"原材料""库存商品"等账户。

第二步:盘盈、盘亏、毁损的财产,根据管理权限报经批准后处理时,转销"待处理财产损溢"账户,转销后该账户余额为零,同时根据具体原因做出相应的账务处理。

(三)财产清查结果的会计处理

1. 库存现金清查结果的会计处理

库存现金在清查中存在盘盈或者盘亏时,应及时填写"库存现金盘点报告表",并据此进行账务处理。盘盈时借记"库存现金"账户,贷记"待处理财产损溢"账户,盘亏时做相反分录。待查明原因后,根据批准处理意见,对于现金溢余,属于应支付给有关单位的,应贷记"其他应付款"账户;属于无法查明原因的,贷记"营业外收入"账户;同时借记"待处理财产损溢"账户。对于现金短缺,属于应由责任人赔偿的部分,借记"其他应收款"账户;属于无法查明的其他原因,借记"管理费用"账户;同时贷记"待处理财产损溢"账户。

【例 7-8】长江公司 6 月末财产清查中发现库存现金溢余 200 元,经反复核查,未查明原因,经批准后转作营业外收入。编制会计分录如下:

(1) 审批前:

借:库存现金　　　　　　　　　200
　　贷:待处理财产损溢　　　　　　　　200

(2) 审批后:

借:待处理财产损溢　　　　　　200
　　贷:营业外收入　　　　　　　　　　200

【例 7-9】长江公司 7 月末财产清查中发现库存现金短缺 30 元,经核查,系出纳员失误所致,由出纳员赔偿。编制会计分录如下:

(1) 审批前:

借:待处理财产损溢　　　　　　30
　　贷:库存现金　　　　　　　　　　　30

(2) 审批后:

借:其他应收款　　　　　　　　30
　　贷:待处理财产损溢　　　　　　　　30

2. 存货清查结果的会计处理

存货在清查中存在盘盈、盘亏或者毁损时,应及时填写"账存实存对比表",并据此进行账务处理。盘盈时借记"原材料""库存商品""生产成本"等账户,贷记"待处理财产损溢"账户,盘亏时做相反分录。待查明原因后,根据批准处理意见,对于存货溢余,属于多收少付应退还给有关单位的,贷记"应付账款"账户;属于计量器具所致或自然升溢或无法查明原因的,应贷记"管理费用"账户;同时借记"待处理财产损溢"账户。对于存货盘亏或毁损,属于定额内损耗或无法查明原因的,应借记"管理费用"账户;属于保管人员过失或保险公司、运输部门等责任,应由责任人赔偿的部分,借记"其他应收款"账户,扣除过失人或保险公司赔偿和残料价值后的余额,记入"管理费用"账户;属于自然灾害或意外等非常损失造成的毁损记入"营业外支出"账户;同时贷记"待处理财产损溢"账户。

【例 7-10】长江公司 7 月末财产清查中发现盘盈 A 材料 2 吨,每吨单价 700 元,不考虑相关税费。经查明是由于收发计量上的错误造成的,经批准冲减管理费用。编制会计分录如下:

(1) 审批前:
借:原材料   1 400
    贷:待处理财产损溢   1 400
(2) 审批后:
借:待处理财产损溢   1 400
    贷:管理费用   1 400

【例 7-11】长江公司 9 月末财产清查中发现盘亏 B 材料 2 吨,每吨单价 450 元,经查明,属于定额内的自然损耗有 300 元,其余的是由于保管人员工作失职造成的损失,应由保管人员赔偿。编制会计分录如下:

(1) 审批前:
借:待处理财产损溢   900
    贷:原材料   900
(2) 审批后:
借:管理费用   300
    其他应收款   600
    贷:待处理财产损溢   900

3. 固定资产清查结果的会计处理

当企业的固定资产盘亏时,企业应该按盘亏固定资产的净值借记"待处理财产损溢"账户,同时借记"累计折旧"账户,将已计提的累计折旧转出,按固定资产的原值贷记"固定资产"账户。经批准后,应借记"营业外支出"账户,贷记"待处理财产损溢"账户。

【例 7-12】长江公司 9 月末财产清查中盘亏设备一台,其原始价值为 6 000 元,已提折旧 3 600 元。编制会计分录如下:

(1) 审批前:
借:待处理财产损溢   2 400
    累计折旧   3 600
    贷:固定资产   6 000
(2) 审批后:
借:营业外支出   2 400
    贷:待处理财产损溢   2 400

4. 债权债务清查结果的会计处理

在财产清查时,如果发现"应收账款""应付账款"等往来款项发生收不回来或无法支付的情况，无须通过"待处理财产损溢"账户处理。对于确实无法收回的应收款项，经批准予以转销时，应冲减计提的坏账准备，其会计处理将在后续课程中讲解。对于无法支付的应付款项，应转销"应付账款"等账户，同时贷记"营业外收入"账户。

【例7-13】长江公司9月末财产清查中发现应付某单位的货款2 000元，因对方单位已经撤销，确实无法支付，经批准转作营业外收入。编制会计分录如下：

  借：应付账款   2 000
    贷：营业外收入   2 000

第三节 对账和结账

一、对账

(一)对账的含义

对账，就是核对账目，是指在会计核算中，为保证账簿记录正确可靠，对账簿中的有关数据进行检查和核对的工作。

企业在日常生产经营和会计核算中，一方面，由于出现差错或其他因素，可能导致记账工作出现错误；另一方面，由于财产物资自身的性质和特征以及管理不善或其他原因，可能导致财产物资等发生溢余或短缺，导致账实不符。为了能如实反映企业的实际情况，保证会计账簿记录的正确性，及时发现错误并进行更正，在编制会计报表前必须进行对账，这也是会计工作的重要内容之一。

我国《会计基础工作规范》要求：各单位应当定期对会计账簿记录的有关数字与库存实物、货币资金、有价证券、往来单位或者个人等进行相互核对，保证账证相符、账账相符、账实相符。

(二)对账的内容

对账工作一般在会计期末(月末、季末、年末)进行，特殊情况下也可在平时随时进行，但应保证每年至少进行一次。对账的内容主要包括：账证核对、账账核对、账实核对。

1. 账证核对

账证核对是指核对会计账簿记录与原始凭证、记账凭证的时间、凭证字号、内容、金额是否一致，记账方向是否相符。主要包括库存现金日记账、银行存款日记账与收款凭证、付款凭证核对；明细分类账与相关原始凭证、记账凭证核对；总分类账与记账凭证核对等。账证核对通常在日常活动中进行，及时发现并纠正错误。由于核对会计账簿和会计凭证日常工作量较大，一般采用抽查核对的方式。

2. 账账核对

账账核对是指核对不同会计账簿之间的记录是否相符，具体包括以下方面。

(1) 总分类账核对。根据试算平衡原理，将总分类账全部账户的借方发生额合计数与贷方发生额合计数核对，全部账户借方余额合计数与贷方余额合计数核对。这种核对可以通过编制总分类账户的试算平衡表进行。

(2) 总分类账与其所属明细分类账核对。根据平行登记原理，将各个总分类账户的期初余额、借方发生额、贷方发生额及期末余额分别与其所属明细分类账的期初余额合计数、借方发生额合计数、贷方发生额合计数以及期末余额合计数核对。

(3) 总分类账与日记账核对。"库存现金"和"银行存款"总分类账的期初余额、借方发生额、贷方发生额及期末余额分别与"库存现金"和"银行存款"日记账的期初余额、借方发生额、贷方发生额和期末余额核对。

(4) 财产物资明细账核对。会计部门财产物资明细账的发生额、余额与财产物资保管和使用部门的有关明细账发生额、余额进行核对。

3. 账实核对

账实核对是指核对财产物资、债权债务等会计账簿记录与实有数额是否相符，主要包括以下内容。

(1) 现金日记账的账面余额与现金实际库存数相核对。
(2) 银行存款日记账的账面余额与银行对账单相核对。
(3) 各种财产物资明细账账面余额与财产物资实存数额相核对。
(4) 各种应收、应付款明细账账面余额与有关债务、债权单位或者个人相核对。

二、结账

(一)结账的含义

结账是在将本期所发生的经济业务全部登记入账的基础上，按照规定的方法对该期内的账簿记录进行小结，结算出本期发生额和余额，并将其余额结转下期或者转入新账。《会计基础工作规范》规定：为了正确反映一定时期内在账簿记录中已经记录的经济业务，总结有关经济业务活动和财务状况，各单位必须在会计期末进行结账，不得为赶编会计报表而提前结账，更不得先编制会计报表后结账。

(二)结账的程序

企业应按一定的程序进行期末结账。

(1) 检查截止到结账日本期内所发生的经济业务是否已全部填制会计凭证并据以登记账簿，如果发现有遗漏、错账，应及时补记、更正，不得提前结账，也不能将本期经济事项拖延到后期入账。

(2) 检查是否按照权责发生制的要求进行账项调整，以保证完整合理地反映本期的财务状况和经营成果。

(3) 期末账项结转，编制结账分录。期末账项结转是在账项调整的基础上进行的一项后续工作。以制造企业为例，期末账项结转的内容主要包括：结转制造费用；结转完工产品成本；结转产品销售成本；结转所有损益类账户，即编制期末结账分录。

(4) 进行对账，保证账证相符、账账相符、账实相符。

(三)结账的方法

期末结账时,应当根据不同的账户和结账时期,分别采用不同的方法。结账按照时间的不同,可分为月结、季结和年结。结账时应结出每个账户的期末余额,有些账户还需结出本期发生额。

1. 月结

月结是每个月的月底进行月度的结账。对于库存现金、银行存款日记账以及收入、费用明细账等需要按月结计发生额的账户,每月结账时,应在各账户本月最后一笔记录下面划一通栏单红线,然后在红线下单列一行,摘要栏内注明"本月发生额及余额"或"本月合计",结算出本月借方发生额、贷方发生额和月末余额,在下面再划一通栏单红线,表示完成月结工作。对不需要按月结计本期发生额的账户,如各项应收应付款明细账和各项财产物资明细账等,每次记账以后,都要随时结出余额,每月最后一笔余额即为月末余额。月末结账时,只需要在最后一笔经济业务记录之下划一通栏单红线,表示本期会计记录已经截止或结束。对于"本年利润""利润分配"等需要结计本年累计发生额的账户,每月结账时,应在"本月合计"行下结出自年初起至本月末止的累计发生额,登记在月份发生额下面,在摘要栏内注明"本年累计"字样,并在下面再划通栏单红线。

2. 季结

季结是每季末在账簿中进行季度结账。在季末最后一个月的月结下面一行的摘要栏登记"本季发生额及余额"或"本季合计"字样,同时结算出本季度三个月的借方、贷方本期发生额和季末余额,并标明余额方向,然后再在季结行下划一条通栏单红线。

3. 年结

年结是每年末在账簿中进行年度结账。年度终了,所有总分类账户都应结出全年的发生额及年末余额。年度结账时,应在第四季度季结下面一行的摘要栏登记"本年发生额及余额"或"本年合计"字样,同时结算出全年借方发生额、贷方发生额和年末余额,并标明余额方向,然后再在年结行下划通栏双红线,表示封账。年度终了结账时,有余额的账户,要将其余额结转下年,直接记入新账余额栏内,不需要编制记账凭证。

本 章 小 结

会计确认的基础有收付实现制和权责发生制两种。收付实现制又称现金制或现收现付制,是以实际收到或支付款项作为确认、计量和报告收入、费用的标准。权责发生制又称应计制或应收应付制,是以与收入相关的权利已经取得或与费用相关的义务、责任实际发生作为确认、计量和报告收入、费用的标准。我国规定企业以权责发生制为基础进行会计确认、计量和报告。按照权责发生制,期末需要进行账项调整,账项调整具体可分为应计项目、递延项目和其他项目三类。

财产清查是指通过对企业的货币资金、财产物资及债权债务等进行盘点和核对,来查明各项货币资金、财产物资和债权债务的实有数和账面数是否相符的一种专门方法,是对账工作的重要环节，也是会计核算的基本方法之一。

对账，就是核对账目，是指在会计核算中，为保证账簿记录正确可靠，对账簿中的有关数据进行检查和核对的工作。对账包括账证核对、账账核对、账实核对。

结账是在将本期所发生的经济业务全部登记入账的基础上，按照规定的方法对该期内的账簿记录进行小结，结算出本期发生额和余额，并将其余额结转下期或者转入新账。企业在期末编制财务报表之前，要先做结账工作，以分清前后会计期间的会计记录，正确反映一定时期内的经济业务，总结企业的财务状况和经营成果。结账分为月结、季结和年结。

自 测 题

一、单项选择题

1. 某企业在遭受洪灾后，对其受损的财产物资进行的清查，属于( )。
   A. 局部清查和定期清查　　　B. 全面清查和定期清查
   C. 局部清查和不定期清查　　D. 全面清查和不定期清查

2. 下列属于账证核对的是( )。
   A. 总分类账和有关记账凭证之间的核对
   B. 银行存款日记账账面余额与银行对账单之间的核对
   C. 总分类账与明细分类账之间的核对
   D. 明细分类账之间的核对

3. 财产清查时，债权债务采用的清查方法是( )。
   A. 抽查检验法　　　　　　　B. 技术推算法
   C. 核对账目法　　　　　　　D. 实地盘点法

4. 下列企业会计处理方法符合权责发生制基础的业务有( )。
   A. 当月收到甲公司上月所欠货款100 000元，确认本月收入100 000元
   B. 当月支付上月欠交的修理费50 000元，确认本月费用50 000元
   C. 当月赊销产品给乙公司351 000元，确认本月收入351 000元
   D. 当月预收货款30 000元，确认本月收入30 000元

5. 下列关于企业库存现金清查说法错误的是( )。
   A. 库存现金清查通过实地盘点进行
   B. 对于现金清查结果，应编制现金盘点表，并由出纳人员和盘点人员签字盖章
   C. 对于超过规定的库存限额的库存现金应及时送存银行
   D. 清查小组清查时，出纳人员可以不在场

6. 某企业2018年7月31日银行存款日记账余额为40 000元，同日收到银行开来的对账单，余额为38 900元，经逐笔核对，双方均无错账，发现有以下未达账项。
   (1) 企业开出转账支票一张600元，银行尚未入账；
   (2) 银行代付水电费260元，企业尚未入账；
   (3) 企业存入转账支票一张400元，银行尚未入账；
   (4) 企业存入销货现金1 200元，银行尚未入账；

(5) 银行支付给企业存款利息160元，企业尚未入账。

经调节后的余额应为(　　)。

  A. 39 900元   B. 37 900元   C. 41 000元   D. 38 800元

7. 对银行已入账而企业未入账的未达账项，企业应当(　　)。

  A. 根据银行对账单金额入账

  B. 根据"银行存款余额调节表"和"银行对账单"自制原始凭证入账

  C. 在编制"银行存款余额调节表"时入账

  D. 在收到银行的有关凭证时入账

8. 下列不属于账实核对的是(　　)。

  A. 现金日记账的账面余额与现金实存数核对相符

  B. 银行存款日记账的账面余额与银行对账单核对相符

  C. 会计部门的财产物资明细账与财产物资保管部门的财产物资明细账核对相符

  D. 各种债权债务等往来款项明细账的余额应与有关单位或个人核对相符

9. 对财产清查结果进行账务处理的主要目的是保证(　　)。

  A. 账表相符   B. 账实相符   C. 账证相符   D. 账账相符

10. 我国企业会计准则规定，企业的会计核算应当以(　　)为基础。

  A. 永续盘存制   B. 实地盘存制   C. 权责发生制   D. 收付实现制

二、多项选择题

1. 对账的主要内容有(　　)。

  A. 账证核对   B. 账账核对   C. 表实核对   D. 账实核对

2. 在实地盘存制下，(　　)。

  A. 账面记录存货的增加数   B. 必须定期实地盘点结存数

  C. 账面记录存货的减少数   D. 账面平时不记录存货减少数

3. 财产物资的盘存制度有(　　)。

  A. 权责发生制   B. 收付实现制

  C. 实地盘存制   D. 永续盘存制

4. 财产清查中应采用实地盘点法进行清查的资产主要有(　　)。

  A. 库存现金   B. 银行存款   C. 库存商品   D. 固定资产

5. 未达账项有以下几种情况(　　)。

  A. 银行已记存款增加，企业尚未记账 B. 银行已记存款减少，企业尚未记账

  C. 企业已记存款增加，银行尚未记账 D. 企业已记存款减少，银行尚未记账

6. "待处理财产损溢"科目贷方登记(　　)。

  A. 批准前待处理财产物资盘盈数

  B. 批准前待处理财产物资盘亏及毁损数

  C. 结转已批准处理财产物资盘盈数

  D. 结转已批准处理财产物资的盘亏及毁损数

7. 不定期清查主要是在(　　)情况下进行。

  A. 更换现金、财产的保管人员

B. 发生自然灾害和意外损失

C. 进行临时性清产核资时

D. 年末

8. 以下哪些情况需要进行全面清查？（　　）

A. 年终决算　　B. 企业合并　　C. 企业撤销　　D. 开展清产核资

9. 核对账目法适用于(　　)的清查。

A. 固定资产　　B. 库存现金　　C. 银行存款　　D. 应付账款

10. 以下哪些账户期末结账后无余额？（　　）

A. 固定资产　　B. 长期待摊费用　　C. 生产成本　　D. 主营业务成本

三、判断题

1. 会计期间就是会计年度，会计期间从每年的1月1日开始至12月31日止。（　　）

2. 某企业在财产清查中，发现短缺设备一台，账面原值30 000元，已计提折旧10 000元，在报经批准处理前应记入"待处理财产损溢"账户的借方。（　　）

3. 银行存款日记账余额与银行对账单余额不相等，说明企业和银行其中一方记账肯定有错误。（　　）

4. 按照权责发生制，企业购买机器设备应计入本月费用。（　　）

5. 在永续盘存制下，企业可以随时从账面得到库存商品和销售商品的数量，因此无须进行实地盘点。（　　）

6. 银行存款余额调节表不仅可以核对账目，还可以作为调整银行存款账面余额的原始凭证。（　　）

7. "累计折旧"是资产类账户，它是"固定资产"账户的调整账户。（　　）

8. 实地盘存制是指平时根据会计凭证在账簿中登记各种财产的增加数和减少数，在期末时再通过盘点实物，来确定各种财产的数量，并据以确定账实是否相符的一种盘存制度。（　　）

9. 财产清查按照清查的时间可分为定期清查和不定期清查。（　　）

10. 现金清查时，出纳人员必须在场。（　　）

四、简答题

1. 什么是收付实现制？什么是权责发生制？
2. 企业进行账项调整通常有哪几种类型？
3. 应计项目有几类？怎样进行账项调整？
4. 递延项目有几类？怎样进行账项调整？
5. 什么是对账？对账的内容有哪些？
6. 什么是财产清查？财产清查的意义是什么？
7. 财产清查怎样进行分类？
8. 什么是未达账项？如何编制银行存款余额调节表？
9. 财产清查的方法有哪些？如何进行财产清查结果的会计处理？
10. 什么是结账？结账方法有哪些？

五、业务题

习题一

1. 目的：练习收付实现制和权责发生制下收入和费用的确定。

2. 资料：中远公司 20××年 8 月发生以下经济业务。

(1) 销售产品 4 000 元，货款存入银行；

(2) 销售产品 10 000 元，货款尚未收到；

(3) 支付 7—12 月的租金 6 000 元；

(4) 本月应计提银行借款利息 1 000 元；

(5) 上个月应收销货款 4 000 元；

(6) 收到购货单位预付货款 8 000 元，下月交货。

3. 要求：(1) 根据上述经济业务内容分别按权责发生制和收付实现制原则计算企业本月的收入和费用，填写表 7-8。

(2) 比较两种会计基础下的企业利润，并说明哪种会计基础计算的利润更合理。

表 7-8 权责发生制和收付实现制下收入、费用计算

业务号	权责发生制		收付实现制	
	收 入	费 用	收 入	费 用
(1)				
(2)				
(3)				
(4)				
(5)				
(6)				
合计				

习题二

1. 目的：练习银行存款余额调节表的编制。

2. 资料：中远公司 20××年 9 月 30 日银行存款日记账余额为 1 280 000 元，银行对账单上的余额为 1 147 400 元，经过逐笔核对发现有下列未达账项。

(1) 公司于 9 月 29 日收到的转账支票一张计 180 000 元，企业已登记入账，但该支票尚未送达银行，银行尚未入账；

(2) 公司于 9 月 30 日开出转账支票 60 000 元，现金支票 5 000 元，持票人尚未到银行办理转账和取款手续，银行尚未入账；

(3) 9 月 25 日委托银行收取货款 40 000 元，银行已经收到入账，但收款通知尚未到达企业；

(4) 9 月 30 日银行受供电局委托，已经从公司存款中付出电费 53 100 元，但企业尚未接到付款通知；

(5) 9月末银行计算企业的存款利息3 750元,已经计入企业存款户,但企业尚未收到收账通知;

(6) 9月末银行计算企业应付的借款利息8 250元,已经从企业存款划转,但企业尚未收到付款通知。

3. 要求:根据上述资料编制中远公司20××年9月30日的银行存款余额调节表。

习题三

1. 目的:练习银行存款余额调节表的编制。

2. 资料:中远公司20××年10月银行存款日记账20日至月末的所记经济业务如下。

(1) 20日开出支票#09478,支付购入材料的贷款1 400元;

(2) 21日存入销货款转账支票2 400元;

(3) 24日开出支票#09479,支付购料运杂费700元;

(4) 26日开出支票#09480,支付下季度的房租1 600元;

(5) 27日收到销货转账支票9 700元;

(6) 30日开出支票#09481,支付日常零星费用200元;

(7) 30日收到应收账款3 000元,已存入银行;

(8) 31日开出支票支取现金6 000元,支票号为#09482;

(9) 31日银行存款日记账金额30 736元。

银行对账单所列20日至月末经济业务如下。

(1) 20日结算银行存款利息792元;

(2) 22日收到企业开出支票#09478,金额1 400元;

(3) 24日收到销售款转账支票2 400元;

(4) 26日银行为企业代付水电费1 320元;

(5) 27日收到企业开出支票#09479,金额为700元;

(6) 30日代收外地企业汇来汇款1 400元;

(7) 30日支付付款600元;

(8) 31日收到外地汇款,已收妥入账35 000元;

(9) 31日银行对账单余额为61 108元。

3. 要求:编制期末银行存款余额调节表。

习题四

1. 目的:练习财产清查结果的会计处理。

2. 资料:中远公司20××年11月在财产清查中发现财产物资盘盈、盘亏的情况如下。

(1) 确定甲材料盘盈100千克,按每千克1元入账。经查明,盘盈甲材料属于吸潮自然升溢,按管理权限报经批准后转销。

(2) 确定盘亏机床一台,其账面原价48 000元,已提折旧26 000元。盘亏的机床按管理权限报经批准后转销。

(3) 查明无法收回的应收账款800元,按管理权限报经批准后作为坏账损失处理。

(4) 确定一项应付账款8 000元无法支付,予以转销。

(5) 清查中发现毁损丙材料800千克,单位成本20元。经查明,属于自然灾害造成的损失,根据保险责任范围及保险合同约定,保险公司应给予10 000元的赔偿,残料已办理入库手续，价值200元。毁损的丙材料，按管理权限报经批准后转销。

(6) 在库存现金清查中发现现金盈余50元，无法查明原因，按管理权限报经批准后转销。

(7) 在库存现金清查中发现现金短缺20元。经查明，该短缺属于出纳人员陈某的责任，应由出纳人员陈某赔偿。

3. 要求：根据上述资料编制财产清查有关会计分录。

第八章

财务会计报告

【学习要点及目标】
- 了解财务会计报告的意义;
- 了解会计报表的种类、作用和编制要求;
- 掌握资产负债表的基本结构、内容、编制依据和编制方法;
- 掌握利润表的基本结构、内容、编制依据和编制方法。

【核心概念】

财务会计报告 财务报表 资产负债表 利润表

【引导案例】

下表数据摘自上市公司湖南尔康制药股份有限公司2016年度报告。请思考资产负债表和利润表各项目的数据是怎样得到的？编制报表的依据是什么？资产负债表和利润表之间有什么关系？通过这两张表，你能得到哪些有关企业财务状况和经营成果的判断？

合并资产负债表(部分)

编制单位：湖南尔康制药股份有限公司　　2016年12月31日　　　　　　　　单位：元

资产	期末余额	期初余额	负债和所有者权益(或股东权益)	期末余额	期初余额
流动资产：			流动负债：		
货币资金	992 054 870.41	2 020 328 504.64	短期借款		194 808 000.00
应收票据	32 652 745.29	33 992 209.70	应付票据	5 742 600.00	100 000 000.00
应收账款	238 657 039.45	214 988 998.72	应付账款	189 351 915.03	68 507 091.65
预付款项	129 418 039.90	40 240 433.70	预收款项	52 561 996.78	56 427 735.57
应收利息			应付职工薪酬	20 707 354.04	18 439 413.16
应收股利			应交税费	33 894 547.38	28 416 855.62
其他应收款	14 302 964.19	15 551 940.98	应付利息		1 636 320.64
存货	991 470 398.52	565 962 184.31	其他应付款	35 769 410.19	24 623 953.91
一年内到期的非流动资产			一年内到期的非流动负债		
其他流动资产	89 249 531.95	145 698 142.51	其他流动负债		
流动资产合计	2 487 805 589.71	3 036 762 414.56	流动负债合计		492 859 370.55
非流动资产：			非流动负债：		
可供出售金融资产			长期借款		
持有至到期投资			应付债券		
长期应收款			长期应付款		
长期股权投资	240 000 000.00		递延收益	56 506 932.60	38 968 827.74
投资性房地产	22 697 854.60	23 978 694.52	递延所得税负债	14 403 646.98	12 271 173.40
固定资产	1 768 742 210.34	1 276 609 140.05	其他非流动负债		
在建工程	772 034 322.51	197 996 431.68	非流动负债合计	70 910 579.58	51 240 001.14
工程物资			负债合计	408 938 403.00	544 099 371.69
固定资产清理			所有者权益(或股东权益)：		
生产性生物资产			股本	2 060 361 214.00	1 028 361 007.00
油气资产			资本公积	946 566 088.28	1 950 337 045.65

续表

资　产	期末余额	期初余额	负债和所有者权益(或股东权益)	期末余额	期初余额
无形资产	263 924 879.02	214 495 870.79	减：库存股		
开发支出		13 224 199.39	其他综合收益	59 082 720.91	12 390 946.18
商誉	35 057 028.13	11 432 372.46	专项储备	424 929.58	
长期待摊费用	2 416 799.27	2 416 799.27	盈余公积	102 752 342.66	67 146 447.63
递延所得税资产	23 998 556.09	18 624 707.76	未分配利润	2 013 419 713.00	1 125 427 214.43
其他非流动资产	36 563 356.09	1 500 000.00	少数股东权益	61 695 184.33	73 593 345.72
非流动资产合计	3 165 435 006.05	1 764 592 963.74	所有者权益合计	5 244 302 192.76	4 257 256 006.61
资产总计	5 653 240 595.76	4 801 355 378.30	负债和所有者权益总计	5 653 240 595.76	4 801 355 378.30

合并利润表(部分)

编制单位：湖南尔康制药股份有限公司　　2016 年 1—12 月　　　　　　　　　　单位：元

项　目	本期发生额	上期发生额
一、营业总收入	2 960 896 815.03	1 755 998 915.76
其中：营业收入	2 960 896 815.03	1 755 998 915.76
二、营业总成本	1 920 562 727.13	1 110 944 337.17
其中：营业成本	1 550 759 401.00	852 205 308.25
税金及附加	13 629 043.63	9 070 496.40
销售费用	137 715 025.11	78 674 744.87
管理费用	206 932 803.54	167 042 569.75
财务费用	-48 417 289.60	-3 377 388.06
资产减值损失	59 943 743.45	7 328 605.96
加：公允价值变动收益(损失以"-"号填列)		
投资收益(损失以"-"号填列)	15 679 365.20	1 235 058.37
三、营业利润(亏损以"-"号填列)	1 056 013 453.10	646 289 636.96
加：营业外收入	37 570 454.85	12 956 158.17
减：营业外支出	172 727.54	82 796.53
四、利润总额(亏损总额以"-"号填列)	1 093 411 180.41	659 162 998.60
减：所得税费用	80 676 429.56	60 177 591.96
五、净利润(净亏损以"-"号填列)	1 012 734 750.85	598 985 406.64

(资料来源：深圳证券交易所官网)

第一节　财务会计报告概述

财务会计报告简称"财务报告",是指企业对外提供的反映企业某一特定日期的财务状况和某一会计期间的经营成果、现金流量等会计信息的文件。财务会计报告包括财务报表和其他应当在财务会计报告中披露的相关信息和资料。

一、财务报表的含义

财务报表是对企业财务状况、经营成果和现金流量的结构性表述,是财务会计报告的主体内容。一套完整的财务报表至少应当包括"四表一注",即资产负债表、利润表、现金流量表、所有者权益变动表和附注。小企业可只编制资产负债表和利润表。编制报表是会计核算的基本方法之一。

会计人员在日常工作中,对企业生产经营活动中产生的大量经济业务,通过审核和填制会计凭证,分门别类地登记到各种会计账簿,为加强企业的日常经营管理提供依据。然而,会计账簿中记录的信息仍然是分散的,不能系统、直观而又概括地提供信息资料。因此,必须定期地将账簿中的资料进一步加工、分析和整理,编制成财务报表,全面、综合地提供与企业财务状况、经营成果和现金流量等有关的会计信息,以反映企业管理层受托责任履行情况,帮助信息使用者进行正确的投资、信贷等经济决策。

二、财务报表的分类

企业编制的财务报表可以按不同的标准进行分类。

(一)按财务报表反映的经济内容分类

按反映的经济内容不同,财务报表分为资产负债表、利润表、现金流量表、所有者权益(或股东权益,下同)变动表和附注。其中,资产负债表是反映企业在某一特定日期财务状况的会计报表。利润表是反映企业在一定会计期间经营成果的会计报表。现金流量表是以收付实现制为基础,反映企业在一定会计期间现金和现金等价物流入和流出的会计报表。所有者权益变动表是反映企业构成所有者权益(或者股东权益)的各组成部分当期的增减变动情况的报表。附注是对在资产负债表、利润表、现金流量表和所有者权益变动表等报表中列示项目的文字描述或明细资料,以及对未能在这些报表中列示项目的说明等。本章将在第二节和第三节详细讲解资产负债表和利润表的内容和编制。其他内容将在后续会计课程中深入学习。

(二)按财务报表编报的期间分类

按编报期间不同,财务报表分为年度财务报表和中期财务报表。年度财务报表,是企业以一个完整会计年度的报告期间为基础编制的财务报表。我国的会计年度是指自公历的1月1日起至12月31日止。中期财务报表是企业以短于一个会计年度的报告期间为基础编制的财务报表，包括月度报表、季度报表和半年度报表。

(三)按财务报表编制的主体分类

按编制主体不同，财务报表分为个别财务报表和合并财务报表。个别财务报表是反映企业自身的财务状况、经营成果和现金流量的财务报表。合并财务报表是以企业集团为会计主体，根据母公司和所属子公司的个别财务报表，由母公司编制的综合反映企业集团财务状况、经营成果及现金流量的财务报表。

(四)按报表使用者分类

按报表使用者不同，财务报表分为对外报表和内部报表。对外报表是企业根据外部使用者的需要编报的财务报表，如向投资者、债权人、政府部门以及社会公众公布的资产负债表、利润表、现金流量表等；内部报表是企业根据内部生产经营管理需要，供管理人员使用而编制的财务报表，如企业编制的成本费用报表等。企业会计准则所指的财务报表通常是指对外报表，即对外报表需遵守《企业会计准则》的规范，依据其要求编制；而内部报表则不受会计准则的制约，可根据企业管理需要灵活编制。

(五)按所反映资金运动形态分类

按所反映资金运动形态不同，财务报表分为静态报表和动态报表。静态报表是指反映企业某一特定时点资金运动处于相对静止状态情况的报表，如资产负债表；动态报表是指反映企业某一特定期间资金运动动态情况的报表，如利润表、现金流量表和所有者权益变动表。

三、财务报表编制的基本要求

按照《企业会计准则第30号——财务报表列报》的要求，为了保证财务报表的质量，满足信息使用者的需求，企业编制财务报表时，应遵循以下基本要求。

(一)以持续经营为基础

持续经营是财务报表列报的基础，是会计确认、计量和报告的基本前提。在编制财务报表的过程中，企业管理层应当利用所有可获得信息，综合考虑宏观政策风险、市场经营风险以及企业财务状况等因素，来评价企业自报告期末起至少12个月的持续经营能力。评价结果表明对持续经营能力产生重大怀疑的，企业应当在附注中披露。企业正式决定或被迫在当期或将在下一个会计期间进行清算或停止营业的，则表明以持续经营为基础编制财务报表不再合理，在这种情况下，企业应当采用其他基础编制财务报表。

(二)以确认和计量的结果为依据

企业应根据实际发生的交易和事项，按照《企业会计准则——基本准则》和其他各项会计准则的规定进行确认和计量，在此基础上编制财务报表。企业不应以附注披露代替确认和计量，不恰当的确认和计量也不能通过充分披露相关会计政策而纠正。如果按照各项会计准则规定披露的信息不足以让报表使用者了解特定交易或事项对企业财务状况和经营成果的影响时，企业还应当披露其他的必要信息。

(三)权责发生制基础

除现金流量表按照收付实现制编制外，企业应当按照权责发生制编制财务报表。在采用权责发生制会计的情况下，当项目符合基本准则中财务报表要素的定义和确认标准时，企业就应当确认相应的资产、负债、所有者权益、收入和费用，并在财务报表中加以反映。因此，编制财务报表前应按照权责发生制要求进行必要的账项调整，以正确地报告会计信息。

(四)可比性要求

财务报表项目的列报应当在各个会计期间保持一致，不得随意变更，除非会计准则要求或企业经营业务的性质发生重大变化以及对企业经营影响较大的交易或事项发生后，变更财务报表项目的列报能够提供更可靠、更相关的会计信息。这一要求不只针对财务报表中的项目名称，还包括财务报表项目的分类、排列顺序等方面。同时，为增强不同会计期间的可比性，当期财务报表的列报，至少应当提供所有列报项目上一可比会计期间的比较数据，以及与理解当期财务报表相关的说明。财务报表项目的列报发生变更的，应当对上期比较数据按照当期的列报要求进行调整，并在附注中披露调整的原因和性质，以及调整的各项目金额。

(五)重要性原则

财务报表列报应遵循重要性原则。在合理预期下，财务报表某项目的省略或错报会影响使用者据此做出经济决策的，该项目具有重要性。重要性应当根据企业所处的具体环境，从项目的性质和金额两方面予以判断。性质或功能不同的项目，应当在财务报表中单独列报，但不具有重要性的项目除外。性质或功能类似的项目，其所属类别具有重要性的，应当按其类别在财务报表中单独列报。某些项目的重要程度不足以在资产负债表、利润表、现金流量表或所有者权益变动表中单独列示，但对附注却具有重要性，则应当在附注中单独披露。此外，财务报表中的资产项目和负债项目的金额、收入项目和费用项目的金额、直接计入当期利润的利得项目和损失项目的金额不得相互抵销，但非日常活动产生的利得和损失，以同一交易形成的收益扣减相关费用后的净额列示更能反映交易实质的，不属于抵销。

(六)其他要求

企业至少应当按年编制财务报表。年度财务报表涵盖的期间短于一年的，应当披露年度财务报表的涵盖期间、短于一年的原因以及报表数据不具可比性的事实。此外，企业应当在财务报表的显著位置至少披露下列各项：①编报企业的名称；②资产负债表日或财务报表涵盖的会计期间；③人民币金额单位；④财务报表是合并财务报表的，应当予以标明。

第二节 资产负债表

一、资产负债表的概念

资产负债表是指反映企业在某一特定日期(如月末、季末、半年末、年末)的财务状况的会计报表。资产负债表以"资产=负债+所有者权益"会计恒等式为理论依据进行编制,反映企业在某一特定日期资产、负债、所有者权益的总额及其结构和相互关系的信息,又称"财务状况表",是静态报表。

二、资产负债表的内容

资产负债表一般包括表首和正表两部分。表首部分概括地说明报表的名称、编制单位、报表日期、报表编号、货币名称和计量单位等。正表部分是资产负债表的主体,反映企业在资产负债表日的财务状况,按照资产、负债和所有者权益三大类别分类列报。

(一)资产项目

在资产负债表中,资产项目是按其流动性从强到弱的顺序列示的。资产的流动性指资产的变现性,通常按照资产的持有意图和变现速度来确定。资产分为流动资产和非流动资产。

资产满足下列条件之一的,应当归类为流动资产。
(1) 预计在一个正常营业周期中变现、出售或耗用。
(2) 主要为交易目的而持有。
(3) 预计在资产负债表日起一年内变现。
(4) 自资产负债表日起一年内,交换其他资产或清偿负债的能力不受限制的现金或现金等价物。

流动资产以外的资产应当归类为非流动资产,并应按其性质分类列示。

(二)负债项目

在资产负债表中,负债项目是按其流动性从强到弱的顺序列示的。负债的流动性通常按照偿还时间的长短来确定。负债分为流动负债和非流动负债。

负债满足下列条件之一的,应当归类为流动负债。
(1) 预计在一个正常营业周期中清偿。
(2) 主要为交易目的而持有。
(3) 资产负债表日起一年内到期应予以清偿。
(4) 企业无权自主地将清偿推迟至资产负债表日后一年以上。

流动负债以外的负债应当归类为非流动负债,并应当按其性质分类列示。

(三)所有者权益项目

所有者权益类项目一般按照所有者权益项目的不同来源和特定用途进行分类,主要包括实收资本(股本)、资本公积、盈余公积和未分配利润等项目,前两项主要来自所有者投资,后两项来自企业的留存利润。

三、资产负债表的作用

资产负债表揭示了企业在某一特定日期拥有或控制的经济资源、对这些资源的要求权及其变动,具有以下作用。

(1) 提供资产总额及其结构的信息,报表使用者可以清楚地了解企业在某一时点所拥有或控制的经济资源总额及其构成状况。

(2) 提供负债总额及其结构的信息,报表使用者可以清楚地了解企业在某一时点各项负债的性质及偿还期限的长短,与资产相比较可以判断企业的偿债能力。

(3) 提供所有者权益总额及其结构的信息,报表使用者可据以判断企业资本保值、增值的情况以及对负债的保障程度。

(4) 提供进行财务分析的基本资料,如资产负债率、流动比率等,可据以判断企业的资本结构、偿债能力、财务弹性以及资金周转能力、财务状况的变动情况和发展趋势。

此外,资产负债表与其他财务报表相结合,能提供更多有价值的信息,有助于报表使用者做出合理的经济决策。

四、资产负债表的格式

资产负债表正表的列示格式一般有两种:报告式和账户式。报告式资产负债表依据"资产－负债=所有者权益"的会计等式,采用上下结构,将资产、负债和所有者权益项目上下垂直排列列示。其格式如表 8-1 所示。

表 8-1 资产负债表(报告式)　　　　　　　会企 01 表

编制单位:　　　　　　　　　　年　月　日　　　　　　　　　单位:元

项　目	期末余额	年初余额
资产		
流动资产		
……		
非流动资产		
……		
资产总计		
负债		
流动负债		
……		
非流动负债		
……		
负债合计		
所有者权益(或股东权益)		
所有者权益(或股东权益)合计		
负债和所有者权益(或股东权益)总计		

账户式资产负债表依据"资产=负债+所有者权益"的会计等式,采用左右结构,左边列示资产,右边列示负债和所有者权益。我国规定企业编制账户式资产负债表。其格式如表 8-2 所示。

表 8-2 资产负债表(账户式)　　　　　　　　　　　　会企 01 表

编制单位:　　　　　　　　　　　年　月　日　　　　　　　　　　　单位:元

资　产	期末余额	年初余额	负债和所有者权益(或股东权益)	期末余额	年初余额
流动资产 …… 非流动资产 ……			负债 流动负债 …… 非流动负债 …… 负债合计 所有者权益(或股东权益) …… 所有者权益(或股东权益)合计		
资产总计			负债和所有者权益(或股东权益)总计		

五、资产负债表的编制

为增强报表信息的可比性,资产负债表通常需要提供期末余额和年初余额两栏,以帮助信息使用者分析企业的财务状况及其变化。根据财会〔2018〕15 号《关于修订印发 2018 年度一般企业财务报表格式的通知》规定,一般企业(尚未执行新金融准则和新收入准则的企业)资产负债表的格式如表 8-3 所示。

表 8-3 资产负债表

会企 01 表

编制单位:　　　　　　　　　　　年　月　日　　　　　　　　　　　单位:元

资　产	期末余额	年初余额	负债和所有者权益(或股东权益)	期末余额	年初余额
流动资产:			流动负债:		
货币资金			短期借款		
以公允价值计量且其变动计入当期损益的金融资产			以公允价值计量且其变动计入当期损益的金融负债		
衍生金融资产			衍生金融负债		
应收票据及应收账款			应付票据及应付账款		
预付款项			预收款项		
其他应收款			应付职工薪酬		

续表

资　产	期末余额	年初余额	负债和所有者权益(或股东权益)	期末余额	年初余额
存货			应交税费		
持有待售资产			其他应付款		
一年内到期的非流动资产			持有待售负债		
其他流动资产			一年内到期的非流动负债		
流动资产合计			其他流动负债		
非流动资产：			流动负债合计		
可供出售金融资产			非流动负债：		
持有至到期投资			长期借款		
长期应收款			应付债券：		
长期股权投资			其中：优先股		
投资性房地产			永续债		
固定资产			长期应付款		
在建工程			预计负债		
生产性生物资产			递延收益		
油气资产			递延所得税负债		
无形资产			其他非流动负债		
开发支出			非流动负债合计		
商誉			负债合计		
长期待摊费用			所有者权益(或股东权益)：		
递延所得税资产			实收资本(或股本)		
其他非流动资产			其他权益工具		
非流动资产合计			其中：优先股		
			永续债		
			资本公积		
			减：库存股		
			其他综合收益		
			盈余公积		
			未分配利润		
			所有者权益(或股东权益)合计		
资产总计			负债和所有者权益(或股东权益)总计		

(一)"年初余额"的填列

资产负债表中"年初余额"栏内各项目的数据，根据上年年末资产负债表中"期末余额"栏内各项目数据分析调整填列。

(二)"期末余额"的填列

资产负债表中"期末余额"栏内各项目的数据应根据本期资产、负债和所有者权益类科目的期末余额填列,主要可以归为以下五类填列方法。

1. 根据总账科目的余额填列

如"应交税费""短期借款""实收资本""资本公积""盈余公积"等项目,可直接根据其总账科目的期末余额填列。

有些项目则应根据几个总账科目的余额计算填列,如"货币资金"项目,根据"库存现金""银行存款""其他货币资金"三个科目期末余额合计数填列;"其他应付款"项目,应根据"应付利息""应付股利"和"其他应付款"科目的期末余额合计数填列。

2. 根据明细账科目的余额计算填列

"预付款项"项目,应根据"预付账款"和"应付账款"科目所属各明细科目的期末借方余额合计数填列;"预收款项"项目,应根据"应收账款"和"预收账款"科目所属各明细科目的期末贷方余额合计数填列;"一年内到期的非流动资产""一年内到期的非流动负债"项目,应根据有关非流动资产或负债项目的明细科目余额分析填列。

3. 根据总账科目和明细账科目的余额分析计算填列

"长期借款"项目,应根据"长期借款"总账科目余额扣除"长期借款"科目所属的明细科目中将在资产负债表日起一年内到期,且企业不能自主地将清偿义务展期的长期借款后的金额计算填列;"应付票据及应付账款"项目,应根据"应付票据"科目的期末余额,以及"应付账款"和"预付账款"科目所属各明细科目的期末贷方余额合计数填列;"未分配利润"项目应根据"本年利润"总账科目和"利润分配——未分配利润"明细账科目的期末余额计算填列。

4. 根据有关科目余额减去其备抵科目余额后的净额填列

"固定资产"项目,应根据"固定资产"总账科目的期末余额减去其备抵科目"累计折旧""固定资产减值准备"等期末余额后的净额填列。

5. 综合运用上述填列方法分析填列

"应收票据及应收账款"项目,应根据"应收票据"的期末余额以及"应收账款""预收账款"科目所属各明细科目的期末借方余额合计数,减去"坏账准备"科目中相关坏账准备期末余额后的金额填列;"其他应收款"项目,应根据"应收利息""应收股利"和"其他应收款"科目的期末余额合计数,减去"坏账准备"科目中相关坏账准备期末余额后的金额填列;"存货"项目,应根据"在途物资""原材料""库存商品""生产成本"等总账科目的期末余额合计数,减去其备抵科目"存货跌价准备"期末余额后的净额填列。

现将资产负债表的具体编制方法举例说明如下。

【例8-1】沿用第四章红星工厂案例。根据红星工厂20××年12月发生的经济业务及其他相关资料,将第四章编制的相关会计分录按业务发生的时间顺序汇总编制会计分录簿,如表 8-4 所示(注意：因为本例的目的是编制 12 月份的会计报表，所以会计分录簿中不包括例 4-6、例 4-7、例 4-9、例 4-10、例 4-12、例 4-13、例 4-14 等不在 12 月份发生的业务记录。另外，假设红星工厂均采用通用记账凭证，表中序号栏表示记账凭证的编号，为简便起见，不再列示记账凭证)。

表 8-4　红星工厂 20××年 12 月经济业务会计分录簿

单位：元

20××年		序号	摘　　要	一级科目	二级科目	借　方	贷　方	对应题号
月	日							
12	01	1	收到投资	银行存款		100 000.00		例 4-1
12	01	1	收到投资	实收资本			100 000.00	
12	01	2	收到固定资产投资	固定资产		50 000.00		例 4-2
12	01	2	收到固定资产投资	实收资本	胜利工厂		50 000.00	
12	02	3	收到商标权	无形资产		100 000.00		例 4-3
12	02	3	收到商标权	实收资本	大华工厂		100 000.00	
12	02	4	收到原材料投资	原材料	A 材料	10 000.00		例 4-4
12	02	4	收到原材料投资	实收资本	美化公司		10 000.00	
12	04	5	收到投资	银行存款		100 000.00		例 4-5
12	04	5	收到投资	实收资本			70 000.00	
12	04	5	收到投资	资本公积	资本溢价		30 000.00	
12	05	6	购入不需安装的设备	固定资产		11 000.00		例 4-15
12	05	6	购入不需安装的设备	应交税费	应交增值税(进项税额)	1 300.00		
12	05	6	购入不需安装的设备	银行存款			12 300.00	
12	06	7	购入需安装设备	在建工程		22 000.00		例 4-16
12	06	7	购入需安装设备	应交税费	应交增值税(进项税额)	2 600.00		
12	06	7	购入需安装设备	银行存款			24 600.00	
12	07	8	安装固定资产	在建工程		8 000.00		例 4-17
12	07	8	安装固定资产	原材料	B 材料		3 000.00	
12	07	8	安装固定资产	应付职工薪酬			5 000.00	
12	07	9	固定资产安装完毕	固定资产		30 000.00		
12	07	9	固定资产安装完毕	在建工程			30 000.00	
12	08	10	购入 A、B 材料	原材料	A 材料	20 400.00		例 4-18
12	08	10	购入 A、B 材料	原材料	B 材料	4 200.00		
12	08	10	购入 A、B 材料	应交税费	应交增值税(进项税额)	3 174.00		
12	08	10	购入 A、B 材料	银行存款			27 774.00	

续表

20××年		序号	摘要	一级科目	二级科目	借方	贷方	对应题号
月	日							
12	09	11	购入C材料	在途物资	C材料	5 000.00		
12	09	11	购入C材料	应交税费	应交增值税(进项税额)	650.00		例4-19
12	09	11	购入C材料	应付账款	友谊工厂		5 650.00	
12	09	12	预付B材料货款	预付账款	宏大公司	50 000.00		例4-20
12	09	12	预付B材料货款	银行存款			50 000.00	
12	10	13	偿还货款	应付账款	友谊工厂	5 650.00		例4-21
12	10	13	偿还货款	银行存款			5 650.00	
12	10	14	购入B材料	在途物资	B材料	5 600.00		
12	10	14	购入B材料	应交税费	应交增值税(进项税额)	728.00		例4-22
12	10	14	购入B材料	应付票据			6 328.00	
12	10	15	收到B材料	原材料	B材料	40 000.00		
12	10	15	收到B材料	应交税费	应交增值税(进项税额)	5 200.00		例4-23
12	10	15	收到B材料	预付账款	宏大公司		45 200.00	
12	11	16	生产甲乙产品	生产成本	甲产品	12 000.00		
12	11	16	生产甲乙产品	生产成本	乙产品	2 000.00		
12	11	16	生产甲乙产品	制造费用		2 400.00		
12	11	16	生产甲乙产品	管理费用		1 600.00		例4-24
12	11	16	生产甲乙产品	原材料	A材料		4 000.00	
12	11	16	生产甲乙产品	原材料	B材料		12 000.00	
12	11	16	生产甲乙产品	原材料	C材料		2 000.00	
12	12	17	支付车间水电费	制造费用		600.00		例4-25
12	12	17	支付车间水电费	银行存款			600.00	
12	17	18	销售甲产品	银行存款		22 600.00		
12	17	18	销售甲产品	主营业务收入			20 000.00	例4-32
12	17	18	销售甲产品	应交税费	应交增值税(销项税额)		2 600.00	
12	18	19	销售乙产品	应收账款	胜利工厂	33 900.00		
12	18	19	销售乙产品	主营业务收入			30 000.00	例4-33
12	18	19	销售乙产品	应交税费			3 900.00	
12	18	20	收到预付货款	银行存款		30 000.00		例4-34
12	18	20	收到预付货款	预收账款	大华工厂		30 000.00	

续表

20××年		序号	摘要	一级科目	二级科目	借方	贷方	对应题号
月	日							
12	18	21	收到所欠货款	银行存款		33 900.00		例4-35
12	18	21	收到所欠货款	应收账款	胜利工厂		33 900.00	
12	19	22	销售乙产品	预收账款	大华工厂	45 200.00		例4-36
12	19	22	销售乙产品	主营业务收入			40 000.00	
12	19	22	销售乙产品	应交税费	应交增值税(销项税额)		5 200.00	例4-36
12	20	23	销售甲产品	应收票据		90 400.00		
12	20	23	销售甲产品	主营业务收入			80 000.00	例4-37
12	20	23	销售甲产品	应交税费	应交增值税(销项税额)		10 400.00	
12	20	24	产品展览费	销售费用		3 000.00		例4-38
12	20	24	产品展览费	银行存款			3 000.00	
12	24	25	销售A材料	银行存款		28 250.00		
12	24	25	销售A材料	其他业务收入			25 000.00	例4-41
12	24	25	销售A材料	应交税费	应交增值税(销项税额)		3 250.00	
12	24	26	出租固定资产	银行存款		20 000.00		例4-42
12	24	26	出租固定资产	其他业务收入			20 000.00	
12	24	27	结转A材料成本	其他业务成本		20 000.00		例4-43
12	24	27	结转A材料成本	原材料	A材料		20 000.00	
12	26	28	预借差旅费	其他应收款	张红	1 000.00		例4-45
12	26	28	预借差旅费	库存现金			1 000.00	
12	27	29	报销差旅费	管理费用		800.00		
12	27	29	报销差旅费	库存现金		200.00		例4-46
12	27	29	报销差旅费	其他应收款	张红		1 000.00	
12	27	30	支付办公部门水电费	管理费用		1 000.00		例4-47
12	27	30	支付办公部门水电费	银行存款			1 000.00	
12	27	31	发放现金股利	应收股利		40 000.00		例4-48
12	27	31	发放现金股利	投资收益			40 000.00	
12	27	32	罚款收入	银行存款		4 300.00		例4-49
12	27	32	罚款收入	营业外收入			4 300.00	
12	27	33	捐款	营业外支出		20 000.00		例4-50
12	27	33	捐款	银行存款			20 000.00	
12	28	34	提现	库存现金		60 000.00		例4-26
12	28	34	提现	银行存款			60 000.00	

续表

20××年		序号	摘 要	一级科目	二级科目	借 方	贷 方	对应题号
月	日							
12	31	35	结算职工工资	生产成本	甲产品	30 000.00		
12	31	35	结算职工工资	生产成本	乙产品	20 000.00		
12	31	35	结算职工工资	制造费用		4 000.00		例4-27
12	31	35	结算职工工资	管理费用		6 000.00		
12	31	35	结算职工工资	应付职工薪酬	工资		60 000.00	
12	31	36	发放上月工资	应付职工薪酬	工资	60 000.00		例4-28
12	31	36	发放上月工资	库存现金			60 000.00	
12	31	37	计提固定资产	制造费用		3 000.00		
12	31	37	计提固定资产	管理费用		2 000.00		例4-29
12	31	37	计提固定资产	累计折旧			5 000.00	
12	31	38	分配制造费用	生产成本	甲产品	6 000.00		
12	31	38	分配制造费用	生产成本	乙产品	4 000.00		例4-30
12	31	38	分配制造费用	制造费用			10 000.00	
12	31	39	结转甲产品成本	库存商品	甲产品	48 000.00		例4-31
12	31	39	结转甲产品成本	生产成本	甲产品		48 000.00	
12	31	40	核算成本	主营业务成本		78 000.00		
12	31	40	核算成本	库存商品	甲产品		50 000.00	例4-39
12	31	40	核算成本	库存商品	乙产品		28 000.00	
12	31	41	支付城建税、教育费附加	税金及附加		1 000.00		
12	31	41	支付城建税、教育费附加	应交税费	应交城建税		700.00	例4-40
12	31	41	支付城建税、教育费附加	应交税费	应交教育费附加		300.00	
12	31	42	计提出租固定资产折旧	其他业务成本		12 000.00		例4-44
12	31	42	计提出租固定资产折旧	累计折旧			12 000.00	
12	31	43	计提本季度利息	财务费用		1 000.00		例4-8
12	31	43	计提本季度利息	应付利息			1 000.00	
12	31	44	支付本季度利息	应付利息		3 000.00		
12	31	44	支付本季度利息	银行存款			3 000.00	
12	31	45	计提长期借款利息	在建工程		10 000.00		例4-11
12	31	45	计提长期借款利息	长期借款			10 000.00	
12	31	46	结转收入	主营业务收入		170 000.00		
12	31	46	结转收入	其他业务收入		45 000.00		
12	31	46	结转收入	投资收益		40 000.00		例4-51
12	31	46	结转收入	营业外收入		4 300.00		
12	31	46	结转收入	本年利润			259 300.00	
12	31	47	结转费用	本年利润		146 400.00		例4-52

续表

20××年		序号	摘要	一级科目	二级科目	借方	贷方	对应题号
月	日							
12	31	47	结转费用	主营业务成本			78 000.00	
12	31	47	结转费用	税金及附加			1 000.00	
12	31	47	结转费用	其他业务成本			32 000.00	
12	31	47	结转费用	销售费用			3 000.00	
12	31	47	结转费用	管理费用			11 400.00	
12	31	47	结转费用	财务费用			1 000.00	
12	31	47	结转费用	营业外支出			20 000.00	
12	31	48	计提所得税	所得税费用		28 225.00		例4-53
12	31	48	计提所得税	应交税费	应交所得税		28 225.00	
12	31	49	结转所得税	本年利润		28 225.00		
12	31	49	结转所得税	所得税费用			28 225.00	
12	31	50	结转本年利润	本年利润		980 000.00		例4-54
12	31	50	结转本年利润	利润分配	未分配利润		980 000.00	
12	31	51	提取盈余公积金	利润分配	提取法定盈余公积	98 000.00		例4-55
12	31	51	提取盈余公积金	盈余公积	法定盈余公积		98 000.00	
12	31	52	分配利润	利润分配	应付现金股利	392 000.00		例4-56
12	31	52	分配利润	应付股利			392 000.00	
12	31	53	结清利润分配账户	利润分配	未分配利润	490 000.00		例4-57
12	31	53	结清利润分配账户	利润分配	提取法定盈余公积		98 000.00	
12	31	53	结清利润分配账户	利润分配	应付现金股利		392 000.00	
12	31		合计			3 758 802.00	3 758 802.00	

在根据经济业务登记记账凭证后，企业应根据记账凭证登记现金日记账和银行存款日记账，如表8-5和表8-6所示。

表8-5 现金日记账　　　　　　　　　　　　　　　　　　　　　　第1页

20××年		凭证		摘要	对方科目	借方	贷方	余额
月	日	种类	号					
12	1			期初余额				2 000
	26	记	28	预借差旅费	其他应收款		1 000	1 000
	27	记	29	报销差旅费	其他应收款	200		1 200
	28	记	34	提现	银行存款	60 000		61 200
	31	记	36	发放上月工资	应付职工薪酬		60 000	1 200
3	31			本期发生额及余额		60 200	61 000	1 200

表 8-6 银行存款日记账   第 1 页

20××年		凭证		摘要	结算凭证		对应科目	借方	贷方	余额
月	日	种类	号		种类	编号				
12	01			期初余额						1 700 000
12	01	记	1	收到投资	(略)	(略)	实收资本	100 000		1 800 000
12	04	记	5	收到投资			实收资本	100 000		1 900 000
12	05	记	6	购入不需安装的设备			固定资产		12 300	1 887 700
12	06	记	7	购入需安装设备			在建工程		24 600	1 863 100
12	08	记	10	购入 A、B 材料			原材料		27 774	1 835 326
12	09	记	12	预付 B 材料货款			预付账款		50 000	1 785 326
12	10	记	13	偿还货款			应付账款		5 650	1 779 676
12	12	记	17	支付车间水电费			制造费用		600	1 779 076
12	17	记	18	销售甲产品			主营业务收入	22 600		1 801 676
12	18	记	20	收到预付货款			预收账款	30 000		1 831 676
12	18	记	21	收到所欠货款			应收账款	33 900		1 865 576
12	20	记	24	产品展览费			销售费用		3 000	1 862 576
12	24	记	25	销售 A 材料			其他业务收入	28 250		1 890 826
12	24	记	26	出租固定资产			其他业务收入	20 000		1 910 826
12	27	记	30	支付办公部门水电费			管理费用		1 000	1 909 826
12	27	记	32	罚款收入			营业外收入	4 300		1 914 126
12	27	记	33	捐款			营业外支出		20 000	1 894 126
12	28	记	34	提现			库存现金		60 000	1 834 126
1	31	记	44	支付本季度利息			应付利息		3 000	1 831 126
12	31			本期发生额及余额				339 050	207 924	1 831 126

根据记账凭证登记明细账,这里只列示应收账款、预付账款、应付账款、预收账款等账户明细账的登记,如表 8-7~表 8-14 所示,其他账户明细账的登记略。

表 8-7 应收账款明细账

二级科目:胜利工厂   页次   总页

20××年		凭证		摘要	借方	贷方	借或贷	余额
月	日	种类	号					
12	1			期初余额			借	80 000
	18	记	19	销售乙产品	33 900			
	18	记	21	收到所欠货款		33 900		
12	31			本期发生额及余额	33 900	33 900	借	80 000

表 8-8　应收账款明细账

二级科目：美化工厂　　　　　　　　　　　　　　　　　　　　　　　页次　　　总页

20××年		凭证		摘要	借方	贷方	借或贷	余额
月	日	种类	号					
12	1			期初余额			贷	5 000
12	31			本期发生额及余额			贷	5 000

表 8-9　预付账款明细账

二级科目：宏大公司　　　　　　　　　　　　　　　　　　　　　　　页次　　　总页

20××年		凭证		摘要	借方	贷方	借或贷	余额
月	日	种类	号					
12	1			期初余额			平	0
	9	记	12	预付B材料货款	50 000			
	10	记	15	收到B材料		45 200		
12	31			本期发生额及余额	50 000	45 200	借	4 800

表 8-10　预付账款明细账

二级科目：美菱公司　　　　　　　　　　　　　　　　　　　　　　　页次　　　总页

20××年		凭证		摘要	借方	贷方	借或贷	余额
月	日	种类	号					
12	1			期初余额			贷	10 000
12	31			本期发生额及余额			贷	10 000

表 8-11　应付账款明细账

二级科目：友谊工厂　　　　　　　　　　　　　　　　　　　　　　　页次　　　总页

20××年		凭证		摘要	借方	贷方	借或贷	余额
月	日	种类	号					
12	1			期初余额			贷	20 000
	9	记	11	购入C材料		5 650		
	10	记	13	偿还货款	5 650			
12	31			本期发生额及余额			贷	20 000

表8-12 应付账款明细账

二级科目：柏林工厂　　　　　　　　　　　　　　　　　　　　　　　页次　　　总页

20××年		凭证		摘要	借方	贷方	借或贷	余额
月	日	种类	号					
12	1			期初余额			借	5 000
12	31			本期发生额及余额			借	5 000

表8-13 预收账款明细账

二级科目：华兴工厂　　　　　　　　　　　　　　　　　　　　　　　页次　　　总页

20××年		凭证		摘要	借方	贷方	借或贷	余额
月	日	种类	号					
12	1			期初余额			贷	25 000
12	31			本期发生额及余额			贷	25 000

表8-14 预收账款明细账

二级科目：大华工厂　　　　　　　　　　　　　　　　　　　　　　　页次　　　总页

20××年		凭证		摘要	借方	贷方	借或贷	余额
月	日	种类	号					
12	1			期初余额			平	0
	18	记	20	收到预付货款		30 000	贷	30 000
	19	记	22	销售乙产品	45 200		借	15 200
12	31			本期发生额及余额	45 200	30 000	借	15 200

根据记账凭证登记总分类账，如表8-15所示。

表8-15 总分类账

总分类账

会计科目：库存现金　　　　　　　　　　　　　　　　　　　　　　　　　　　第1页

20××年		凭证		摘要	借方	贷方	借或贷	余额
月	日	种类	号					
12	1			期初余额			借	2 000
	26	记	28	预借差旅费		1 000	借	1 000
	27	记	29	报销差旅费	200		借	1 200
	28	记	34	提现	60 000		借	61 200
	31	记	36	发放上月工资		60 000	借	1 200
12	31			本期发生额及余额	60 200	61 000	借	1 200

总分类账

会计科目：银行存款　　　　　　　　　　　　　　　　　　　　　　　　　　　　第 6 页

20××年		凭证		摘要	借方	贷方	借或贷	余额
月	日	种类	号					
12	01			期初余额			借	1 700 000
	01	记	1	收到投资	100 000		借	1 800 000
	04	记	5	收到投资者投资	100 000		借	1 900 000
	05	记	6	购入不需安装的设备		12 300	借	1 887 700
	06	记	7	购入需安装设备		24 600	借	1 863 100
	08	记	10	购入A、B材料		27 774	借	1 835 326
	09	记	12	预付B材料货款		50 000	借	1 785 326
	10	记	13	偿还货款		5 650	借	1 779 676
	12	记	17	支付车间水电费		600	借	1 779 076
	17	记	18	销售甲产品	22 600		借	1 801 676
	18	记	20	收到预付货款	30 000		借	1 831 676
	18	记	21	收到所欠货款	33 900		借	1 865 576
	20	记	24	产品展览费		3 000	借	1 862 576
	24	记	25	销售A材料	28 250		借	1 890 826
	24	记	26	出租固定资产	20 000		借	1 910 826
	27	记	30	支付办公部门水电费		1 000	借	1 909 826
	27	记	32	罚款收入	4 300		借	1 914 126
	27	记	33	捐款		20 000	借	1 894 126
	28	记	34	提现		60 000	借	1 834 126
	31	记	44	支付本季度利息		3 000	借	1 831 126
12	31			本期发生额及余额	339 050	207 924	借	1 831 126

总分类账

会计科目：其他货币资金　　　　　　　　　　　　　　　　　　　　　　　　　　第 12 页

20××年		凭证		摘要	借方	贷方	借或贷	余额
月	日	种类	号					
12	1			期初余额			借	50 000
12	31			本期发生额及余额			借	50 000

总分类账

会计科目：应收票据　　　　　　　　　　　　　　　　　　　　　　　　　　　　第 13 页

20××年		凭证		摘要	借方	贷方	借或贷	余额
月	日	种类	号					
12	1			期初余额			借	50 000
	20	记	23	销售甲产品取得商业汇票	90 400		借	140 400
12	31			本期发生额及余额	90 400		借	140 400

总分类账

会计科目：应收账款　　　　　　　　　　　　　　　　　　　　　　　　　　　　　　第 14 页

20××年		凭证		摘要	借方	贷方	借或贷	余额
月	日	种类	号					
12	1			期初余额			借	75 000
	18	记	19	销售乙产品	33 900		借	108 900
	18	记	21	收到所欠货款		33 900	借	75 000
12	31			本期发生额及余额	33 900	33 900	借	75 000

总分类账

会计科目：坏账准备　　　　　　　　　　　　　　　　　　　　　　　　　　　　　　第 16 页

20××年		凭证		摘要	借方	贷方	借或贷	余额
月	日	种类	号					
12	1			期初余额			贷	300
12	31			本期发生额及余额			贷	300

总分类账

会计科目：其他应收款　　　　　　　　　　　　　　　　　　　　　　　　　　　　　第 17 页

20××年		凭证		摘要	借方	贷方	借或贷	余额
月	日	种类	号					
12	1			期初余额			借	1 000
	26	记	28	张红预借差旅费	1 000		借	2 000
	27	记	29	张红报销差旅费		1 000	借	1 000
12	31			本期发生额及余额	1 000	1 000	借	1 000

总分类账

会计科目：预付账款　　　　　　　　　　　　　　　　　　　　　　　　　　　　　　第 20 页

20××年		凭证		摘要	借方	贷方	借或贷	余额
月	日	种类	号					
12	1			期初余额			贷	10 000
	9	记	12	预付B材料货款	50 000		借	40 000
	10	记	15	收到B材料		45 200	贷	5 200
12	31			本期发生额及余额	50 000	45 200	贷	5 200

总分类账

会计科目：应收股利　　　　　　　　　　　　　　　　　　　　　　　　　　　　第 22 页

20××年		凭证		摘要	借方	贷方	借或贷	余额
月	日	种类	号					
12	1			期初余额			借	100 000
	27	记	31	被投资企业宣告发放股利	40 000		借	140 000
12	31			本期发生额及余额	40 000		借	140 000

总分类账

会计科目：在途物资　　　　　　　　　　　　　　　　　　　　　　　　　　　　第 23 页

20××年		凭证		摘要	借方	贷方	借或贷	余额
月	日	种类	号					
12	1			期初余额			平	0
	9	记	11	购入C材料	5 000		借	5 000
	10	记	14	购买B材料	5 600		借	10 600
12	31			本期发生额及余额	10 600		借	10 600

总分类账

会计科目：原材料　　　　　　　　　　　　　　　　　　　　　　　　　　　　　第 26 页

20××年		凭证		摘要	借方	贷方	借或贷	余额
月	日	种类	号					
12	1			期初余额			借	30 000
	2	记	04	收到A材料投资	10 000		借	40 000
	7	记	08	安装设备领用B材料		3 000	借	37 000
	8	记	10	购入材料	24 600		借	61 600
	10	记	15	收到B材料	40 000		借	101 600
	11	记	16	生产领用材料		18 000	借	83 600
	24	记	27	销售A材料		20 000	借	63 600
12	31			本期发生额及余额	74 600	41 000	借	63 600

总分类账

会计科目：库存商品　　　　　　　　　　　　　　　　　　　　　　　　　　　　第 30 页

20××年		凭证		摘要	借方	贷方	借或贷	余额
月	日	种类	号					
12	1			期初余额			借	130 001.6
	31	记	39	完工甲产品入库	48 000		借	178 001.6
	31	记	40	结转产品销售成本		78 000	借	70 000.0
12	31			本期发生额及余额	48 000	78 000	借	100 001.6

总分类账

会计科目:长期股权投资　　　　　　　　　　　　　　　　　　　　　　第34页

20××年		凭证		摘要	借方	贷方	借或贷	余额
月	日	种类	号					
12	1			期初余额			借	1 178 625
12	31			本期发生额及余额			借	1 178 625

总分类账

会计科目:固定资产　　　　　　　　　　　　　　　　　　　　　　　　第35页

20××		凭证		摘要	借方	贷方	借或贷	余额
月	日	种类	号					
12	1			期初余额			借	7 000 000
	1	记	02	收到固定资产投资	50 000		借	7 050 000
	5	记	06	购入设备	11 000		借	7 061 000
	7	记	09	设备安装完成	30 000		借	7 091 000
12	31			本期发生额及余额	91 000		借	7 091 000

总分类账

会计科目:累计折旧　　　　　　　　　　　　　　　　　　　　　　　　第37页

20××年		凭证		摘要	借方	贷方	借或贷	余额
月	日	种类	号					
12	1			期初余额			贷	800 000
	31	记	37	计提固定资产折旧费		5 000	贷	805 000
	31	记	42	计提出租固定资产折旧费		12 000	贷	817 000
3	31			本期发生额及余额		17 000	贷	817 000

总分类账

会计科目:在建工程　　　　　　　　　　　　　　　　　　　　　　　　第38页

20××		凭证		摘要	借方	贷方	借或贷	余额
月	日	种类	号					
12	1			期初余额			平	0
	5	记	06	收到需安装设备	22 000		借	22 000
	7	记	08	安装设备	8 000		借	30 000
	7	记	09	设备安装完成		30 000	平	0
	31	记	45	计提长期借款利息	10 000		借	10 000
12	31			本期发生额及余额	40 000	30 000	借	10 000

总分类账

会计科目：无形资产　　　　　　　　　　　　　　　　　　　　　　　　第 39 页

20××		凭证		摘要	借方	贷方	借或贷	余额
月	日	种类	号					
12	1			期初余额			借	400 000
	2		03	收到商标权投资	100 000		借	500 000
12	31			本期发生额及余额	100 000		借	500 000

总分类账

会计科目：短期借款　　　　　　　　　　　　　　　　　　　　　　　　第 40 页

20××年		凭证		摘要	借方	贷方	借或贷	余额
月	日	种类	号					
12	1			期初余额			贷	200 000
12	31			本期发生额及余额			贷	200 000

总分类账

会计科目：应付票据　　　　　　　　　　　　　　　　　　　　　　　　第 41 页

20××年		凭证		摘要	借方	贷方	借或贷	余额
月	日	种类	号					
12	1			期初余额			贷	30 000
	10	记	14	购入B材料		6 328	贷	36 328
12	31			本期发生额及余额		6 328	贷	36 328

总分类账

会计科目：应付账款　　　　　　　　　　　　　　　　　　　　　　　　第 42 页

20××年		凭证		摘要	借方	贷方	借或贷	余额
月	日	种类	号					
12	1			期初余额			贷	15 000
	9	记	11	购入C材料		5 650	贷	20 650
	10	记	13	偿还货款	5 650		贷	15 000
12	31			本期发生额及余额	5 650	5 650	贷	15 000

总分类账

会计科目：预收账款　　　　　　　　　　　　　　　　　　　　　　　　第 46 页

20××年		凭证		摘要	借方	贷方	借或贷	余额
月	日	种类	号					
12	1			期初余额			贷	25 000
	18	记	20	收到预付货款		30 000	贷	55 000
	19	记	22	发出乙产品	45 200		贷	9 800
12	31			本期发生额及余额	45 200	30 000	贷	9 800

总分类账

会计科目：应付职工薪酬　　　　　　　　　　　　　　　　　　　　　　　　第 48 页

20××年		凭证		摘要	借方	贷方	借或贷	余额
月	日	种类	号					
12	1			期初余额				60 000
	7	记	08	安装设备		5 000	贷	65 000
	31	记	35	结算职工工资		60 000	贷	125 000
	31	记	36	支付职工工资	60 000		贷	65 000
12	31			本期发生额及余额	60 000	65 000	贷	65 000

总分类账

会计科目：应交税费　　　　　　　　　　　　　　　　　　　　　　　　　　第 50 页

20××年		凭证		摘要	借方	贷方	借或贷	余额
月	日	种类	号					
12	1			期初余额			平	0
	5	记	06	购进设备	1 300		借	1 300
	6	记	07	购进设备	2 600		借	3 900
	8	记	10	购入 A、B 材料	3 174		借	7 074
	9	记	11	购入 C 材料	650		借	7 724
	10	记	14	购入 B 材料	728		借	8 452
	10	记	15	收到 B 材料	5 200		借	13 652
	17	记	18	销售甲产品		2 600	借	11 052
	18	记	19	销售乙产品		3 900	借	7 152
	19	记	22	销售乙产品		5 200	借	1 952
	20	记	23	销售甲产品		10 400	贷	8448
	24	记	25	销售 A 材料		3 250	贷	11 698
	31	记	41	计算应交城建税和教育费附加		1 000	贷	12 698
	31	记	48	计算应交所得税		28 225	贷	40 923
12	31			本期发生额及余额	13 652	54 575	贷	40 923

总分类账

会计科目：其他应付款　　　　　　　　　　　　　　　　　　　　　　　　　第 55 页

20××年		凭证		摘要	借方	贷方	借或贷	余额
月	日	种类	号					
12	1			期初余额			贷	1 000
12	31			本期发生额及余额			贷	1 000

总分类账

会计科目：应付股利　　　　　　　　　　　　　　　　　　　　　　　　　　　　第 57 页

20××年		凭 证		摘 要	借 方	贷 方	借或贷	余 额
月	日	种类	号					
12	1			期初余额			平	0
	31	记	52	宣告发放股利		392 000	贷	392 000
12	31			本期发生额及余额		392 000	贷	392 000

总分类账

会计科目：应付利息　　　　　　　　　　　　　　　　　　　　　　　　　　　　第 58 页

20××年		凭 证		摘 要	借 方	贷 方	借或贷	余 额
月	日	种类	号					
12	1			期初余额			平	0
	31	记	43	计提本季度利息		1 000	贷	1 000
	31	记	44	支付本季度利息	3 000		借	2 000
12	31			本期发生额及余额	3 000	1 000	借	2 000

总分类账

会计科目：长期借款　　　　　　　　　　　　　　　　　　　　　　　　　　　　第 59 页

20××年		凭 证		摘 要	借 方	贷 方	借或贷	余 额
月	日	种类	号					
12	1			期初余额			贷	2 320 000
	31	记	45	计提长期借款利息		10 000	贷	2 330 000
12	31			本期发生额及余额		10 000	贷	2 330 000

总分类账

会计科目：实收资本　　　　　　　　　　　　　　　　　　　　　　　　　　　　第 60 页

20××年		凭 证		摘 要	借 方	贷 方	借或贷	余 额
月	日	种类	号					
12	1			期初余额			贷	5 600 000
	1	记	01	收到投资		100 000	贷	
	1	记	02	收到固定资产投资		50 000		
	1	记	03	收到商标权投资		100 000		

续表

20××年		凭证		摘要	借方	贷方	借或贷	余额
月	日	种类	号					
	1	记	04	收到原材料投资		10 000		
	1	记	05	收到投资		70 000		
12	31			本期发生额及余额		330 000	贷	5 930 000

总分类账

会计科目：资本公积　　　　　　　　　　　　　　　　　　　　　　第 61 页

20××年		凭证		摘要	借方	贷方	借或贷	余额
月	日	种类	号					
12	1			期初余额			贷	200 000
	4	记	05	收到投资		30 000	贷	230 000
12	31			本期发生额及余额		30 000	贷	230 000

总分类账

会计科目：盈余公积　　　　　　　　　　　　　　　　　　　　　　第 62 页

20××年		凭证		摘要	借方	贷方	借或贷	余额
月	日	种类	号					
12	1			期初余额			贷	360 000
	31	记	51	提取盈余公积金		98 000	贷	458 000
12	31			本期发生额及余额		98 000	贷	458 000

总分类账

会计科目：本年利润　　　　　　　　　　　　　　　　　　　　　　第 63 页

20××年		凭证		摘要	借方	贷方	借或贷	余额
月	日	种类	号					
12	1			期初余额			贷	895 325
	31	记	46	结转收入		259 300	贷	1 154 625
	31	记	47	结转销售成本、税金及期间费用	146 400		贷	1 008 225
	31	记	49	结转所得税费用	28 225		贷	980 000
	31	记	50	结转本年利润	980 000		平	0
12	31			本期发生额及余额	1 154 625	259 300	平	0

总分类账

会计科目：利润分配　　　　　　　　　　　　　　　　　　　　　　　　　第 64 页

20××年		凭证		摘要	借方	贷方	借或贷	余额
月	日	种类	号					
12	1			期初余额			贷	200 001.6
	31	记	50	结转本年利润		980 000	贷	1 180 001.6
	31	记	51	提取盈余公积金	98 000		贷	1 082 001.6
	31	记	52	分配利润	392 000		贷	690 001.6
	31	记	53	结转利润分配	490 000	490 000	贷	690 001.6
12	31			本期发生额及余额	980 000	1 470 000	贷	690 001.6

总分类账

会计科目：生产成本　　　　　　　　　　　　　　　　　　　　　　　　　第 65 页

20××年		凭证		摘要	借方	贷方	借或贷	余额
月	日	种类	号					
12	1			期初余额			平	0
	11	记	16	生产领用原材料	14 000		借	14 000
	31	记	35	结转生产工人工资	50 000		借	64 000
	31	记	38	结转制造费用	10 000		借	74 000
	31	记	39	结转完工产品成本		48 000	借	
12	31			本期发生额及余额	74 000	48 000	借	26 000

总分类账

会计科目：制造费用　　　　　　　　　　　　　　　　　　　　　　　　　第 69 页

20××年		凭证		摘要	借方	贷方	借或贷	余额
月	日	种类	号					
12	1			期初余额			平	0
	11	记	16	车间领用材料	2 400		借	2 400
	12	记	17	支付车间水电费	600		借	600
	31	记	35	结算职工工资	4 000		借	4 000

续表

20××年		凭 证		摘 要	借 方	贷 方	借或贷	余 额
月	日	种类	号					
	31	记	37	计提固定资产折旧费	3 000		借	3 000
	31	记	38	分配结转制造费用		10 000	平	0
12	31			本期发生额及余额	10 000	10 000	平	0

总分类账

会计科目：主营业务收入　　　　　　　　　　　　　　　　　　　　　　　　第72页

20××年		凭 证		摘 要	借 方	贷 方	借或贷	余 额
月	日	种类	号					
12	17	记	18	销售甲产品		20 000	贷	20 000
	18	记	19	销售乙产品		30 000	贷	50 000
	19	记	22	销售乙产品		40 000	贷	90 000
	20	记	23	销售甲产品		80 000	贷	170 000
	31	记	46	结转收入	170 000		平	0
12	31			本期发生额及余额	170 000	170 000	平	0

总分类账

会计科目：其他业务收入　　　　　　　　　　　　　　　　　　　　　　　　第76页

20××年		凭 证		摘 要	借 方	贷 方	借或贷	余 额
月	日	种类	号					
12	24	记	25	销售A材料		25 000	贷	25 000
	24	记	26	出租固定资产		20 000	贷	45 000
	31	记	46	结转其他业务收入	45 000		平	0
12	31			本期发生额及余额	45 000	45 000	平	0

总分类账

会计科目：投资收益　　　　　　　　　　　　　　　　　　　　　　　　第77页

20××年		凭 证		摘 要	借 方	贷 方	借或贷	余 额
月	日	种类	号					
12	27	记	31	被投资公司宣告发放股利		40 000	贷	40 000
	31	记	46	结转投资收益	40 000		平	0
12	31			本期发生额及余额	40 000	40 000	平	0

总分类账

会计科目：营业外收入　　　　　　　　　　　　　　　　　　　　　　　　　第 78 页

20××年		凭证		摘要	借方	贷方	借或贷	余额
月	日	种类	号					
12	27	记	32	罚款收入		4 300	贷	4 300
	31	记	46	结转营业外收入	4 300		平	0
12	31			本期发生额及余额	4 300	4 300	平	0

总分类账

会计科目：主营业务成本　　　　　　　　　　　　　　　　　　　　　　　　第 79 页

20××年		凭证		摘要	借方	贷方	借或贷	余额
月	日	种类	号					
12	31	记	40	结转产品销售成本	78 000		借	78 000
	31	记	47	结转费用		78 000	平	0
12	31			本期发生额及余额	78 000	78 000	平	0

总分类账

会计科目：税金及附加　　　　　　　　　　　　　　　　　　　　　　　　　第 80 页

20××年		凭证		摘要	借方	贷方	借或贷	余额
月	日	种类	号					
12	31	记	41	计提城建税和教育费附加	1 000		借	1 000
	31	记	47	结转费用		1 000	平	0
12	31			本期发生额及余额	1 000	1 000	平	0

总分类账

会计科目：其他业务成本　　　　　　　　　　　　　　　　　　　　　　　　第 81 页

20××年		凭证		摘要	借方	贷方	借或贷	余额
月	日	种类	号					
12	24	记	27	结转 A 材料成本	20 000		借	20 000
	31	记	42	计提出租固定资产折旧	12 000		借	32 000
	31	记	47	结转费用		32 000	平	0
12	31			本期发生额及余额	32 000	32 000	平	0

第八章 财务会计报告

总分类账

会计科目：销售费用　　　　　　　　　　　　　　　　　　　　　　　　第 82 页

20××年		凭证		摘　要	借　方	贷　方	借或贷	余　额
月	日	种类	号					
12	20	记	24	支付产品展览费	3 000		借	3 000
	31	记		结转销售费用		3 000	平	0
12	31			本期发生额及余额	3 000	3 000	平	0

总分类账

会计科目：管理费用　　　　　　　　　　　　　　　　　　　　　　　　第 85 页

20××年		凭证		摘　要	借　方	贷　方	借或贷	余　额
月	日	种类	号					
12	11	记	16	管理部门领用材料	1 600		借	1 600
	27	记	29	报销差旅费	800		借	2 400
	27	记	30	支付办公部门水电费	1 000		借	3 400
	31	记	35	结算职工工资	6 000		借	9 400
	31	记	37	计提固定资产折旧	2 000		借	11 400
	31	记	47	结转费用		11 400	平	0
12	31			本期发生额及余额	11 400	11 400	平	0

总分类账

会计科目：财务费用　　　　　　　　　　　　　　　　　　　　　　　　第 89 页

20××年		凭证		摘　要	借　方	贷　方	借或贷	余　额
月	日	种类	号					
12	31	记	43	计提本季度利息	1 000		借	1 000
	31	记	47	结转财务费用		1 000	平	0
12	31			本期发生额及余额	1 000	1 000	平	0

总分类账

会计科目：营业外支出　　　　　　　　　　　　　　　　　　　　　　　第 90 页

20××年		凭证		摘　要	借　方	贷　方	借或贷	余　额
月	日	种类	号					
12	27	记	33	支付捐款	20 000		借	20 000
	31	记		结转营业外支出		20 000	平	0
12	31			本期发生额及余额	20 000	20 000	平	0

总分类账

会计科目：所得税费用　　　　　　　　　　　　　　　　　　　　　　　　　第 91 页

20××年		凭证		摘要	借方	贷方	借或贷	余额
月	日	种类	号					
12	31	记	48	计算应交所得税	28 225		借	28 225
	31	记	49	结转所得税费用		28 225	平	0
12	31			本期发生额及余额	28 225	28 225	平	0

根据总账余额和发生额编制试算平衡表，如表 8-16 所示。

表 8-16　试算表

编制单位：红星工厂　　　　　　　　　20××年 12 月　　　　　　　　　　单位：元

账户名称	期初余额		本期发生额		期末余额	
	借方	贷方	借方	贷方	借方	贷方
库存现金	2 000		60 200	61 000	1 200	
银行存款	1 700 000		339 050	207 924	1 831 126	
其他货币资金	50 000				50 000	
应收票据	50 000		90 400		140 400	
应收账款	75 000		33 900	33 900	75 000	
坏账准备		300				300
其他应收款	1 000		1 000	1 000	1 000	
预付账款		10 000	50 000	45 200		5 200
应收股利	100 000		40 000		140 000	
在途物资			10 600	10 600		
原材料	30 000		74 600	41 000	63 600	
库存商品	130 001.6		48 000	78 000	100 001.6	
长期股权投资	1 178 625				1 178 625	
固定资产	7 000 000		91 000		7 091 000	
累计折旧		800 000		17 000		817 000
在建工程			40 000	30 000	10 000	
无形资产	400 000		100 000		500 000	
短期借款		200 000				200 000
应付票据		30 000		6 328		36 328
应付账款		15 000	5 650	5 650		15 000
预收账款		25 000	45 200	30 000		9 800
应付职工薪酬		60 000	60 000	65 000		65 000
应交税费		0	13 652	54 575		40 923

续表

账户名称	期初余额		本期发生额		期末余额	
	借方	贷方	借方	贷方	借方	贷方
其他应付款		1 000				1 000
应付股利				392 000		392 000
应付利息			3 000	1 000	2 000	
长期借款		2 320 000		10 000		2 330 000
实收资本		5 600 000		330 000		5 930 000
资本公积		200 000		30 000		230 000
盈余公积		360 000		98 000		458 000
本年利润		895 325	1 154 625	259 300		
利润分配		200 001.6	980 000	1 470 000		690 001.6
生产成本			74 000	48 000	26 000	
制造费用			10 000	10 000		
主营业务收入			170 000	170 000		
其他业务收入			45 000	45 000		
投资收益			40 000	40 000		
营业外收入			4 300	4 300		
主营业务成本			78 000	78 000		
税金及附加			1 000	1 000		
其他业务成本			32 000	32 000		
销售费用			3 000	3 000		
管理费用			11 400	11 400		
财务费用			1 000	1 000		
营业外支出			20 000	20 000		
所得税费用			28 225	28 225		
合 计	10 716 626.6	10 716 626.6	3 758 802	3 758 802	11 220 552.6	11 220 552.6

根据总分类账和明细分类账编制资产负债表,如表 8-17 所示(为简化起见,只列示部分主要项目)。

表 8-17 资产负债表

会企 01 表

编制单位:红星工厂　　　　　20××年 12 月 31 日　　　　　单位:元

资　产	期末余额	年初余额	负债和所有者权益(或股东权益)	期末余额	年初余额
流动资产:		略	流动负债:		略
货币资金	1 882 326		短期借款	200 000	
应收票据及应收账款	235 300		应付票据及应付账款	66 328	

续表

资产	期末余额	年初余额	负债和所有者权益(或股东权益)	期末余额	年初余额
预付款项	9 800		预收款项	30 000	
其他应收款	141 000		应付职工薪酬	65 000	
存货	200 201.6		应交税费	40 923	
其他流动资产			其他应付款	391 000	
流动资产合计	2 468 627.6		其他流动负债		
非流动资产：			流动负债合计	793 251	
长期股权投资	1 178 625		非流动负债：		
投资性房地产			长期借款	2 330 000	
固定资产	6 274 000		应付债券		
在建工程	10 000		非流动负债合计	2 330 000	
无形资产	500 000		负债合计	3 123 251	
商誉			所有者权益(或股东权益):		
长期待摊费用			实收资本(或股本)	5 930 000	
非流动资产合计	7 962 625		资本公积	230 000	
			盈余公积	458 000	
			未分配利润	690 001.6	
			所有者权益(或股东权益)合计	7 308 001.6	
资产总计	10 431 252.6		负债和所有者权益(或股东权益)总计	10 431 252.6	

有关项目填列说明如下。

(1)"货币资金"项目根据"库存现金""银行存款"和"其他货币资金"三个科目的期末余额合计数填列，即 1 200+1 831 126+50 000=1 882 326。

(2)"应收票据及应收账款"项目根据"应收票据"科目的期末余额和"应收账款""预收账款"所属相关明细科目的期末借方余额合计数，减去"坏账准备"科目的贷方余额填列，即 140 400("应收票据"科目借方余额)+80 000("应收账款——胜利工厂"明细科目借方余额)+15 200("预收账款——大华工厂"明细科目借方余额)-300("坏账准备"科目贷方余额)=235 300。

(3)"预付款项"项目根据"预付账款"和"应付账款"两个科目的明细账科目借方余额合计数填列，即 4 800("预付账款——宏大公司"明细科目借方余额)+5 000("应付账款——柏林工厂"明细科目借方余额)=9 800。

(4)"其他应收款"项目根据"应收股利"和"其他应收款"科目的期末借方余额合计填列，即 140 000+1 000=141 000。

(5)"存货"项目根据"在途物资""原材料""库存商品"和"生产成本"四个科目的期末余额合计数填列，即 10 600+63 600+100 001.6+26 000=200 201.6。

(6)"固定资产"项目根据"固定资产"科目的借方余额扣减"累计折旧"科目的贷方

余额填列，即 7 091 000-817 000=6 274 000。

(7) "应付票据及应付账款"项目根据"应付票据"科目期末贷方余额和"预付账款""应付账款"所属明细账科目贷方余额合计数填列，即 36 328("应付票据"科目贷方余额)+(10 000("预付账款——美菱公司"明细科目贷方余额)+20 000("应付账款——友谊工厂"明细科目贷方余额)=66 328。

(8) "预收款项"项目根据"应收账款"和"预收账款"两个科目的明细账贷方余额合计数填列，即 5 000("应收账款——美化工厂"明细科目贷方余额)+25 000("预收账款——华兴工厂"明细科目贷方余额)=30 000。

(9) "其他应付款"项目根据"应付股利""应付利息"和"其他应付款"科目期末余额合计数填列，即 392 000+(-2 000)+1 000=391 000。

(10) "未分配利润"项目根据"利润分配"科目的贷方余额填列。

第三节 利 润 表

一、利润表的概念

利润表是指反映企业在一定会计期间(如月度、季度、半年度、年度)的经营成果的会计报表。利润表又称损益表、收益表等，反映企业在一定会计期间的收入、费用和利润(亏损)情况，是一张动态报表。

二、利润表的内容

利润表的内容一般包括表首和正表两部分。表首部分要概括地说明会计报表的名称、编制单位、报告期间、报表编号、货币名称和计量单位等。

利润表各个项目均需填列"本期金额"和"上期金额"两栏，以增强会计信息的可比性，便于信息使用者分析利润的变动趋势。

利润表主要反映以下内容。

(一)营业收入

营业收入反映企业经营活动所取得的收入总额，包括主营业务收入和其他业务收入。

(二)营业成本

营业成本反映企业为赚取营业收入所付出的成本总额，包括主营业务成本和其他业务成本。

(三)营业利润

营业利润是在营业总收入的基础上，减去营业总成本，加上公允价值变动收益(减去公允价值变动损失)，加上投资收益(减去投资损失)等项目得到的，反映企业营业活动产生的利润。

(四) 利润总额

利润总额是在营业利润的基础上，加上营业外收入，减去营业外支出得到的，是企业的税前利润，是计算缴纳企业所得税的重要依据。

(五) 净利润

净利润是在利润总额的基础上，扣减所得税费用后得到的企业税后利润，也是企业利润分配的基础。

完整的利润表在净利润之后应列示"其他综合收益的税后净额""综合收益总额"和"每股收益"等项目。这些项目将在后续专业课中学习，本书利润表中暂不予列示。

三、利润表的作用

利润表揭示了企业在一定期间取得的收入、费用和利润，反映了企业的经营成果，具有以下重要的作用。

(1) 利润表中的收入、费用、利润等指标直接影响相关方面的利益，如国家的税收收入、管理人员的奖金、职工的薪酬、股东的股利等，是经营成果分配的重要依据。

(2) 利润表能综合反映企业生产经营活动的各个方面，有助于考核企业经营管理人员的工作效率和管理业绩，也可帮助管理者分析生产经营过程中存在的问题，不断提高经营管理水平。

(3) 利润表通过分类揭示企业的主营业务收入和成本、其他业务收入和成本、期间费用、投资收益、营业外收支等详细资料，有助于分析、预测企业的盈利能力和未来现金流量。

(4) 将利润表和其他财务报表的信息相结合，有助于分析企业的偿债能力、投资效率、盈利质量等，便于信息使用者判断企业未来的发展趋势，做出正确的经济决策。

四、利润表的格式

利润表正表的格式一般有两种：单步式利润表和多步式利润表。

单步式利润表是将当期所有收入之和扣除所有的费用之后，通过二者之差计算出当期净利润(或亏损)数额。其格式如表 8-18 所示。

单步式利润表的结构简单，主要适用于经济业务比较简单的企业。

表 8-18 利润表(单步式)　　　　　　　　　　　　会企 02 表

编制单位：　　　　　　　　　年　月　　　　　　　　　　单位：元

项　目	本期金额	上期金额
一、收入		
主营业务收入		
其他业务收入		
投资净收益		

续表

项　目	本期金额	上期金额
公允价值变动净收益		
营业外收入		
收入合计		
二、费用		
主营业务成本		
其他业务成本		
税金及附加		
销售费用		
管理费用		
财务费用		
资产减值损失		
营业外支出		
所得税费用		
费用合计		
三、净利润		

多步式利润表是通过对当期的收入和费用、直接计入当期利润的利得和损失项目按性质加以归类，运用中间性利润指标，如营业利润、利润总额等，分步计算当期净利润，便于使用者理解企业经营成果的不同来源，有助于更好地进行盈利能力分析和预测。

我国企业会计准则要求编制多步式利润表。

表8-19是我国利润表的基本格式(省略了"净利润"之后的项目以及个别明细项目)。

表8-19　利润表(基本格式)　　　　　　　　　　会企02表

编制单位：　　　　　　　　　年　月　　　　　　　　　　单位：元

项　目	本期金额	上期金额
一、营业收入		
减：营业成本		
税金及附加		
销售费用		
管理费用		
研发费用		
财务费用		
资产减值损失		
加：其他收益		
投资收益(损失以"－"号填列)		
公允价值变动收益(损失以"－"号填列)		
资产处置收益(损失以"－"号填列)		

续表

项目	本期金额	上期金额
二、营业利润(亏损以"-"号填列)		
加：营业外收入		
减：营业外支出		
三、利润总额(亏损总额以"-"号填列)		
减：所得税费用		
四、净利润(净亏损以"-"号填列)		

五、利润表的编制

根据企业会计准则的要求，企业需要提供比较利润表，以便报表使用者通过比较不同期间利润表的数据，判断企业经营成果的未来发展趋势。其中"上期金额"栏内各项目的数据，根据上期利润表中"本期金额"栏内各项目数据填列。利润表中"本期金额"栏反映各项目的本期实际数，根据损益类科目的本期发生额分析填列或根据"本年利润"科目本期转入的金额填列。

现将利润表的具体编制方法举例说明。

【例8-2】续例8-1，编制红星工厂的利润表，如表8-20所示。

表8-20　利润表

会企02表

编制单位：红星工厂　　　　　20××年12月　　　　　单位：元

项目	本期金额	上期金额
一、营业收入	215 000	略
减：营业成本	110 000	
税金及附加	1 000	
销售费用	3 000	
管理费用	11 400	
研发费用		
财务费用	1 000	
资产减值损失		
加：其他收益		
投资收益(损失以"-"号填列)		
公允价值变动收益(损失以"-"号填列)	40 000	
资产处置收益(损失以"-"号填列)		
二、营业利润(亏损以"-"号填列)	128 600	
加：营业外收入	4 300	
减：营业外支出	20 000	
三、利润总额(亏损总额以"-"号填列)	112 900	
减：所得税费用	28 225	
四、净利润(净亏损以"-"号填列)	84 675	

本章小结

财务会计报告简称"财务报告",是指企业对外提供的反映企业某一特定日期的财务状况和某一会计期间的经营成果、现金流量等会计信息的文件。财务会计报告包括财务报表和其他应当在财务会计报告中披露的相关信息和资料。

财务报表是对企业财务状况、经营成果和现金流量的结构性表述。财务报表按反映的经济内容不同,分为资产负债表、利润表、现金流量表、所有者权益变动表和附注;按编报期间的不同,分为年度财务报表和中期财务报表;按编制主体不同,分为个别财务报表和合并财务报表。

企业编制财务报表时,应当根据实际发生的交易或者事项以及登记完整、准确的会计账簿记录和其他有关资料来编制。

资产负债表是指反映企业在某一特定日期的财务状况的报表,它是一张静态报表,分别列示资产、负债和所有者权益的具体项目和金额。资产负债表根据资产、负债和所有者权益类科目余额直接填列或分析计算填列。

利润表是指反映企业在一定会计期间的经营成果的报表,它是一张动态报表。我国规定企业应当编报多步式利润表,分别反映营业利润、利润总额和净利润等。利润表根据损益类科目的本期发生额分析填列,也可以根据"本年利润"科目本期转入的金额填列。

自 测 题

一、单项选择题

1. 下列报表中,属于静态报表的是( )。
   A. 利润表　　　　　　　　　B. 资产负债表
   C. 现金流量表　　　　　　　D. 所有者权益(股东权益)变动表
2. 我国企业利润表的结构,一般采用( )。
   A. 单步式　　B. 多步式　　C. 账户式　　D. 报告式
3. ( )能够为定期编制会计报表提供数据资料。
   A. 填制和审核原始凭证　　　B. 编制记账凭证
   C. 设置和登记账簿　　　　　D. 编制会计分录
4. 在编制资产负债表时,不应列入"存货"项目的账户有( )。
   A. 原材料　　B. 生产成本　　C. 长期待摊费用　　D. 产成品
5. 在资产负债表中,资产和负债项目按照( )进行排列。
   A. 重要性　　B. 流动性　　C. 实用性　　D. 灵活性
6. 下列资产负债表项目中,不能根据总账余额直接填列的是( )。
   A. 应付票据　　B. 存货　　C. 短期借款　　D. 资本公积
7. 资产负债表账户式结构的理论依据是( )。

A. 资产 - 负债=所有者权益
B. 资产=负债 + 所有者权益
C. 资产=负债 + 所有者权益 + 利润
D. 所有账户期末借方余额合计数=所有账户期末贷方余额合计数

8. 下列因素的变动不影响营业利润而影响利润总额的是(   )。
   A. 管理费用   B. 投资收益   C. 营业外支出   D. 财务费用

9. 某企业"应付账款"明细账期末余额情况如下：W 企业贷方余额为 200 000 元，Y 企业借方余额为 180 000 元，Z 企业贷方余额为 300 000 元。假如该企业"预付账款"明细账均为借方余额，则根据以上数据计算的、反映在资产负债表上"应付账款"项目的数额为(   )元。
   A. 680 000   B. 320 000   C. 50 0000   D. 80 000

10. 某企业 2017 年 12 月 31 日"固定资产"科目余额为 1000 万元，"累计折旧"科目余额为 300 万元，"固定资产减值准备"科目余额为 50 万元。该企业 2009 年 12 月 31 日资产负债表"固定资产"的项目金额为(   )万元。
    A. 650   B. 700   C. 950   D. 1000

二、多项选择题

1. 利润表是(   )。
   A. 时期报表   B. 时点报表
   C. 反映财务状况的报表 D. 反映经营成果的报表

2. 资产负债表中"货币资金"项目的金额应根据下列哪些账户的余额合计填列？(   )
   A. 库存现金   B. 银行存款   C. 应收账款   D. 原材料

3. 在利润表中，应列入"税金及附加"项目中的税金有(   )。
   A. 增值税   B. 消费税   C. 城市维护建设税   D. 资源税

4. 构成营业利润的要素主要包括(   )。
   A. 营业收入   B. 营业成本   C. 税金及附加   D. 销售费用

5. 资产负债表中"应收账款"项目应根据(   )填列。
   A. "应收账款"总账
   B. "预收账款"总账
   C. "应收账款"有关明细账期末借方余额
   D. "预收账款"有关明细账期末借方余额

6. 会计报表编制的要求有(   )。
   A. 以持续经营为基础   B. 计算准确
   C. 内容完整   D. 编报及时

7. 资产负债表中的存货项目应根据(   )的期末余额分析填列。
   A. 在途物资   B. 生产成本   C. 原材料   D. 库存商品

8. 在资产负债表中，列入"流动资产"项下的项目有(   )。
   A. 预付账款   B. 税金及附加
   C. 一年内到期的非流动资产   D. 应收股利

9. 资产负债表中,"固定资产"项目根据( )账户期末余额分析计算填列。
   A. 固定资产　　B. 待处理财产损溢　　C. 累计折旧　　D. 坏账准备
10. 下列利润表项目,影响利润总额的有( )。
    A. 营业收入　　B. 营业成本　　C. 营业外收入　　D. 所得税费用

三、判断题

1. 资产、负债、所有者权益是构成利润表的会计要素。（   ）
2. 资产负债表中"货币资金"项目的金额应根据库存现金账户的余额填列。（   ）
3. 利润表是反映企业在某一时期内经营活动成果的报表,它是一张动态的报表。（   ）
4. 期末编制资产负债表时应将"生产成本"账户的期末余额计入存货。（   ）
5. 资产负债表又称为财务状况表,是静态报表。（   ）
6. 我国规定一般企业的会计年度是公历的1月1日至次年1月1日。（   ）
7. 企业的中期财务报告指半年度报告。（   ）
8. 目前国际上比较普遍的利润表的格式主要有多步式利润表和单步式利润表两种。为简便明晰起见,我国企业采用的是单步式利润表格式。（   ）
9. "应收账款"所属明细科目期末有贷方余额,应在资产负债表的"预收款项"项目内填列。（   ）
10. 通常,财务报表列报应建立在持续经营假设的基础之上。（   ）

四、简答题

1. 什么是财务报表?财务报表的作用如何?
2. 财务报表有哪些分类?
3. 财务报表的编制要求有哪些?
4. 什么是资产负债表?简述资产负债表的作用、内容、格式及编制方法。
5. 什么是利润表?简述利润表的作用、内容、格式及编制方法。
6. 企业本期经营业绩良好,利润表中净利润为1 000万元,可以认为企业有能力偿还即将到期的500万元债务吗?为什么?

五、业务题

习题一

1. 目的:练习资产负债表的编制。
2. 资料:长江公司20××年12月31日总分类账户和有关明细分类账户余额如表8-21所示。

表8-21　总分类账户和有关明细分类账户余额　　　　单位:元

账户名称	借方余额	账户名称	贷方余额
库存现金	600	应付账款	2 400
银行存款	3 000	——A公司	2 800(贷方余额)

续表

账户名称	借方余额	账户名称	贷方余额
应收账款	5 000	——D公司	400(借方余额)
——B公司	6 000(借方余额)	应付职工薪酬	9 800
——C公司	1 000(贷方余额)	应交税费	5 530
其他应收款	800	其他应付款	800
在途物资	18 000	长期借款	30 000
原材料	51 000	实收资本	400 000
库存商品	3 000	盈余公积	91 470
生产成本	7 000	本年利润	2 000
固定资产	519 000	利润分配	1 000
无形资产	4 600	累计折旧	71 000
长期待摊费用	2 000		
合 计	614 000	合 计	614 000

3. 要求：根据上述资料编制长江公司20××年12月31日的资产负债表。

习题二

1. 目的：练习利润表的编制。
2. 资料：大顺公司20××年8月损益类账户结账前的发生额如表8-22所示。

表8-22 损益类账户结账前的发生额　　　　　　　　　　　　　　单位：元

账户名称	本期借方发生额	本期贷方发生额
主营业务收入	60 000	300 000
其他业务收入		8 000
主营业务成本	200 500	9 000
税金及附加	10 100	
销售费用	3 000	
管理费用	6 000	
财务费用	1 800	
资产减值损失	1 000	
投资收益		1 000
营业外收入		2 000
营业外支出	4 300	
所得税费用	8 250	

3. 要求：根据上述资料编制大顺公司20××年12月末的结账会计分录及本月利润表。

第九章

账务处理程序

【学习要点及目标】

- 掌握账务处理程序的基本流程;
- 了解不同账务处理程序的特点和适用范围;
- 掌握记账凭证账务处理程序的实际应用;
- 掌握科目汇总表账务处理程序的实际应用。

【核心概念】

账务处理程序 记账凭证账务处理程序 科目汇总表账务处理程序

【引导案例】

蓝天公司是一家小型的商贸公司，平时的经济活动大多是购货、销货和费用支出。因业务量较少，出纳、会计都由小王担任，采用手工记账。小王平时每天根据取得的原始凭证填制收款凭证、付款凭证和转账凭证，然后根据收、付款凭证每天逐笔登记现金和银行存款日记账，根据记账凭证逐笔登记库存商品和应收账款、应付账款明细账，根据记账凭证逐笔登记总分类账，期末根据明细账和总账编制资产负债表和利润表。随着企业的发展，规模逐渐扩大，业务种类和数量增多，小王感觉有点忙不过来，平时几乎没有时间登记总账，快到月末时突击登记，经常加班，而且由于总账使用订本式，业务又不确定，导致有的账户预留的账页不够，有的账户预留的账页过多，有时候不到一个月就需要换一本总账。小王有些一筹莫展。

那么，你认为他应该如何改进记账方法，从而提高工作效率呢？另外，你认为企业的会计工作安排是否存在问题，为什么？

第一节 账务处理程序概述

一、账务处理程序的意义

账务处理程序又称会计核算组织程序，是指会计凭证和账簿组织、记账程序和记账方法相互结合的方式，其基本内容包括整理汇总原始凭证，填制记账凭证，根据原始凭证和记账凭证登记日记账、明细分类账和总分类账，根据账簿记录编制会计报表等一系列步骤和方法。前面的章节中分别介绍了会计凭证的填制和审核，账簿的设置和登记以及财务会计报告的内容和编制，凭证、账簿和报表之间具有紧密的联系，会计工作需要将它们科学地组织起来，使之构成一个有机的整体。而会计凭证、账簿和会计报表之间一定的组织形式就构成了不同的账务处理程序。因此，科学合理的账务处理程序的意义如下。

1. 有助于规范会计工作程序

通过设计和严格执行既定的账务处理程序，使得会计信息处理有章可循，处理过程规范严谨，从而保证会计信息加工过程的严密性，提高会计信息的质量。

2. 有助于保证会计记录的可靠准确

在科学的账务处理程序下，每一项经济业务都可以遵循规定的程序入账，从凭证到账簿，最终体现在会计报表中，从而保证会计记录的准确完整。

3. 有助于提高会计工作效率，保证信息的及时性

科学合理的账务处理程序明确了会计核算工作流程，为会计分工提供了条件，可以减少不必要的手续和环节，能有效加快信息的处理速度，提高信息的及时性。

二、账务处理程序设计的基本要求

不同的账务处理程序具有不同的特点,繁简程度、信息成本和提供的信息详细程度也有所区别。在实际工作中,由于各单位的业务性质不一样,组织规模不同,经济业务复杂程度也各不相同,对账务处理程序也会有不同的要求。因此,各单位应本着科学、适用的原则,根据自身的实际情况和具体条件,在保证会计信息质量、满足使用者需求的基础上,设计适当的账务处理程序。科学、合理的账务处理程序应符合以下基本要求。

(1) 要能够适合企业自身特点,与企业的经营规模、业务性质和繁简程度以及管理要求相适应,有助于分工协作和内部控制,满足企业会计核算工作的实际需要。

(2) 要能够正确、及时、完整地提供有关本单位财务状况、经营成果和现金流量等信息,满足信息使用者的需求,有助于信息使用者做出正确的经济决策。

(3) 要能够提高会计工作效率,在保证信息质量的基础上,力求简化会计核算工作,节省人力、物力和财力,降低会计信息成本,提高会计工作效率。

三、账务处理程序的基本流程和种类

(一)账务处理程序的基本流程

账务处理程序有多种形式,但是其基本流程具有共性。各类账务处理程序下,记账凭证可采用收款凭证、付款凭证和转账凭证三种形式,也可采用通用记账凭证。通常均需设置现金日记账、银行存款日记账、各种明细分类账和总分类账。现金日记账、银行存款日记账一般采用三栏式账页;明细分类账根据需要可采用三栏式、多栏式和数量金额式账页;总分类账根据规定的一级科目设置,采用三栏式账页。其基本工作程序如下。

(1) 分析经济交易和事项,根据审核无误的原始凭证或汇总原始凭证编制记账凭证。
(2) 根据收款凭证和付款凭证逐日逐笔登记现金日记账和银行存款日记账。
(3) 根据原始凭证、汇总原始凭证和记账凭证登记明细分类账。
(4) 登记总分类账。
(5) 根据对账的要求,定期进行日记账、明细分类账与相关总分类账的核对。
(6) 根据核对无误的总分类账、明细分类账编制会计报表。

(二)账务处理程序的种类

企业根据自身经营特点和业务规模,会选择不同账务处理程序。各类账务处理程序的主要区别在于登记总分类账的直接依据和方法不同。目前我国主要采用的账务处理程序有三种。

1. 记账凭证账务处理程序

登记总账的依据是记账凭证,直接根据记账凭证逐笔登记总分类账。

2. 科目汇总表账务处理程序

登记总账的依据是科目汇总表,首先根据记账凭证编制科目汇总表,然后根据科目汇总表登记总分类账。

3. 汇总记账凭证账务处理程序

登记总账的依据是汇总记账凭证，首先根据记账凭证编制汇总记账凭证，然后根据汇总记账凭证登记总分类账。

除这三种主要账务处理程序外，还有日记总账账务处理程序、多栏式日记账账务处理程序等。下面着重介绍前两种最常用的账务处理程序。

第二节　记账凭证账务处理程序

一、记账凭证账务处理程序的基本内容

记账凭证账务处理程序直接根据每张记账凭证逐笔登记总分类账。它是账务处理程序中最基本的一种，其他账务处理程序均是在此基础上发展和演变而来的。其一般程序如下。

(1) 分析经济交易和事项，根据审核无误的原始凭证或汇总原始凭证编制记账凭证。
(2) 根据收款凭证或付款凭证逐日逐笔登记现金日记账和银行存款日记账。
(3) 根据原始凭证、汇总原始凭证和记账凭证登记明细分类账。
(4) 根据记账凭证逐笔登记总分类账。
(5) 根据对账的要求，定期进行日记账、明细分类账与相关总分类账的核对。
(6) 根据核对无误的总分类账、明细分类账编制会计报表。

记账凭证账务处理程序如图 9-1 所示。

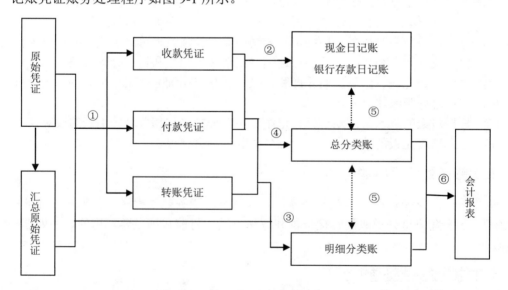

注：→ 表示填制凭证、登记账簿或者编制会计报表。
　　⇠⇢ 表示有关账簿之间的核对。

图 9-1　记账凭证账务处理程序

二、记账凭证账务处理程序的特点及适用范围

记账凭证账务处理程序清晰明了，易于理解，总分类账可以详细反映经济业务的发生和完成情况，方便会计核对与查账。其缺点在于总分类账根据记账凭证逐笔登记，登记总账的工作量较大，而且由于明细账已经根据记账凭证逐笔登记，能够提供各会计科目的详细信息，总账的逐笔登记并没有增加更多信息量，反而提高了会计核算成本，造成不必要的浪费。

这一程序主要适用于单位规模较小、经济业务较简单的企业。

三、记账凭证账务处理程序举例

【例 9-1】滨海公司是一家制造企业，生产 A、B 两种产品，购进材料和销售商品增值税税率均为 13%。根据公司 20××年 3 月份发生的经济业务及其他相关资料，运用记账凭证账务处理程序进行账务处理，并编制资产负债表和利润表。

(一)资料

(1) 滨海公司 20××年 3 月 1 日账户余额如表 9-1 所示。

表 9-1 20××年 3 月 1 日账户余额表   单位：元

账户名称	总账账户余额		明细分类账账户余额	
	借方	贷方	借方	贷方
库存现金	570			
银行存款	68 460			
应收账款	31 000			
——中北公司			24 000	
——中南公司			7 000	
预付账款	5 000			
——江海公司			5 000	
原材料	34 300			
——甲材料			16 500	
——乙材料			17 800	
库存商品	72 840			
——A 产品			39 840	
——B 产品			33 000	
生产成本	31 075			
——A 产品			14 070	
——B 产品			17 005	
固定资产	260 000			

续表

账户名称	总账账户余额		明细分类账账户余额	
	借　方	贷　方	借　方	贷　方
累计折旧		52 000		
短期借款		50 000		
应付账款		38 000		
——河东公司				38 000
应交税费		11 600		
实收资本		320 000		
盈余公积		40 000		
本年利润		26 645		
利润分配	35 000			
合　计	538 245	538 245		

其中：①"原材料"明细账中，甲材料期初结存 1 500kg，乙材料期初结存 890kg。②"生产成本"明细账中，A 产品的在产品成本中，包含直接材料 7 100 元，直接人工 4 700 元，制造费用 2 270 元；B 产品的在产品成本中，包含直接材料 10 740 元，直接人工 3 580 元，制造费用 2 685 元。③"库存商品"明细账中，A 产品期初结存 480 件，B 产品期初结存 220 件。④ 存货采用永续盘存制，原材料采用月末一次加权平均法计价，库存商品采用先进先出法计价(为简化起见，题目中已直接给出计算结果)。

(2) 滨海公司 20××年 3 月发生下列经济业务(除特别指明的业务外，其他业务不考虑相关增值税。为便于核对，在题后括号内注明对应的记账凭证)。

① 1 日，从银行提取现金 1 200 元备用。(银付 1 号)

② 2 日，行政管理部门王强出差预借差旅费，出纳员付给现金 1 000 元。(现付 1 号)

③ 4 日，从江海公司购买甲材料 1 500 千克，单价 13 元，增值税 2 535 元，货款于上月已预付 5 000 元，材料验收入库。(转 1 号)(转 2 号)

④ 4 日，以银行存款补付从江海公司购买材料的款项 17 035 元。(银付 2 号)

⑤ 5 日，行政管理部门购买办公用品一批，价款 320 元用库存现金支付。(现付 2 号)

⑥ 7 日，销售给中北公司 B 产品 120 件，单价 200 元，增值税 3 120 元，收到转账支票一张，存入银行。(银收 1 号)

⑦ 8 日，王强出差回来报销差旅费 1 105 元，出纳员冲销原借款后，补付给王强库存现金 105 元。(转 3 号)(现付 3 号)

⑧ 8 日，完工产品一批 300 件，验收入库。(月末一次结转完工产品生产成本，因此暂不登记记账凭证，只根据产品入库单登记库存商品明细账)

⑨ 8 日，签发支票，缴纳上月份的税款 11 600 元。(银付 3 号)

⑩ 11 日，销售给中南公司 A 产品 650 件，单价 120 元，增值税 10 140 元，款项尚未收到。(转 4 号)

⑪ 13 日，从河东公司购买乙材料 800 千克，单价 19 元，增值税 1 976 元，款项未付，材料尚未运到。(转 5 号)

⑫ 16日，以银行存款支付从河东公司购买上述乙材料的运杂费800元。(银付4号)
⑬ 18日，签发支票支付广告费2 700元。(银付5号)
⑭ 22日，收到中南公司委托银行转来的前欠货款55 000元。(银收2号)
⑮ 22日，开出支票支付本月短期借款利息370元。(银付6号)
⑯ 25日，从河东公司购买的乙材料运到，验收入库，结转实际成本。(转6号)
⑰ 31日，根据本月各部门领料单编制发出材料汇总表，如表9-2所示。(转7号)

表9-2　发料凭证汇总表

材料用途 \ 材料名称	甲 材 料		乙 材 料		金额合计
	数量(kg)	金额(元)	数量(kg)	金额(元)	
生产A产品耗用	660	7 920	750	15 000	22 920
生产B产品耗用	1 520	18 240			18 240
生产车间一般耗用	100	1 200	125	2 500	3 700
行政管理部门耗用			65	1 300	1 300
合计	2 280	27 360	940	18 800	46 160

⑱ 31日，分配本月份应付职工工资总额26 000元，其中，A产品生产工人工资12 000元，B产品生产工人工资9 000元，车间管理人员工资2 000元，行政管理部门人员工资3 000元。(转8号)

⑲ 31日，根据该公司所在地政府的规定，分别按职工工资总额的10%、12%、2%和10.5%计提医疗保险费、养老保险费、失业保险费和住房公积金，下月初缴纳给当地社会保险经办机构和住房公积金管理机构。(转9号)

⑳ 31日，计提本月固定资产折旧费9 100元，其中生产车间固定资产计提折旧7 310元，行政管理部门固定资产计提折旧1 790元。(转10号)

㉑ 31日，分配本月制造费用13 700元，其中A产品负担7 270元，B产品负担6 430元。(转11号)

㉒ 31日，完工产品一批455件，验收入库。(根据产品入库单登记库存商品明细账)

㉓ 31日，结转本月全部完工产品的生产成本60 400元，B产品尚未完工。(转12号)

㉔ 31日，结转本月销售A产品的生产成本53 440元，销售B产品的生产成本18 000元。(转13号)

㉕ 31日，计算本月应缴纳城市维护建设税980元，教育费附加420元。(转14号)

㉖ 31日，将本月主营业务收入102 000元结转至"本年利润"账户。(转15号)

㉗ 31日，将本月发生的主营业务成本71 440元、税金及附加1 400元、销售费用2 700元、管理费用8 550元、财务费用370元结转至"本年利润"账户。(转16号)

㉘ 31日，根据本月实现的利润总额，计算出本月应交所得税4 385元。(转17号)

㉙ 31日，将本月所得税费用转入"本年利润"账户。(转18号)

(二)根据上述经济业务的原始凭证,填制专用记账凭证(见表 9-3)

表 9-3 记账凭证

付 款 凭 证　　　　　　　　　　　　　　　　银付字第 1 号

贷方科目:银行存款　　　　20××年 3 月 1 日　　　　　　附件　张

摘　要	借方总账科目	借方明细科目	过账(√)	金　额
提取现金备用	库存现金		√	1 200
合　计				¥1 200

财务主管:陈强　　　记账:李广　　　出纳:丁一　　　审核:王明　　　制单:李广

付 款 凭 证　　　　　　　　　　　　　　　　现付字第 1 号

贷方科目:库存现金　　　　20××年 3 月 2 日　　　　　　附件　张

摘　要	借方总账科目	借方明细科目	过账(√)	金　额
职工出差借差旅费	其他应收款	王强	√	1 000
合　计				¥1 000

财务主管:陈强　　　记账:李广　　　出纳:丁一　　　审核:王明　　　制单:李广

转 账 凭 证　　　　　　　　　　　　　　　　转字第 1 号

20××年 3 月 4 日　　　　　　　　　　　　　　　附件　张

摘　要	总账科目	明细科目	过账(√)	借方金额	贷方金额
购买材料	在途物资	甲材料	√	19 500	
	应交税费	应交增值税(进项税额)	√	2 535	
	预付账款	江海公司	√		22 035
合　计				¥22 035	¥22 035

财务主管:陈强　　　记账:李广　　　出纳:丁一　　　审核:王明　　　制单:李广

转 账 凭 证　　　　　　　　　　　　　　　　转字第 2 号

20××年 3 月 4 日　　　　　　　　　　　　　　　附件　张

摘　要	总账科目	明细科目	过账(√)	借方金额	贷方金额
材料验收入库	原材料	甲材料	√	19 500	
	在途物资	甲材料	√		19 500
合　计				¥19 500	¥19 500

财务主管:陈强　　　记账:李广　　　审核:王明　　　制单:李广

付 款 凭 证　　　　　　　银付字第 2 号

20××年 3 月 4 日　　　　　　　附件　张

贷方科目：银行存款

摘　要	借方总账科目	借方明细科目	过账(√)	金　额
补付购买材料款	预付账款	江海公司	√	17 035
合　计				¥17 035

财务主管：陈强　　　记账：李广　　　出纳：丁一　　　审核：王明　　　制单：李广

付 款 凭 证　　　　　　　现付字第 2 号

20××年 3 月 5 日　　　　　　　附件　张

贷方科目：库存现金

摘　要	借方总账科目	借方明细科目	过账(√)	金　额
购买办公用品	管理费用		√	320
合　计				¥320

财务主管：陈强　　　记账：李广　　　出纳：丁一　　　审核：王明　　　制单：李广

收 款 凭 证　　　　　　　银收字第 1 号

20××年 3 月 7 日　　　　　　　附件　张

借方科目：银行存款

摘　要	贷方总账科目	贷方明细科目	过账(√)	金　额
销售给中北公司 B 产品	主营业务收入		√	24 000
	应交税费	应交增值税(销项税额)	√	3 120
合　计				¥27 120

财务主管：陈强　　　记账：李广　　　出纳：丁一　　　审核：王明　　　制单：李广

转 账 凭 证　　　　　　　转字第 3 号

20××年 3 月 8 日　　　　　　　附件　张

摘　要	总账科目	明细科目	过账(√)	借方金额	贷方金额
职工报销差旅费	管理费用		√	1 000	
	其他应收款	王强	√		1 000
合　计				¥1 000	¥1 000

财务主管：陈强　　　记账：李广　　　审核：王明　　　制单：李三

付 款 凭 证　　　　　　　　　　现付字第 3 号

贷方科目：库存现金　　　20××年 3 月 8 日　　　　　　　　附件　张

摘　要	借方总账科目	借方明细科目	过账(√)	金　额
补付职工差旅费	管理费用		√	105
合　计				¥105

财务主管：陈强　　　记账：李广　　　出纳：丁一　　　审核：王明　　　制单：李广

付 款 凭 证　　　　　　　　　　银付字第 3 号

贷方科目：银行存款　　　20××年 3 月 8 日　　　　　　　　附件　张

摘　要	借方总账科目	借方明细科目	过账(√)	金　额
缴纳上月税金	应交税费		√	11 600
合　计				¥11 600

财务主管：陈强　　　记账：李广　　　出纳：丁一　　　审核：王明　　　制单：李广

转 账 凭 证　　　　　　　　　　转字第 4 号

20××年 3 月 11 日　　　　　　　　附件　张

摘　要	总账科目	明细科目	过账(√)	借方金额	贷方金额
销售给中南公司A产品	应收账款	中南公司	√	88 140	
	主营业务收入		√		78 000
	应交税费	应交增值税(销项税额)	√		10 140
合　计				¥88 140	¥88 140

财务主管：陈强　　　记账：李广　　　审核：王明　　　制单：李广

转 账 凭 证　　　　　　　　　　转字第 5 号

20××年 3 月 13 日　　　　　　　　附件　张

摘　要	总账科目	明细科目	过账(√)	借方金额	贷方金额
购买材料	在途物资	乙材料	√	15 200	
	应交税费	应交增值税(进项税额)	√	1 976	
	应付账款	河东公司	√		17 176
合　计				¥17 176	¥17 176

财务主管：陈强　　　记账：李广　　　审核：王明　　　制单：李广

付 款 凭 证

银付字第 4 号

贷方科目：银行存款　　20××年3月16日　　　　　　　　　附件　张

摘　要	借方总账科目	借方明细科目	过账(√)	金　额
支付购买乙材料的运杂费	在途物资	乙材料	√	800
合　计				¥800

财务主管：陈强　　　记账：李广　　　出纳：丁一　　　审核：王明　　　制单：李广

付 款 凭 证

银付字第 5 号

贷方科目：银行存款　　20××年3月18日　　　　　　　　　附件　张

摘　要	借方总账科目	借方明细科目	过账(√)	金　额
支付广告费	销售费用		√	2 700
合　计				¥2 700

财务主管：陈强　　　记账：李广　　　出纳：丁一　　　审核：王明　　　制单：李广

收 款 凭 证

银收字第 2 号

借方科目：银行存款　　20××年3月22日　　　　　　　　　附件　张

摘　要	贷方总账科目	贷方明细科目	过账(√)	金　额
收回欠款	应收账款	中南公司	√	55 000
合　计				¥55 000

财务主管：陈强　　　记账：李广　　　出纳：丁一　　　审核：王明　　　制单：李广

付 款 凭 证

银付字第 6 号

贷方科目：银行存款　　20××年3月22日　　　　　　　　　附件　张

摘　要	借方总账科目	借方明细科目	过账(√)	金　额
支付本月短期借款利息	财务费用		√	370
合　计				¥370

财务主管：陈强　　　记账：李广　　　出纳：丁一　　　审核：王明　　　制单：李广

转 账 凭 证

20××年3月25日

转字第6号
附件　张

摘　要	总账科目	明细科目	过账(√)	借方金额	贷方金额
乙材料验收入库	原材料	乙材料	√	16 000	
	在途物资	乙材料	√		16 000
合　计				¥16 000	¥16 000

财务主管：陈强　　　记账：李广　　　审核：王明　　　制单：李广

转 账 凭 证

20××年3月31日

转字第7号
附件　张

摘　要	总账科目	明细科目	过账(√)	借方金额	贷方金额
分配原材料费用	生产成本	A产品	√	22 920	
	生产成本	B产品	√	18 240	
	制造费用		√	3 700	
	管理费用		√	1 300	
	原材料	甲材料	√		27 360
	原材料	乙材料	√		18 800
合　计				¥46 160	¥46 160

财务主管：陈强　　　记账：李广　　　审核：王明　　　制单：李广

转 账 凭 证

20××年3月31日

转字第8号
附件　张

摘　要	总账科目	明细科目	过账(√)	借方金额	贷方金额
分配职工工资	生产成本	A产品	√	12 000	
	生产成本	B产品	√	9 000	
	制造费用		√	2 000	
	管理费用		√	3 000	
	应付职工薪酬	工资	√		26 000
合　计				¥26 000	¥26 000

财务主管：陈强　　　记账：李广　　　审核：王明　　　制单：李广

转 账 凭 证

20××年3月31日

转字第9号
附件　张

摘　要	总账科目	明细科目	过账(√)	借方金额	贷方金额
计提社会保险费、公积金	生产成本	A产品	√	4 140	
	生产成本	B产品	√	3 105	
	制造费用		√	690	
	管理费用		√	1 035	
	应付职工薪酬	社会保险费	√		6 240
	应付职工薪酬	住房公积金	√		2 730
合　计				¥8 970	¥8 970

财务主管：陈强　　　记账：李广　　　审核：王明　　　制单：李广

转 账 凭 证   转字第 10 号
20××年 3 月 31 日   附件 张

摘要	总账科目	明细科目	过账(√)	借方金额	贷方金额
计提固定资产折旧费	制造费用		√	7 310	
	管理费用		√	1 790	
	累计折旧		√		9 100
合　计				￥9 100	￥9 100

财务主管：陈强　　记账：李广　　审核：王明　　制单：李广

转 账 凭 证   转字第 11 号
20××年 3 月 31 日   附件 张

摘要	总账科目	明细科目	过账(√)	借方金额	贷方金额
分配结转制造费用	生产成本	A 产品	√	7 270	
	生产成本	B 产品	√	6 430	
	制造费用		√		13 700
合　计				￥13 700	￥13 700

财务主管：陈强　　记账：李广　　审核：王明　　制单：李广

转 账 凭 证   转字第 12 号
20××年 3 月 31 日   附件 张

摘要	总账科目	明细科目	过账(√)	借方金额	贷方金额
完工 A 产品入库	库存商品	A 产品	√	60 400	
	生产成本	A 产品	√		60 400
合　计				￥60 400	￥60 400

财务主管：陈强　　记账：李广　　审核：王明　　制单：李广

转 账 凭 证   转字第 13 号
20××年 3 月 31 日   附件 张

摘要	总账科目	明细科目	过账(√)	借方金额	贷方金额
结转销售产品的生产成本	主营业务成本		√	71 440	
	库存商品	A 产品	√		53 440
	库存商品	B 产品	√		18 000
合　计				￥71 440	￥71 440

财务主管：陈强　　记账：李广　　审核：王明　　制单：李广

转 账 凭 证　　　　　　　　转字第 14 号
20××年 3 月 31 日　　　　　　　附件　张

摘要	总账科目	明细科目	过账(√)	借方金额	贷方金额
计算应交城市维护建设税和教育费附加	税金及附加		√	1 400	
	应交税费	应交城建税及教育费附加	√		1 400
合　计				¥1 400	¥1 400

财务主管：陈强　　　记账：李广　　　审核：王明　　　制单：李广

转 账 凭 证　　　　　　　　转字第 15 号
20××年 3 月 31 日　　　　　　　附件　张

摘　要	总账科目	明细科目	过账(√)	借方金额	贷方金额
结转销售收入	主营业务收入		√	102 000	
	本年利润		√		102 000
合　计				¥102 000	¥102 000

财务主管：陈强　　　记账：李广　　　审核：王明　　　制单：李广

转 账 凭 证　　　　　　　　转字第 16 号
20××年 3 月 31 日　　　　　　　附件　张

摘　要	总账科目	明细科目	过账(√)	借方金额	贷方金额
结转销售成本、税金及期间费用	本年利润		√	84 460	
	主营业务成本		√		71 440
	税金及附加		√		1 400
	销售费用		√		2 700
	管理费用		√		8 550
	财务费用		√		370
合　计				¥84 460	¥84 460

财务主管：陈强　　　记账：李广　　　审核：王明　　　制单：李广

转 账 凭 证　　　　　　　　转字第 17 号
20××年 3 月 31 日　　　　　　　附件　张

摘　要	总账科目	明细科目	过账(√)	借方金额	贷方金额
计算应交所得税	所得税费用		√	4 385	
	应交税费	应交所得税	√		4 385
合　计				¥4 385	¥4 385

财务主管：陈强　　　记账：李广　　　审核：王明　　　制单：李广

转账凭证　　　　　　　　　　转字第 18 号
20××年3月31日　　　　　　　附件　张

摘　要	总账科目	明细科目	过账(√)	借方金额	贷方金额
结转所得税费用	本年利润		√	4 385	
	所得税费用		√		4 385
合　计				¥4 385	¥4 385

财务主管：陈强　　　记账：李广　　　审核：王明　　　制单：李广

(三)根据审核后的收款凭证和付款凭证逐日逐笔登记现金日记账和银行存款日记账(见表 9-4)

表 9-4　日记账

现金日记账　　　　　　　　　　　　　　　　　　　　第1页

20××年		凭证		摘　要	对方科目	收　入	支　出	结　余
月	日	字	号					
3	1			期初余额				570
	1	银付	1	提取现金备用	银行存款	1 200		1 770
	2	现付	1	职工出差借差旅费	其他应收款		1 000	770
	5	现付	2	购买办公用品	管理费用		320	450
	8	现付	3	补付职工差旅费	管理费用		105	345
3	31			本期发生额及余额		1 200	1 425	345

银行存款日记账　　　　　　　　　　　　　　　　　　第1页

20××年		凭证		摘　要	结算凭证		对方科目	收　入	支　出	结　余
月	日	字	号		种类	编号				
3	1			期初余额						68 460
	1	银付	1	提取现金备用	(略)	(略)	库存现金		1 200	67 260
	4	银付	2	补付购买材料款			预付账款		17 035	50 225
	7	银收	1	销售给中北公司B产品			主营业务收入	27 120		77 345
	8	银付	3	缴纳上月税金			应交税费		11 600	65 880
	16	银付	4	支付购买乙材料的运杂费			在途物资		800	65 080
	18	银付	5	支付广告费			销售费用		2 700	62 380
	22	银收	2	收回欠款			应收账款	55 000		117 380
	22	银付	6	支付本月短期借款利息			财务费用		370	117 010
3	31			本期发生额及余额				82 120	33 705	116 875

(四)根据审核后的原始凭证、汇总原始凭证和记账凭证登记明细账

表 9-5 只列举了应收账款、预付账款、原材料、生产成本、库存商品等账户明细账的登记,其他账户明细账的登记略。

表 9-5 明细账

应收账款明细账

二级科目:中南公司　　　　　　　　　　　　　　　　　　　　　页次　　总页

20××年		凭证		摘要	借方	贷方	借或贷	余额
月	日	字	号					
3	1			期初余额			借	7 000
	11	转	4	销售产品	88 140		借	95 140
3	22	银收	2	收回欠款		55 000	借	40 140
3	31			本期发生额及余额	88 140	55 000	借	40 140

应收账款明细账

二级科目:中北公司　　　　　　　　　　　　　　　　　　　　　页次　　总页

20××年		凭证		摘要	借方	贷方	借或贷	余额
月	日	字	号					
3	1			期初余额			借	24 000
3	31			本期发生额及余额			借	24 000

预付账款明细账

二级科目:江海公司　　　　　　　　　　　　　　　　　　　　　页次　　总页

20××年		凭证		摘要	借方	贷方	借或贷	余额
月	日	字	号					
3	1			期初余额			借	5 000
	4	转	1	购买材料		22 035	贷	17 035
	4	银付	2	补付材料款	17 035		平	0
3	31			本期发生额及余额	17 035	22 035	平	0

原材料明细账

材料名称:甲材料　　规格:略　　仓库:略　　　　　　　　　　页次　　总页
编号:略　　　　　　计量单位:kg　　　　　　　　　　　　　最高储量:略　最低储量:略

20××年		凭证		摘要	收入			发出			结存		
月	日	字	号		数量	单价	金额	数量	单价	金额	数量	单价	金额
3	1			期初余额							1 500	11	16 500
	4	转	1	购买材料	1 500	13	19 500						
	31	转	7	发出材料				2 280	12	27 360	720	12	8 640
3	31			本期发生额及余额	1 500	13	19 500	2 280	12	27 360	720	12	8 640

原材料明细账

材料名称：乙材料　　规格：略　　仓库：略　　最高储量：略
编号：略　　计量单位：kg　　　　　　　　　　最低储量：略

20××年		凭证		摘要	收入			发出			结存		
月	日	字	号		数量	单价	金额	数量	单价	金额	数量	单价	金额
3	1			期初余额							890	20	17 800
	25	转	6	购买材料	800	20	16 000						
	31	转	7	发出材料				940	20	18 800	750	20	15 000
3	31			本期发生额及余额	800	20	16 000	940	20	18 800	750	20	15 000

生产成本明细账

产品名称：A产品　　　　　　　　　　　　　　　　　页次　　总页

20××年		凭证		摘要	原材料	职工薪酬	制造费用	合计
月	日	字	号					
3	1			期初在产品成本	7 100	4 700	2 270	14 070
	31	转	7	分配材料费用	22 920			22 920
	31	转	8	分配职工工资		12 000		12 000
	31	转	9	计提社会保险费和住房公积金		4 140		4 140
	31	转	11	分配结转制造费用			7 270	7 270
3	31	转	12	完工A产品入库	(30 020)	(20 840)	(9 540)	(60 400)

生产成本明细账

产品名称：B产品　　　　　　　　　　　　　　　　　页次　　总页

20××年		凭证		摘要	原材料	职工薪酬	制造费用	合计
月	日	字	号					
3	1			期初在产品成本	10 740	3 580	2 685	17 005
	31	转	7	分配材料费用	18 240			18 240
	31	转	8	分配职工工资		9 000		9 000
	31	转	9	计提社会保险费和住房公积金		3 105		3 105
	31	转	11	分配结转制造费用			6 430	6 430
3	31			期末在产品成本	28 980	15 685	9 115	53 780

库存商品明细账　　　　　　　　页次　　总页

商品名称：A产品　　　规格：略　　　仓库：略　　　最高储量：略
编号：略　　　　　　　计量单位：件　　　　　　　　　最低储量：略

20××年		凭证		摘要	收入			发出			结存		
月	日	字	号		数量	单价	金额	数量	单价	金额	数量	单价	金额
3	1			期初余额							480	83	39 840
	11	转	4	销售产品				650					
	31	转	12	结转入库	755	80	60 400						
	31	转	13	结转销售产品成本						53 440			
3	31			本期发生额及余额	755	80	60 400	650		53 440	585	80	46 800

库存商品明细账　　　　　　　　页次　　总页

商品名称：B产品　　　规格：略　　　仓库：略　　　最高储量：略
编号：略　　　　　　　计量单位：件　　　　　　　　　最低储量：略

20××年		凭证		摘要	收入			发出			结存		
月	日	字	号		数量	单价	金额	数量	单价	金额	数量	单价	金额
3	1			期初余额							220	150	33 000
	7	银收	1	销售产品				120					
	31	转	13	结转销售产品成本						18 000			
3	31			本期发生额及余额				120	150	18 000	100	150	15 000

(五)根据记账凭证逐笔登记总分类账(见表9-6)

表9-6　总分类账

总分类账

会计科目：库存现金　　　　　　　　　　　　　　　　　　　　　　　　第1页

20××年		凭证		摘要	借方	贷方	借或贷	余额
月	日	字	号					
3	1			期初余额			借	570
	1	银付	1	提取现金备用	1 200		借	1 770
	2	现付	1	职工出差借差旅费		1 000	借	770
	5	现付	2	购买办公用品		320	借	450
	8	现付	3	补付职工差旅费		105	借	345
3	31			本期发生额及余额	1 200	1 425	借	345

总分类账

会计科目：银行存款　　　　　　　　　　　　　　　　　　　　　　　　　　　　　　第 6 页

20××年		凭证		摘要	借方	贷方	借或贷	余额
月	日	字	号					
3	1			期初余额			借	68 460
	1	银付	1	提取现金备用		1 200	借	67 260
	4	银付	2	补付购买材料款		17 035	借	50 225
	7	银收	1	销售给中北公司B产品	27 120		借	77 345
	8	银付	3	缴纳上月税金		11 600	借	65 745
	16	银付	4	支付购买乙材料的运杂费		800	借	64 945
	18	银付	5	支付广告费		2 700	借	62 245
	22	银收	2	收回欠款	55 000		借	117 245
	22	银付	6	支付本月短期借款利息		370	借	116 875
3	31			本期发生额及余额	82 120	33 705	借	116 875

总分类账

会计科目：应收账款　　　　　　　　　　　　　　　　　　　　　　　　　　　　　　第 12 页

20××年		凭证		摘要	借方	贷方	借或贷	余额
月	日	字	号					
3	1			期初余额			借	31 000
	11	转	4	销售给中南公司A产品	88 140		借	119 140
	22	银收	2	收回欠款		55 000	借	64 140
3	31			本期发生额及余额	88 140	55 000	借	64 140

总分类账

会计科目：预付账款　　　　　　　　　　　　　　　　　　　　　　　　　　　　　　第 14 页

20××年		凭证		摘要	借方	贷方	借或贷	余额
月	日	字	号					
3	1			期初余额			借	5 000
	4	转	1	购买材料		22 035	贷	17 035
	4	银付	2	补付材料款	17 035		平	0
3	31			本期发生额及余额	17 035	22 035	平	0

总分类账

会计科目：其他应收款　　　　　　　　　　　　　　　　　　　　　　　　　　　　　第 15 页

20××年		凭证		摘要	借方	贷方	借或贷	余额
月	日	字	号					
3	2	现付	1	职工出差借差旅费	1 000		借	1 000
	8	转	3	职工报销差旅费		1 000	平	0
3	31			本期发生额及余额	1 000	1 000	平	0

总分类账

会计科目：在途物资　　　　　　　　　　　　　　　　　　　　　　　　　　　　第17页

20××年		凭证		借方	贷方	借或贷	余额	
月	日	字	号				借方	
3	4	转	1	购买材料	19 500		借	19 500
	4	转	2	材料验收入库		19 500	平	0
	13	转	5	购买材料	16 000		借	16 000
	25	转	6	材料验收入库		16 000	平	0
3	31			本期发生额及余额	35 500	35 500	平	0

总分类账

会计科目：原材料　　　　　　　　　　　　　　　　　　　　　　　　　　　　　第19页

20××年		凭证		摘要	借方	贷方	借或贷	余额
月	日	字	号					
3	1			期初余额			借	34 300
	4	转	2	材料验收入库	19 500		借	53 800
	25	转	6	材料验收入库	16 000		借	69 800
	31	转	7	分配原材料费用		46 160	借	23 640
3	31			本期发生额及余额	35 500	46 160	借	23 640

总分类账

会计科目：库存商品　　　　　　　　　　　　　　　　　　　　　　　　　　　　第24页

20××年		凭证		摘要	借方	贷方	借或贷	余额
月	日	字	号					
3	1			期初余额			借	72 840
	31	转	12	完工A产品入库	60 400		借	133 240
	31	转	13	结转销售产品的生产成本		71 440	借	61 800
3	31			本期发生额及余额	60 400	71 440	借	61 800

总分类账

会计科目：生产成本　　　　　　　　　　　　　　　　　　　　　　　　　　　　第28页

20××年		凭证		摘要	借方	贷方	借或贷	余额
月	日	字	号					
3	1			期初余额			借	31 075
	31	转	7	分配原材料费用	22 920		借	53 995
	31	转	7	分配原材料费用	18 240		借	72 235
	31	转	8	分配职工工资	12 000		借	84 235
	31	转	8	分配职工工资	9 000		借	93 235

续表

20××年		凭证		摘要	借方	贷方	借或贷	余额
月	日	字	号					
	31	转	9	计提社会保险费和住房公积金	4 140		借	97 375
	31	转	9	计提社会保险费和住房公积金	3 105		借	100 480
	31	转	11	分配结转制造费用	7 270		借	107 750
	31	转	11	分配结转制造费用	6 430		借	114 180
	31	转	12	完工A产品入库		60 400	借	53 780
3	31			本期发生额及余额	83 105	60 400	借	53 780

总分类账

会计科目：制造费用　　　　　　　　　　　　　　　　　　　　　　　　　　　　第30页

20××年		凭证		摘要	借方	贷方	借或贷	余额
月	日	字	号					
3	31	转	7	分配原材料费用	3 700		借	3 700
	31	转	8	分配职工工资	2 000		借	5 700
	31	转	9	计提社会保险费和住房公积金	690		借	6 390
	31	转	10	计提固定资产折旧费	7 310		借	13 700
	31	转	11	分配结转制造费用		13 700	平	0
3	31			本期发生额及余额	13 700	13 700	平	0

总分类账

会计科目：固定资产　　　　　　　　　　　　　　　　　　　　　　　　　　　　第32页

20××年		凭证		摘要	借方	贷方	借或贷	余额
月	日	字	号					
3	1			期初余额			借	260 000
3	31			本期发生额及余额			借	260 000

总分类账

会计科目：累计折旧　　　　　　　　　　　　　　　　　　　　　　　　　　　　第33页

20××年		凭证		摘要	借方	贷方	借或贷	余额
月	日	字	号					
3	1			期初余额			贷	52 000
	31	转	10	计提固定资产折旧费		9 100	贷	61 100
3	31			本期发生额及余额		9 100	贷	61 100

总分类账

会计科目：短期借款　　　　　　　　　　　　　　　　　　　　　　　　　第 34 页

20××年		凭证		摘要	借方	贷方	借或贷	余额
月	日	字	号					
3	1			期初余额			贷	50 000
3	31			本期发生额及余额			贷	50 000

总分类账

会计科目：应付账款　　　　　　　　　　　　　　　　　　　　　　　　　第 36 页

20××年		凭证		摘要	借方	贷方	借或贷	余额
月	日	字	号					
3	1			期初余额			贷	38 000
	13	转	5	购买材料		17 176	贷	55 176
3	31			本期发生额及余额		17 176	贷	55 176

总分类账

会计科目：应付职工薪酬　　　　　　　　　　　　　　　　　　　　　　　第 40 页

20××年		凭证		摘要	借方	贷方	借或贷	余额
月	日	字	号					
3	31	转	8	分配职工工资		26 000	贷	26 000
	31	转	9	计提社会保险费		6 240	贷	32 240
	31	转	9	计提住房公积金		2 730	贷	34 970
3	31			本期发生额及余额		34 970	贷	34 970

总分类账

会计科目：应交税费　　　　　　　　　　　　　　　　　　　　　　　　　第 45 页

20××年		凭证		摘要	借方	贷方	借或贷	余额
月	日	字	号					
3	1			期初余额			贷	11 600
	4	转	1	购买材料应支付的进项税额	2 535		贷	9 065
	7	银收	1	销售产品收取的销项税额		3 120	贷	12 185
	8	银付	3	缴纳上月税金	11 600		贷	585
	11	转	4	销售产品应收取的销项税额		10 140	贷	10 725
	13	转	5	购买材料应支付的进项税额	1 976		贷	8 749
	31	转	14	计算应交城建税及教育费附加		1 400	贷	10 149
	31	转	17	计算应交所得税		4 385	贷	14 534
3	31			本期发生额及余额	16 111	19 045	贷	14 534

总分类账

会计科目：实收资本　　　　　　　　　　　　　　　　　　　　　　　　　　第51页

20××年		凭证		摘　要	借　方	贷　方	借或贷	余　额
月	日	字	号					
3	1			期初余额			贷	320 000
3	31			本期发生额及余额			贷	320 000

总分类账

会计科目：盈余公积　　　　　　　　　　　　　　　　　　　　　　　　　　第52页

20××年		凭证		摘　要	借　方	贷　方	借或贷	余　额
月	日	字	号					
3	1			期初余额			贷	40 000
3	31			本期发生额及余额			贷	40 000

总分类账

会计科目：本年利润　　　　　　　　　　　　　　　　　　　　　　　　　　第54页

20××年		凭证		摘　要	借　方	贷　方	借或贷	余　额
月	日	字	号					
3	1			期初余额			贷	26 645
	31	转	15	结转销售收入		102 000	贷	128 645
	31	转	16	结转销售成本、税金及期间费用	84 460		贷	44 185
	31	转	18	结转所得税费用	4 385		贷	39 800
3	31			本期发生额及余额	88 845	102 000	贷	39 800

总分类账

会计科目：利润分配　　　　　　　　　　　　　　　　　　　　　　　　　　第61页

20××年		凭证		摘　要	借　方	贷　方	借或贷	余　额
月	日	字	号					
3	1			期初余额			借	35 000
3	31			本期发生额及余额			借	35 000

总分类账

会计科目：主营业务收入　　　　　　　　　　　　　　　　　　　　　　　　第63页

20××年		凭证		摘　要	借　方	贷　方	借或贷	余　额
月	日	字	号					
3	7	银收	1	销售给中北公司B产品		24 000	贷	24 000
	11	转	4	销售给中南公司A产品		78 000	贷	102 000
	31	转	15	结转销售收入	102 000		平	0
3	31			本期发生额及余额	102 000	102 000	平	0

总分类账

会计科目：主营业务成本　　　　　　　　　　　　　　　　　　　　　　　　　　　　第 68 页

20××年		凭证		摘　要	借　方	贷　方	借或贷	余　额
月	日	字	号					
3	31	转	13	结转销售产品的生产成本	71 440		借	71 440
	31	转	16	结转销售成本		71 440	平	0
3	31			本期发生额及余额	71 440	71 440	平	0

总分类账

会计科目：税金及附加　　　　　　　　　　　　　　　　　　　　　　　　　　　　　第 72 页

20××年		凭证		摘　要	借　方	贷　方	借或贷	余　额
月	日	字	号					
3	31	转	14	计算应交城建税和教育费附加	1 400		借	1 400
	31	转	16	结转税金及附加		1 400	平	0
3	31			本期发生额及余额	1 400	1 400	平	0

总分类账

会计科目：销售费用　　　　　　　　　　　　　　　　　　　　　　　　　　　　　　第 74 页

20××年		凭证		摘　要	借　方	贷　方	借或贷	余　额
月	日	字	号					
3	18	银付	5	支付广告费	2 700		借	2 700
	31	转	16	结转销售费用		2 700	平	0
3	31			本期发生额及余额	2 700	2 700	平	0

总分类账

会计科目：管理费用　　　　　　　　　　　　　　　　　　　　　　　　　　　　　　第 76 页

20××年		凭证		摘　要	借　方	贷　方	借或贷	余　额
月	日	字	号					
3	5	现付	2	购买办公用品	320		借	320
	8	转	3	职工报销差旅费	1 000		借	1 320
	8	现付	3	补付职工差旅费	105		借	1 425
	31	转	7	分配原材料费用	1 300		借	2 725
	31	转	8	分配职工工资	3 000		借	5 725
	31	转	9	计提社会保险费和住房公积金	1 035		借	6 760
	31	转	10	计提固定资产折旧费	1 790		借	8 550
	31	转	16	结转管理费用		8 550	平	0
3	31			本期发生额及余额	8 550	8 550	平	0

总分类账

会计科目：财务费用　　　　　　　　　　　　　　　　　　　　　　　第81页

20××年		凭证		摘　要	借　方	贷　方	借或贷	余　额
月	日	字	号					
3	22	银付	6	支付本月短期借款利息	370		借	370
	31	转	16	结转财务费用		370	平	0
3	31			本期发生额及余额	370	370	平	0

总分类账

会计科目：所得税费用　　　　　　　　　　　　　　　　　　　　　　第85页

20××年		凭证		摘　要	借　方	贷　方	借或贷	余　额
月	日	字	号					
3	31	转	17	计算应交所得税	4 385		借	4 385
	31	转	18	结转所得税费用		4 385	平	0
3	31			本期发生额及余额	4 385	4 385	平	0

(六)编制总账账户本期发生额及余额试算平衡表(见表9-7)

表9-7　试算表

编制单位：滨海公司　　　　　　20××年3月　　　　　　　　　　单位：元

账户名称	期初余额		本期发生额		期末余额	
	借　方	贷　方	借　方	贷　方	借　方	贷　方
库存现金	570		1 200	1 425	345	
银行存款	68 460		82 120	33 705	116 875	
应收账款	31 000		88 140	55 000	64 140	
预付账款	5 000		17 035	22 035		
其他应收款			1 000	1 000		
在途物资			35 500	35 500		
原材料	34 300		35 500	46 160	23 640	
库存商品	72 840		60 400	71 440	61 800	
生产成本	31 075		83 105	60 400	53 780	
制造费用			13 700	13 700		
固定资产	260 000				260 000	
累计折旧		52 000		9 100		61 100
短期借款		50 000				50 000
应付账款		38 000		17 176		55 176
应付职工薪酬				34 970		34 970
应交税费		11 600	16 111	19 045		14 534
实收资本		320 000				320 000

续表

账户名称	期初余额		本期发生额		期末余额	
	借方	贷方	借方	贷方	借方	贷方
盈余公积		40 000				40 000
本年利润		26 645	88 845	102 000		39 800
利润分配	35 000				35 000	
主营业务收入			102 000	102 000		
主营业务成本			71 440	71 440		
税金及附加			1 400	1 400		
销售费用			2 700	2 700		
管理费用			8 550	8 550		
财务费用			370	370		
所得税费用			4 385	4 385		
合　计	538 245	538 245	713 501	713 501	615 580	615 580

(七)根据账户登记的结果和试算平衡表编制资产负债表和利润表(见表 9-8 和表 9-9)

表 9-8　资产负债表

会企01表

编制单位：滨海公司　　　　　　　20××年3月31日　　　　　　　　　单位：元

资　产	期末余额	年初余额	负债和所有者权益(或股东权益)	期末余额	年初余额
流动资产：		略	流动负债：		略
货币资金	117 220		短期借款	50 000	
以公允价值计量且其变动计入当期损益的金融资产			以公允价值计量且其变动计入当期损益的金融负债		
衍生金融资产			衍生金融负债		
应收票据及应收账款	64 140		应付票据及应付账款	55 176	
预付款项			预收款项		
其他应收款			应付职工薪酬	34 970	
存货	139 220		应交税费	14 534	
持有待售资产			其他应付款		
一年内到期的非流动资产			持有待售负债		
其他流动资产			一年内到期的非流动负债		
流动资产合计	322 580		其他流动负债		
非流动资产：			流动负债合计	154 680	
可供出售金融资产			非流动负债：		
持有至到期投资			长期借款		

续表

资产	期末余额	年初余额	负债和所有者权益(或股东权益)	期末余额	年初余额
长期应收款			应付债券		
长期股权投资			长期应付款		
投资性房地产			预计负债		
固定资产	198 900		递延收益		
在建工程			递延所得税负债		
生产性生物资产			其他非流动负债		
油气资产			非流动负债合计		
无形资产			负债合计	154 680	
商誉			所有者权益(或股东权益):		
长期待摊费用			实收资本(或股本)	320 000	
递延所得税资产			其他权益工具		
其他非流动资产			资本公积		
非流动资产合计	198 900		其他综合收益		
			盈余公积	40 000	
			未分配利润	4 800	
			所有者权益(或股东权益)合计	364 800	
资产总计	519 480		负债和所有者权益(或股东权益)总计	519 480	

表 9-9 利润表(部分)

会企 02 表

编制单位：滨海公司　　　　　　　　　20××年 3 月　　　　　　　　　单位：元

项　目	本期金额	上期金额
一、营业收入	102 000	略
减：营业成本	71 440	
税金及附加	1 400	
销售费用	2 700	
管理费用	8 550	
研发费用		
财务费用	370	
资产减值损失		
加：其他收益		
投资收益(损失以"-"填列)		
公允价值变动收益(损失以"-"填列)		
资产处置收益(损失以"-"填列)		
二、营业利润(亏损以"-"填列)	17 540	
加：营业外收入		
减：营业外支出		

续表

项 目	本期金额	上期金额
三、利润总额(亏损总额以"-"号填列)	17 540	
减：所得税费用	4 385	
四、净利润(净亏损以"-"号填列)	13 155	

第三节　科目汇总表账务处理程序

一、科目汇总表账务处理程序的基本内容

科目汇总表账务处理程序是根据记账凭证定期编制科目汇总表，再根据科目汇总表登记总分类账的一种账务处理程序。其凭证、账簿的设置与记账凭证账务处理程序基本相同，只是在记账凭证方面，除设置收款凭证、付款凭证和转账凭证外，需要增设"科目汇总表"，又称记账凭证汇总表。其一般程序如下。

(1) 分析经济交易和事项，根据审核无误的原始凭证或汇总原始凭证编制记账凭证。
(2) 根据收款凭证或付款凭证逐日逐笔登记现金日记账和银行存款日记账。
(3) 根据原始凭证、汇总原始凭证和记账凭证登记明细分类账。
(4) 根据记账凭证定期编制科目汇总表。
(5) 根据科目汇总表登记总分类账。
(6) 根据对账的要求，定期进行日记账、明细分类账与相关总分类账的核对。
(7) 根据核对无误的总分类账、明细分类账编制会计报表。

科目汇总表账务处理程序如图 9-2 所示。

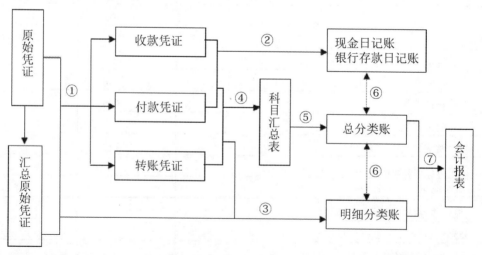

图 9-2　科目汇总表账务处理程序

二、科目汇总表的编制

科目汇总表,又称记账凭证汇总表,是将一段期间的记账凭证按照总账科目进行分类汇总,列示该时期每一个总账科目的借方发生额和贷方发生额的汇总表。科目汇总表的编制期间可以根据业务量的大小确定,业务量大的企业可以 5 天编制一次,业务量小的企业 10 天甚至一个月编制一次。科目汇总表的格式可以采用单期式(见表 9-10),即每汇总一次填制一张科目汇总表,也可以采用多期式(见表 9-11),即将全月的多次汇总结果填列到一张汇总表中,月末一次据以登记总账。根据"有借必有贷、借贷必相等"的记账规则,科目汇总表中借方发生额合计数与贷方发生额合计数必然相等。因此,科目汇总表也是账户发生额试算平衡表,是检验会计记录是否正确的有效手段。

表 9-10　科目汇总表(单期式)　　　　　　　　单位:

年　月　日至　日　　　　　　　　　编号:

会计科目	记账凭证起讫号数	本期发生额		总账页数
		借方	贷方	
合计				

表 9-11　科目汇总表(多期式)　　　　　　　　单位:

年　月　　　　　　　　　编号:

会计科目	1—10 日		11—20 日		21—31 日		合　计		总账页数
	借方	贷方	借方	贷方	借方	贷方	借方	贷方	
合计									

三、科目汇总表账务处理程序的特点及适用范围

科目汇总表账务处理程序根据科目汇总表登记总分类账,能大大简化总账的登记工作,明确每一总账科目所需账页数量,避免总账过于冗长烦琐,并可起到试算平衡的作用,在登账之前及时发现并改正错误,简明易懂,适用性强。其缺点是:科目汇总表不能反映账户之间的对应关系,不便于分析经济业务和查对账目。

科目汇总表账务处理程序一般适用于规模较大、经济业务较多的企业。

四、科目汇总表账务处理程序举例

【例9-2】 沿用例9-1的资料,运用科目汇总表账务处理程序,每月汇总一次,编制科目汇总表并据以登记总分类账。

日记账和明细分类账户的登记、总分类账账户本期发生额及余额试算平衡表、资产负债表和利润表的编制均同前例,不再重复。

(一)滨海公司20××年3月份编制的科目汇总表(见表9-12)

表9-12 科目汇总表 单位:元

20××年3月1～31日 编号:科汇字第1号

会计科目	记账凭证起讫号数	本期发生额		总账页数
		借 方	贷 方	
库存现金	略	1 200	1 425	1
银行存款		82 120	33 705	2
应收账款		88 140	55 000	3
预付账款		17 035	22 035	4
其他应收款		1 000	1 000	5
在途物资		35 500	35 500	6
原材料		35 500	46 160	7
库存商品		60 400	71 440	8
生产成本		83 105	60 400	9
制造费用		13 700	13 700	11
累计折旧			9 100	13
应付账款			17 176	14
应付职工薪酬			34 970	15
应交税费		16 111	19 045	18
本年利润		88 845	102 000	20
主营业务收入		102 000	102 000	21
主营业务成本		71 440	71 440	22
税金及附加		1 400	1 400	23
销售费用		2 700	2 700	24
管理费用		8 550	8 550	25
财务费用		370	370	26
所得税费用		4 385	4 385	27
合 计		713 501	713 501	

(二)滨海公司20××年3月根据科目汇总表登记总分类账(见表9-13)

表9-13 总分类账

总分类账

会计科目：库存现金　　　　　　　　　　　　　　　　　　　　　　　　　　　　　　第1页

20××年		凭证		摘要	借方	贷方	借或贷	余额
月	日	种类	号					
3	1			期初余额			借	570
3	31	科汇	1		1 200	1 425	借	345

总分类账

会计科目：银行存款　　　　　　　　　　　　　　　　　　　　　　　　　　　　　　第2页

20××年		凭证		摘要	借方	贷方	借或贷	余额
月	日	种类	号					
3	1			期初余额			借	68 460
3	31	科汇	1		82 120	33 705	借	116 875

总分类账

会计科目：应收账款　　　　　　　　　　　　　　　　　　　　　　　　　　　　　　第3页

20××年		凭证		摘要	借方	贷方	借或贷	余额
月	日	种类	号					
3	1			期初余额			借	31 000
3	31	科汇	1		88 140	55 000	借	64 140

总分类账

会计科目：预付账款　　　　　　　　　　　　　　　　　　　　　　　　　　　　　　第4页

20××年		凭证		摘要	借方	贷方	借或贷	余额
月	日	种类	号					
3	1			期初余额			借	5 000
3	31	科汇	1		17 035	22 035	平	0

总分类账

会计科目：其他应收款　　　　　　　　　　　　　　　　　　　　　　　　　　　　　第5页

20××年		凭证		摘要	借方	贷方	借或贷	余额
月	日	种类	号					
3	31	科汇	1		1 000	1 000	平	0

总分类账

会计科目：在途物资　　　　　　　　　　　　　　　　　　　　　　　　　　第6页

20××年		凭证		摘要	借方	贷方	借或贷	余额
月	日	种类	号					
3	31	科汇	1		35 500	35 500	平	0

总分类账

会计科目：原材料　　　　　　　　　　　　　　　　　　　　　　　　　　　第7页

20××年		凭证		摘要	借方	贷方	借或贷	余额
月	日	种类	号					
3	1			期初余额			借	34 300
3	31	科汇	1		35 500	46 160	借	23 640

总分类账

会计科目：库存商品　　　　　　　　　　　　　　　　　　　　　　　　　　第8页

20××年		凭证		摘要	借方	贷方	借或贷	余额
月	日	种类	号					
3	1			期初余额			借	72 840
3	31	科汇	1		60 400	71 440	借	61 800

总分类账

会计科目：生产成本　　　　　　　　　　　　　　　　　　　　　　　　　　第9页

20××年		凭证		摘要	借方	贷方	借或贷	余额
月	日	种类	号					
3	1			期初余额			借	31 075
3	31	科汇	1		83 105	60 400	借	53 780

总分类账

会计科目：制造费用　　　　　　　　　　　　　　　　　　　　　　　　　　第10页

20××年		凭证		摘要	借方	贷方	借或贷	余额
月	日	种类	号					
3	31	科汇	1		13 700	13 700	平	0

总分类账

会计科目：固定资产　　　　　　　　　　　　　　　　　　　　　　　　　　第11页

20××年		凭证		摘要	借方	贷方	借或贷	余额
月	日	种类	号					
3	1			期初余额			借	260 000

总分类账

会计科目：累计折旧　　　　　　　　　　　　　　　　　　　　　　　第 12 页

20××年		凭证		摘要	借方	贷方	借或贷	余额
月	日	种类	号					
3	1			期初余额			贷	52 000
3	31	科汇	1			9 100	贷	61 100

总分类账

会计科目：短期借款　　　　　　　　　　　　　　　　　　　　　　　第 13 页

20××年		凭证		摘要	借方	贷方	借或贷	余额
月	日	种类	号					
3	1			期初余额			贷	50 000

总分类账

会计科目：应付账款　　　　　　　　　　　　　　　　　　　　　　　第 14 页

20××年		凭证		摘要	借方	贷方	借或贷	余额
月	日	种类	号					
3	1			期初余额			贷	38 000
3	31	科汇	1			17 176	贷	55 176

总分类账

会计科目：应付职工薪酬　　　　　　　　　　　　　　　　　　　　　第 15 页

20××年		凭证		摘要	借方	贷方	借或贷	余额
月	日	种类	号					
3	31	科汇	1			34 970	贷	34 970

总分类账

会计科目：应交税费　　　　　　　　　　　　　　　　　　　　　　　第 16 页

20××年		凭证		摘要	借方	贷方	借或贷	余额
月	日	种类	号					
3	1			期初余额			贷	11 600
3	31	科汇	1		16 111	19 045	贷	14 534

总分类账

会计科目：实收资本　　　　　　　　　　　　　　　　　　　　　　　第 17 页

20××年		凭证		摘要	借方	贷方	借或贷	余额
月	日	种类	号					
3	1			期初余额			贷	320 000

总分类账

会计科目：盈余公积　　　　　　　　　　　　　　　　　　　　　　　　　　第 18 页

20××年		凭证		摘要	借方	贷方	借或贷	余额
月	日	种类	号					
3	1			期初余额			贷	40 000

总分类账

会计科目：本年利润　　　　　　　　　　　　　　　　　　　　　　　　　　第 19 页

20××年		凭证		摘要	借方	贷方	借或贷	余额
月	日	种类	号					
3	1			期初余额			贷	26 645
3	31	科汇	3		88 845	102 000	贷	39 800

总分类账

会计科目：利润分配　　　　　　　　　　　　　　　　　　　　　　　　　　第 20 页

20××年		凭证		摘要	借方	贷方	借或贷	余额
月	日	种类	号					
3	1			期初余额			借	35 000

总分类账

会计科目：主营业务收入　　　　　　　　　　　　　　　　　　　　　　　　第 21 页

20××年		凭证		摘要	借方	贷方	借或贷	余额
月	日	种类	号					
3	31	科汇	1		102 000	102 000	平	0

总分类账

会计科目：主营业务成本　　　　　　　　　　　　　　　　　　　　　　　　第 22 页

20××年		凭证		摘要	借方	贷方	借或贷	余额
月	日	种类	号					
3	31	科汇	1		71 440	71 440	平	0

总分类账

会计科目：税金及附加　　　　　　　　　　　　　　　　　　　　　　　　　第 23 页

20××年		凭证		摘要	借方	贷方	借或贷	余额
月	日	种类	号					
3	31	科汇	1		1 400	1 400	平	0

第九章 账务处理程序

总分类账

会计科目：销售费用　　　　　　　　　　　　　　　　　　　　　　　　　第 24 页

20××年		凭证		摘要	借方	贷方	借或贷	余额
月	日	种类	号					
3	31	科汇	1		2 700	2 700	平	0

总分类账

会计科目：管理费用　　　　　　　　　　　　　　　　　　　　　　　　　第 25 页

20××年		凭证		摘要	借方	贷方	借或贷	余额
月	日	种类	号					
3	31	科汇	1		8 550	8 550	平	0

总分类账

会计科目：财务费用　　　　　　　　　　　　　　　　　　　　　　　　　第 26 页

20××年		凭证		摘要	借方	贷方	借或贷	余额
月	日	种类	号					
3	31	科汇	1		370	370	平	0

总分类账

会计科目：所得税费用　　　　　　　　　　　　　　　　　　　　　　　　第 27 页

20××年		凭证		摘要	借方	贷方	借或贷	余额
月	日	种类	号					
3	31	科汇	1		4 385	4 385	平	0

根据科目汇总表登记总账后，与记账凭证账务处理程序相同，进行账簿核对后，根据总分类账和明细分类账编制会计报表，结果同表 9-8 和表 9-9。

本 章 小 结

账务处理程序又称会计核算形式，是指会计凭证和账簿组织、记账程序和记账方法相互结合的方式。

账务处理程序的种类有：记账凭证账务处理程序、科目汇总表账务处理程序、汇总记账凭证账务处理程序、日记总账账务处理程序、多栏式日记账账务处理程序。各种账务处理程序的根本区别在于登记总分类账的直接依据和方法不同。

记账凭证账务处理程序依据记账凭证直接登记总分类账，简单明了，便于核对，但登记总账的工作量较大，主要适用于单位规模较小、经济业务较简单的企业。

科目汇总表账务处理程序根据所有记账凭证定期编制科目汇总表，再根据科目汇总表登记总分类账。科目汇总表账务处理程序减轻了登记总分类账的工作量，可以进行试算平衡，但不能反映账户的对应关系，不便于分析经济业务和查对账目，一般适用于规模较大、经济业务较多的企业。

自 测 题

一、单项选择题

1. 记账凭证账务处理程序、汇总记账凭证账务处理程序和科目汇总表账务处理程序的主要不同点是(　　)。
　　A. 登记日记账的依据不同　　　　　B. 编制记账凭证的依据不同
　　C. 登记总分类账的依据不同　　　　D. 编制汇总记账凭证的依据不同
2. 科目汇总表账务处理程序(　　)。
　　A. 加大了登记总分类账的工作
　　B. 适用于经济业务很少的单位
　　C. 在科目汇总表和总分类账中不能反映各账户的对应关系
　　D. 有利于对经济活动进行分析和检查
3. 记账凭证账务处理程序适用于(　　)的企业。
　　A. 规模较小，经济业务较少　　　　B. 规模较大，经济业务较少
　　C. 规模较小，经济业务较多　　　　D. 规模较大，经济业务较多
4. 在下列账务处理程序中，最基本的是(　　)。
　　A. 汇总记账凭证账务处理程序　　　B. 科目汇总表账务处理程序
　　C. 记账凭证账务处理程序　　　　　D. 多栏式日记账账务处理程序
5. 根据记账凭证逐笔登记总账的账务处理程序是(　　)。
　　A. 记账凭证账务处理程序　　　　　B. 汇总记账凭证账务处理程序
　　C. 科目汇总表账务处理程序　　　　D. 多栏式日记账账务处理程序
6. 科目汇总表是直接根据(　　)汇总编制的。
　　A. 原始凭证　　B. 汇总原始凭证　　C. 记账凭证　　D. 汇总记账凭证
7. 科目汇总表账务处理程序适用于(　　)的单位。
　　A. 规模较小，业务量较少　　　　　B. 规模较小，业务量较多
　　C. 规模较大，业务量较少　　　　　D. 规模较大，业务量较多
8. 明细分类账的记账依据不包括(　　)。
　　A. 原始凭证　　B. 记账凭证　　　C. 汇总原始凭证　　D. 总分类账
9. 总分类账的记账依据不包括(　　)。
　　A. 原始凭证　　B. 记账凭证　　　C. 科目汇总表　　　D. 汇总记账凭证
10. (　　)能进行账户发生额的试算平衡。
　　A. 记账凭证账务处理程序　　　　　B. 汇总记账凭证账务处理程序
　　C. 科目汇总表账务处理程序　　　　D. 多栏式日记账账务处理程序

二、判断题

1. 记账凭证账务处理程序能详细反映各类经济业务的发生和完成情况，方便会计核对

和查账。( )

2. 采用科目汇总表账务处理程序能减轻登记总分类账的工作量,且能反映账户间的对应关系。( )

3. 采用记账凭证账务处理程序的企业,直接根据记账凭证逐笔登记总账。( )

4. 不同账务处理程序的主要区别在于登记总账的依据不同。( )

5. 记账凭证核算组织程序是最基本的一种会计核算组织程序。( )

6. 科目汇总表也是一种具有汇总性质的记账凭证。( )

7. 企业采用何种账务处理程序应根据规模大小和经营业务性质确定,不强求统一。( )

8. 编制会计报表是企业账务处理程序的组成部分。( )

9. 科目汇总表的汇总结果体现了所有账户发生额的平衡相等结果。( )

10. 科目汇总表账务处理程序下,总账账页可设置"对方科目"栏以便填写对应科目。( )

三、简答题

1. 什么是账务处理程序?我国一般常用的账务处理程序有哪几类?
2. 会计基本程序包括哪些步骤?各类账务处理程序的主要区别是什么?
3. 记账凭证账务处理程序的基本内容有哪些?简要说明其特点及适用范围。
4. 科目汇总表账务处理程序的基本内容有哪些?简要说明其特点及适用范围。

四、业务题

习题一

1. 目的:练习记账凭证账务处理程序。
2. 资料:

(1) 丰华公司20××年12月1日总分类账户和有关明细分类账户资料如表9-14所示。

表9-14 总分类账户和有关明细分类账户资料 单位:元

账户名称	借方余额	账户名称	贷方余额
库存现金	1 600	短期借款	85 300
银行存款	158 400	应付账款	6 400
应收账款	4 000	其他应付款	600
原材料	131 500	应交税费	5 500
库存商品	150 000	实收资本	1 000 000
固定资产	1 016 000	资本公积	27 000
利润分配	349 200	盈余公积	58 900
		本年利润	462 000
		累计折旧	165 000
合　　计	1 810 700	合　　计	1 810 700

"原材料"账户余额 131 500 元,其中:

甲材料期初结存 7 000kg,每千克 13 元,计 91 000 元;

乙材料期初结存 4 500kg,每千克 9 元,计 40 500 元。

"库存商品"账户余额 150 000 元,其中:

A 产品期初结存 400 件,每件成本 250 元,计 100 000 元;

B 产品期初结存 250 件,每件成本 200 元,计 50 000 元。

"应收账款" 4 000 元,系华园公司所欠购货款。

"应付账款" 6 400 元,系欠新北公司购货款。

(2) 丰华公司 20×× 年 12 月份发生下列经济业务:

① 采购员陈立出差预借差旅费 500 元,出纳员付给现金。

② 收到华园公司所欠购货款 4 000 元,存入银行。

③ 销售 A 产品 150 件,每件售价 500 元,销售 B 产品 50 件,每件售价 480 元,增值税税率为 13%,款项已收到并存入开户银行。

④ 签发转账支票一张,缴纳上月的税金 5 500 元。

⑤ 职工报销市内交通费 140 元,出纳员付给现金。

⑥ 向银行借入 6 个月期的贷款 50 000 元,存入银行。

⑦ 采购员出差归来报销差旅费 420 元,余款 80 元交回现金。

⑧ 从新北公司购入甲材料 1 300kg,单价 13 元;同时购进乙材料 850kg,单价 10 元,增值税税率为 13%。款项均通过银行付讫,材料尚未验收入库。

⑨ 开出转账支票,支付上述所购两种材料的运输费 2 000 元,增值税税率 9%,取得增值税专用发票(采购费用均按材料重量比例分配)。

⑩ 上述材料运到并验收入库,按实际采购成本转账。

⑪ 销售 A 产品 250 件,每件售价 500 元,销售 B 产品 100 件,每件售价 480 元,增值税税率为 13%,收到购货单位签发并承兑的商业汇票一张。

⑫ 根据本月发料凭证汇总表,仓库发出材料的用途及金额如表 9-15 所示。

表 9-15 发料凭证汇总表 单位:元

材料用途	甲材料	乙材料	合计
生产 A 产品耗用	3 000	2 000	5 000
生产 B 产品耗用	2 500	1 300	3 800
车间一般耗用		440	440
合计	5 500	3 740	9 240

⑬ 从银行提取现金 6 840 元,以备发放工资。

⑭ 以库存现金发放职工工资。

⑮ 分配本月份工资费用,用途如下:

A 产品生产工人工资 2 280 元,B 产品生产工人工资 2 280 元,车间管理人员工资 912 元,行政管理部门人员工资 1 368 元。

⑯ 签发转账支票一张,支付本月份水电费 1 020 元,其中,厂部行政管理部门负担 500 元,车间负担 520 元。

⑰ 计提本月固定资产折旧费1 660元,其中生产车间固定资产计提折旧1 220元,行政管理部门固定资产计提折旧440元。

⑱ 将本月份发生的制造费用按照生产工时比例分配计入A、B两种产品成本中,本月A产品和B产品的工时均为2000小时。

⑲ 本月生产的A产品200件全部完工验收入库,结转A产品的实际生产成本。B产品尚在加工过程中。

⑳ 以银行存款支付本月短期借款利息650元。

㉑ 本月销售A产品的单位生产成本250元,销售B产品的单位生产成本200元。

㉒ 签发转账支票一张,支付广告费2 800元。

㉓ 本月应缴纳城市维护建设税2 935元,教育费附加1 258元。

㉔ 将本月份实现的主营业务收入转入"本年利润"账户。

㉕ 将本月发生的主营业务成本、税金及附加、销售费用、管理费用、财务费用转入"本年利润"账户。

㉖ 根据本月实现的利润总额,按25%的所得税税率计算出本月应交所得税。

㉗ 将本月所得税费用转入"本年利润"账户。

㉘ 将全年实现的净利润转入"利润分配"账户。

3. 要求:

(1) 开设三栏式库存现金日记账和银行存款日记账;开设各有关总分类账和原材料、生产成本、库存商品明细账,登记有关账户的期初余额。

(2) 根据12月份发生的经济业务,分别填制库存现金、银行存款收付款凭证、转账凭证,并据以登记总分类账和有关日记账、明细账。

(3) 月末,计算各账户的本期发生额及期末余额并进行试算平衡。

(4) 编制资产负债表和利润表。

习题二

1. 目的:练习科目汇总表账务处理程序。

2. 资料:见本章习题一的资料内容。

3. 要求:

(1) 根据本章习题一所编制的记账凭证,将各个科目全月汇总一次编制科目汇总表。

(2) 根据科目汇总表登记总分类账。

(3) 月末,计算总分类账户的期末余额,并与本章习题一的结果核对。

第十章

会计工作组织

【学习要点及目标】
- 了解会计工作组织的基本内容和形式;
- 了解会计机构、会计工作岗位的设置;
- 了解我国的会计监督体系;
- 了解会计人员的职责、权限;
- 熟悉会计职业道德和会计法规体系的内容;
- 了解会计档案的内容和管理办法。

【核心概念】

会计工作组织　会计机构　会计工作岗位　会计监督　会计人员　会计法规　会计法　企业会计准则　会计职业道德　会计档案

【引导案例】

2017年上市公司财务造假事件盘点 尔康制药虚增利润超2亿元(节选)

2017年以来，A股上市公司财务造假事件依旧频频发生，共有11家公司因财务造假收到证监会发出的行政处罚决定书。其中今年下半年以来，证监会进一步加大了对上市公司的监管和违法事件的查处，对7家上市公司开出了罚单。

在整个监管过程中，证监会查处了包括雅百特(002323.SZ)、尔康制药(300267.SZ)等性质恶劣的财务造假事件，并表示未来还将不断加强上市公司监管，对财务欺诈等违法行为始终保持高压态势，坚决从严执法，治理市场乱象。

尔康制药是一家药用辅料生产企业，公司于2011年在深交所挂牌上市。上市以来，尔康制药净利润从2011年的1.18亿元，一举增至2016年的10.26亿元，年复合增长率高达54.12%。

然而，2017年8月8日，尔康制药收到证监会下发的《调查通知书》表示，因公司涉嫌信息披露违法违规，证监会决定对公司进行立案稽查。时隔3个多月，在证监会尚未公布调查结果之时，尔康制药于2017年11月22日晚公告，承认大额虚增业绩行为——2016年年报中虚增营收2.29亿元、虚增净利润2.08亿元。随后，公司董事长帅放文于12月初通过媒体向投资者表达歉意，并承诺倾家荡产也要进行赔偿。

尔康制药的业绩造假与其柬埔寨子公司的18万吨木薯淀粉生产项目有密切关系，该木薯淀粉项目于2014年3月31日投产，当年实现净利润1 614.86万元；而仅过了一年，在总投资未超过1.4亿元的情况下，2015年全年居然实现净利润2.76亿元，为可行性研究报告的4.38倍；而到了2016年，进一步实现了令人难以置信的6.15亿元净利润，为可行性研究报告的9.76倍。

请查阅尔康制药相关年份的财务报告，思考企业财务造假的手段、原因以及防范财务造假的措施。

(资料来源：http://www.scbzol.com/content/48787.htm，2017-12-29)

第一节 会计工作组织概述

一、会计工作组织的内容和意义

所谓会计工作组织，是指如何安排、协调和管理好企业的会计工作，包括会计机构的设置、会计人员的配备、会计法规的制定与执行和会计档案的保管等。其中会计机构和会计人员是会计工作系统运行的必要条件，而会计法规是保证会计工作系统正常运行的必要约束机制。

会计工作组织具体包括以下内容：①会计机构的设置；②会计人员的配备；③会计人员的职责权限；④会计工作的规范；⑤会计法规制度的制定；⑥会计档案的保管；⑦会计工作的电算化。

会计工作组织对于完成会计职能，实现会计目标，发挥会计在经济管理中的作用，具有十分重要的意义。具体说来，科学的会计工作组织，有利于提高会计工作的质量和效率；协调与其他经济管理工作的关系；明确内部分工，加强经济责任制；也有利于国家财经法规和企业规章制度的正确执行。

二、会计工作组织的原则

会计工作组织必须遵循一定的原则才能保证组织工作的准确有效。

(一)统一性原则

会计工作组织必须按照国家对会计工作的统一要求来组织会计工作。会计工作组织受到各种法规、制度的制约，比如《会计法》《总会计师条例》《会计基础工作规范》《会计档案管理办法》《企业会计准则》等，各单位在组织会计工作时应充分了解国家相关法律法规，统一要求，严格执行。

(二)适用性原则

会计工作组织在国家统一要求下也应考虑不同行业、不同单位的特点，本着适用性原则，根据自身生产经营管理特点来组织会计工作，合理设置本单位的会计机构、会计人员和会计制度。

(三)成本效益原则

会计工作组织应注重成本效益原则，在保证会计工作质量的前提下，力求节约工作时间，降低成本费用，提高工作效率。

(四)内部控制与责任制原则

组织会计工作要遵循内部控制的原则，明确工作岗位和职责权限，从现金收支、财产物资保管到各项费用的开支等形成相互牵制机制，加强风险管理与控制，建立信息沟通交流机制，完善内部监督，从而确保会计工作组织规范化、条理化。

第二节　会　计　机　构

一、会计机构的含义

广义上讲，我国的会计机构可分为会计管理机构、会计核算机构以及会计中介服务机构。会计管理机构是指政府职能部门中负责组织领导会计工作的机构。在我国，国务院财政部门主管全国的会计工作，县级以上地方各级人民政府财政部门管理本行政区域内的会计工作。会计核算机构是指会计主体中直接从事会计工作的职能部门。会计中介服务机构是指会计师事务所等依法设立的受当事人委托承办有关会计、审计、税务、咨询等业务的中介机构。

狭义上讲，会计机构就是指会计核算机构，是由会计人员组成，负责组织领导和从事会计工作的职能单位，它是企业内部领导和从事会计工作的组织保证。建立健全的会计机构，配备具有从业资格、数量和质量相当的会计人员，是各单位做好会计工作、充分发挥会计职能作用的重要保证。

二、会计机构的设置

各单位应当根据会计业务的需要，设置会计机构，或者在有关机构中设置会计人员并指定会计主管人员；不具备设置条件的，应当委托经批准设立从事会计代理记账业务的中介机构代理记账。具体设置要求如下。

实行独立核算的大、中型企业，实行企业化管理的事业单位，以及财政收支数额较大、会计业务较多的机关团体和其他组织，应当设置会计机构。设置会计机构的单位，应当配备会计机构负责人。会计机构内部应当建立稽核制度。

不具备单独设置会计机构条件的，允许其在有关机构中设置会计人员，指定会计主管人员，并设置必要的会计工作岗位，其中核算、出纳为必设岗位。这是会计机构设置的另一种形式，一般在行政机关、事业单位和中小企业中比较多见。其中，会计主管人员是指负责组织管理会计实务、行使会计机构负责人职权的负责人。只配备专职会计人员的单位也必须具有健全的财务会计制度和严格的财务手续，其专职会计人员的专业职能不能被其他职能所替代。

没有设置会计机构或者配备会计人员的单位，应当根据《代理记账管理办法》的规定，委托会计师事务所或者持有代理记账许可证书的代理记账机构进行代理记账，以解决记账、算账、报账等问题，使单位的会计工作有序进行，不影响正常的经营管理工作。

三、会计工作岗位的设置

各单位应当根据会计业务需要设置会计工作岗位。会计工作岗位一般可分为：会计机构负责人或者会计主管人员，出纳，财产物资核算，工资核算，成本费用核算，财务成果核算，资金核算，往来结算，总账报表，稽核，档案管理等。开展会计电算化和管理会计的单位，可以根据需要设置相应工作岗位，也可以与其他工作岗位相结合。

会计工作岗位，可以一人一岗、一人多岗或者一岗多人。但出纳人员不得兼管稽核、会计档案保管和收入、支出、费用、债权债务账目的登记工作。会计人员的工作岗位应当有计划地进行轮换。

四、会计工作的组织形式

由于企业会计工作的组织形式不同，企业财务会计机构的具体工作范围也有所不同。独立核算单位的会计工作组织形式通常分为集中核算和非集中核算两种。

(一)集中核算

集中核算是指将企业会计工作主要集中在厂(公司)级会计部门进行的一种核算组织方

式。采用集中核算组织方式,企业经济业务的明细核算、总分类核算、会计报表编制和各有关项目的考核分析等会计工作,集中由厂(公司)级会计部门进行。其他职能部门、车间、仓库的会计组织或会计人员,只负责登记原始记录和填制原始凭证,并经初步整理后,为厂(公司)级会计部门进一步核算提供资料。实行集中核算,可以减少核算环节,简化核算手续,精减会计人员,但不便于企业内部有关部门及时利用核算资料进行考核与分析。集中核算一般适用于中、小型企业。

(二)非集中核算

非集中核算也称分散核算,是指将与企业内部各部门、车间、仓库业务相关的明细分类核算,分散在各部门、车间、仓库进行的一种核算组织方式。采用非集中核算组织方式,是将企业某些经济业务的凭证整理、明细核算以及与企业内部单位日常管理需要相适应的内部报表的编制和分析,分散到直接从事该业务的车间、仓库、部门进行,如材料的明细核算由供应部门以及所属的仓库进行;但总分类核算、全厂(公司)性会计报表的编制和分析仍由厂(公司)级会计部门集中进行。厂(公司)级会计部门还应对企业内部各单位的会计工作进行业务上的指导和监督。实行分散核算,有利于企业内部有关部门及时利用核算资料进行考核与分析,但会增加会计人员的数量,对厂(公司)级会计部门集中掌握和监督企业内部各单位的经济业务情况也有一定影响。

集中核算和分散核算是相对的。在实际工作中,企业可根据需要,对某些会计业务采用集中核算,而对另一些业务采用分散核算。通常,无论采用哪种形式,企业对外的现金、银行存款往来、物资购销、债权债务的结算都应由厂(公司)级会计部门集中办理。

五、会计监督体系

单位内部监督、社会监督和政府监督共同组成三位一体的会计监督体系。

《会计法》规定,各单位应当建立、健全本单位内部的会计监督机制。单位内部会计监督机制应当符合下列要求:①记账人员与经济业务事项和会计事项的审批人员、经办人员、财物保管人员的职责权限应当明确,并相互分离、相互制约;②重大对外投资、资产处置、资金调度和其他重要经济业务事项的决策和执行的相互监督、相互制约程序应当明确;③财产清查的范围、期限和组织程序应当明确;④对会计资料定期进行内部审计的办法和程序应当明确。单位内部会计监督机制是一个单位为保证财产物资安全完整、经济活动合法规范、提高经营管理效率、控制风险的重要制度和手段。

通过注册会计师进行社会监督。有关法律、行政法规规定,须经注册会计师进行审计的单位,应当向受委托的会计师事务所如实提供会计凭证、会计账簿、财务会计报告和其他会计资料以及有关情况。任何单位或者个人不得以任何方式要求或者示意注册会计师及其所在的会计师事务所出具不实或者不当的审计报告。财政部门有权对会计师事务所出具审计报告的程序和内容进行监督。

财政部门对各单位的下列情况实施监督:①是否依法设置会计账簿;②会计凭证、会计账簿、财务会计报告和其他会计资料是否真实、完整;③会计核算是否符合本法和国家统一的会计制度的规定;④从事会计工作的人员是否具备专业能力、遵守职业道德。此外,财政、审计、税务、人民银行、证券监管、保险监管等部门应当依照有关法律、行政法规规定的职责，对有关单位的会计资料实施监督检查。各单位必须依照有关法律、行政法规的规定，接受有关监督检查部门依法实施的监督检查，如实提供会计凭证、会计账簿、财务会计报告和其他会计资料以及有关情况，不得拒绝、隐匿、谎报。

第三节 会 计 人 员

一、会计人员的设置及要求

(一)会计人员的设置和一般要求

会计人员是依法在会计岗位上从事会计工作的人员。会计人员的职责在于认真贯彻执行和维护国家财经制度和财经纪律，及时进行会计核算，提供真实可靠的会计信息，积极参与单位的经营管理。各单位应根据会计业务需要配备会计人员。会计人员应当具备必要的专业知识和专业技能，熟悉国家有关法律、法规、规章和国家统一的会计制度，遵守职业道德，按照国家有关规定参加会计业务的培训。各单位应当合理安排会计人员的培训，保证会计人员每年有一定时间用于学习和参加培训，不断提高专业素质。

(二)会计机构负责人

担任单位会计机构负责人(会计主管人员)的，还应当具备下列基本条件。
(1) 坚持原则，廉洁奉公。
(2) 具有会计师以上专业技术职务资格或者从事会计工作不少于三年。
(3) 熟悉国家财经法律、法规、规章和方针、政策，掌握本行业业务管理的有关知识。
(4) 有较强的组织能力。
(5) 身体状况能够适应本职工作的要求。

此外，国家机关、国有企业、事业单位任用会计人员应当实行回避制度。单位领导人的直系亲属不得担任本单位的会计机构负责人、会计主管人员。会计机构负责人，会计主管人员的直系亲属不得在本单位会计机构中担任出纳工作。

(三)总会计师

国有的和国有资产占控股地位或者主导地位的大、中型企业必须设置总会计师。总会计师由具有会计师以上专业技术资格的人员担任。总会计师行使《总会计师条例》规定的职责、权限。

二、会计人员的职责和权限

为了使会计人员更好地完成各项工作任务，提高工作积极性，各单位应明确会计人员的职责、权限。根据《会计法》的规定，会计人员的主要职责是会计核算与监督。此外，会计人员还应积极参与经营管理和计划、决策制定，建立会计制度，编制财务预算，加强内部控制，进行内部审计等。

(一)会计核算

会计人员应以实际发生的经济业务为依据，按照国家统一的会计制度进行会计核算，及时提供可靠、相关的会计信息，如实反映企业的财务状况、经营成果和现金流量情况。这是会计人员的基本职责。具体而言，就是会计人员应该根据国家统一会计制度的要求，切实做好记账、算账和报账工作。《会计法》规定，下列经济业务事项，应当办理会计手续，进行会计核算：①款项和有价证券的收付；②财物的收发、增减和使用；③债权债务的发生和结算；④资本、基金的增减；⑤收入、支出、费用、成本的计算；⑥财务成果的计算和处理；⑦需要办理会计手续、进行会计核算的其他事项。会计人员进行会计核算时，不得有下列行为：①随意改变资产、负债、所有者权益的确认标准或者计量方法，虚列、多列、不列或者少列资产、负债、所有者权益；②虚列或者隐瞒收入，推迟或者提前确认收入；③随意改变费用、成本的确认标准或者计量方法，虚列、多列、不列或者少列费用、成本；④随意调整利润的计算、分配方法，编造虚假利润或者隐瞒利润；⑤违反国家统一的会计制度规定的其他行为。

(二)会计监督

会计人员在进行核算的同时，还应依据相关法律法规和单位内部相关规定对本单位的各项经济业务和会计手续的合法性、合规性和合理性进行监督。具体包括：①对原始凭证进行审核和监督，对不真实、不合法的原始凭证，不予受理；对弄虚作假、严重违法的原始凭证，在不予受理的同时，应当予以扣留，并及时向单位领导人报告，请求查明原因，追究当事人的责任；对记载不明确、不完整的原始凭证，予以退回，要求经办人员更正、补充。②对伪造、变造、故意毁灭会计账簿或者账外设账行为，应当制止和纠正；制止和纠正无效的，应当向上级主管单位报告，请求做出处理。③对实物、款项进行监督，督促建立并严格执行财产清查制度，发现账簿记录与实物、款项不符时，应按有关规定进行处理或及时向本单位有关负责人报告，请求查明原因，做出处理。④对指使、强令编造、篡改财务报告行为，应当制止和纠正；制止和纠正无效的，应当向上级主管单位报告，请求处理。⑤对财务收支进行监督，对违反《会计法》和国家统一的会计制度规定的会计事项，有权拒绝办理或者按照职权予以纠正，保证财务收支符合国家统一的财政、税务、会计制度规定和单位的规章制度，手续齐备，内容正确。⑥对单位制定的预算、财务计划、经济计划、业务计划的执行情况进行监督。

任何单位或者个人不得以任何方式授意、指使、强令会计机构、会计人员伪造、变造会计凭证、会计账簿和其他会计资料，提供虚假财务会计报告。任何单位或者个人不得对依法履行职责、抵制违反本法规定行为的会计人员实行打击报复。

三、会计工作交接

会计人员工作调动、离职或者因病暂时不能工作，必须将本人所经管的会计工作全部移交给接替人员。没有办清交接手续的，不得调动或者离职。接替人员应当认真接管移交工作，并继续办理移交的未了事项。

(一)交接前的准备工作

会计人员办理移交手续前，必须及时做好以下工作。

(1) 已经受理的经济业务尚未填制会计凭证的，应当填制完毕。

(2) 尚未登记的账目，应当登记完毕，并在最后一笔余额后加盖经办人员印章。

(3) 整理应该移交的各项资料，对未了事项写出书面材料。

(4) 编制移交清册，列明应当移交的会计凭证、会计账簿、会计报表、印章、现金、有价证券、支票簿、发票、文件、其他会计资料和物品等内容；实行会计电算化的单位，从事该项工作的移交人员还应当在移交清册中列明会计软件及密码、会计软件数据磁盘(磁带等)及有关资料、实物等内容。

(5) 会计机构负责人、会计主管人员移交时，还必须将全部财务会计工作、重大财务收支和会计人员的情况等，向接替人员详细介绍。对需要移交的遗留问题，应当写出书面材料。

(二)移交点收

移交人员在办理移交时，要按移交清册逐项移交；接替人员要逐项核对点收。

(1) 现金、有价证券要根据会计账簿有关记录进行点交。库存现金、有价证券必须与会计账簿记录保持一致。不一致时，移交人员必须限期查清。

(2) 会计凭证、会计账簿、会计报表和其他会计资料必须完整无缺。如有短缺，必须查清原因，并在移交清册中注明，由移交人员负责。

(3) 银行存款账户余额要与银行对账单核对，如不一致，应当编制银行存款余额调节表调节相符，各种财产物资和债权债务的明细账户余额要与总账有关账户余额核对相符；必要时，要抽查个别账户的余额，与实物核对相符，或者与往来单位、个人核对清楚。

(4) 移交人员经管的票据、印章和其他实物等，必须交接清楚；移交人员从事会计电算化工作的，要对有关电子数据在实际操作状态下进行交接。

(三)专人负责监交

会计人员办理交接手续，必须有监交人负责监交。一般会计人员交接，由单位会计机构负责人、会计主管人员负责监交；会计机构负责人、会计主管人员交接，由单位领导人负责监交，必要时可由上级主管部门派人会同监交。

(四)交接后的有关事宜

交接完毕后，交接双方和监交人员要在移交清册上签名或者盖章，并应在移交清册上注明：单位名称，交接日期，交接双方和监交人员的职务、姓名，移交清册页数以及需要说明的问题和意见等。移交清册一般应当填制一式三份，交接双方各执一份，存档一份。

接替人员应当继续使用移交的会计账簿，以保持会计记录的连续性，不得自行另立新账。

(五)交接人员的责任

移交人员对所移交的会计凭证、会计账簿、会计报表和其他有关资料的合法性、真实性承担法律责任。会计资料移交后，如发现是在其经办会计工作期间内所发生的问题，由原移交人员负责，其责任不能因移交而推卸。

四、会计人员的职业道德

会计职业道德是指在会计职业活动中应当遵循的、体现会计职业特征的、调整会计职业关系的职业行为准则和规范。会计人员在会计工作中应当遵守职业道德，树立良好的职业品质、严谨的工作作风，严守工作纪律，努力提高工作效率和工作质量。《会计基础工作规范》中规定：

(1) 会计人员应当热爱本职工作，努力钻研业务，使自己的知识和技能适应所从事工作的要求。

(2) 会计人员应当熟悉财经法律、法规、规章和国家统一会计制度，并结合会计工作进行广泛宣传。

(3) 会计人员应当按照会计法律、法规和国家统一会计制度规定的程序和要求进行会计工作，保证所提供的会计信息合法、真实、准确、及时、完整。

(4) 会计人员办理会计事务应当实事求是、客观公正。

(5) 会计人员应当熟悉本单位的生产经营和业务管理情况，运用掌握的会计信息和会计方法，为改善单位内部管理、提高经济效益服务。

(6) 会计人员应当保守本单位的商业秘密。除法律规定和单位领导人同意外，不能私自向外界提供或者泄露单位的会计信息。

财政部门、业务主管部门和各单位应当定期检查会计人员遵守职业道德的情况，并作为会计人员晋升、晋级、聘任专业职务、表彰奖励的重要考核依据。

五、会计人员的专业技术职务

为了合理使用会计人员，充分调动会计人员的工作积极性，各单位会计人员依据学历、从业年限、业务水平和工作业绩，在通过专业职务资格考试后，可以确定相应的专业技术职务。目前的会计专业技术职务为：会计员、助理会计师、会计师、高级会计师。其中会计员和助理会计师为初级职务，会计师为中级职务，高级会计师为高级职务。初级和中级职务的取得实行全国统一考试制度，高级职务实行考试与评审相结合的制度。单位可根据工作需要和德才兼备的原则，对符合条件的会计人员择优聘任其相应的专业职务。

第四节 会计法规体系

会计法规是我国财经法规的重要组成部分，是开展会计工作、规范会计行为、保证会计信息质量的有关法律、法规和规章制度的总称。各单位会计工作应严格遵守会计法规的各项规定，如有违反将承担相应的法律责任。

在我国，会计法规按照内容可分为三类：第一类是关于会计的基本法规，如《会计法》；

第二类是有关会计业务的法规，如《企业会计准则》《会计基础工作规范》《会计档案管理办法》等；第三类是有关会计机构和会计人员的法规，如《总会计师条例》等。会计法规按照其法律地位不同，又可分为会计法律、会计行政法规、国家统一的会计制度、地方性会计法规等四个层次。

一、会计法律

会计法律是指由国家最高权力机关——全国人民代表大会及其常委会经过一定立法程序制定的有关会计工作的法律，其中"法律"是狭义的概念，指由全国人民代表大会及其常务委员会制定发布的法律规范。

我国的会计及相关经济法律有《会计法》《注册会计师法》《公司法》《证券法》《企业所得税法》等。

《中华人民共和国会计法》是会计法规体系中层次最高的法律规范，是制定其他会计规章制度的依据。我国第一部《会计法》于 1985 年 1 月 21 日，由第六届全国人民代表大会常务委员会第九次会议通过，同年 5 月 1 日起施行。1993 年 12 月 29 日，第八届全国人民代表大会常务委员会第五次会议通过了《关于修改<中华人民共和国会计法>的决定》，对《会计法》做了修改。1999 年 10 月 31 日，第九届全国人民代表大会常务委员会第十二次会议根据进一步深化经济体制改革的需要对会计工作提出新的要求，审议通过了重新修订的《会计法》。2017 年 11 月 4 日，第十二届全国人民代表大会常务委员会第三十次会议决定，通过对《中华人民共和国会计法》做出修改，自 2017 年 11 月 5 日起施行。修订后的《会计法》正式取消对会计从业资格证书的要求，改为会计人员应当具备从事会计工作所需要的专业能力。

《会计法》共 7 章 52 条，包括总则、会计核算、公司与企业会计核算的特别规定、会计监督、会计机构和会计人员、法律责任及附则等内容。通过《会计法》调整国家机关、社会团体、公司、企业、事业单位和其他组织在办理会计事务中产生的各种经济管理关系。

二、会计行政法规

会计行政法规是由国家最高行政管理机关——国务院制定并发布，调整经济生活中某些方面会计关系的法律规范，是对会计法律的具体化或某个方面的补充。其权威性和法律效力仅次于会计法律。现行的会计行政法规主要有《总会计师条例》和《企业财务会计报告条例》等。

1) 《总会计师条例》

为了确定总会计师的职权和地位，发挥总会计师在加强经济管理、提高经济效益中的作用，1990 年 12 月 31 日，国务院以第 72 号令发布了《总会计师条例》。全文包括 5 章 23 条，规定了总会计师的任职资格、任免程序、职责权限等，实现了总会计师管理法制化。

2) 《企业财务会计报告条例》

2000 年 6 月 21 日，国务院发布第 287 号令，颁布《企业财务会计报告条例》，从 2001 年 1 月 1 日起开始实施。条例共 6 章 46 条，包括总则、财务会计报告的构成、财务会计报告的编制、财务会计报告的提供、法律责任以及附则，为规范企业财务会计报告、保证企业财务会计报告质量提供了保障。

三、国家统一的会计制度

国家统一的会计制度是指由财政部制定或者财政部与国务院有关部门联合制定或者经财政部审核批准的在全国范围内统一执行的会计规章、准则、办法等规范性文件。主要包括国家统一的会计核算制度、会计机构和会计人员管理制度以及会计工作管理制度等，如《企业会计准则》《企业财务通则》《会计基础工作规范》《代理记账管理办法》《会计档案管理办法》等。其中会计准则体系对我国会计确认、计量和报告进行了全面规范。

目前我国会计准则体系主要包括企业会计准则、小企业会计准则和政府会计准则，其中企业会计准则主要规范上市公司及大中型企业的会计确认、计量和报告，具体包括基本准则、具体准则、准则指南和解释等。基本准则规范了会计的基本概念、基本原则，包括总则、会计信息质量要求、会计要素、会计计量和财务会计报告等内容，为具体准则的制定提供依据和指导；具体准则在基本准则的要求下，规范企业各类具体经济业务的确认、计量和报告，主要包括一般业务准则、特殊行业的特定业务准则和报告准则三类；企业会计准则应用指南是根据基本准则和具体准则制定的指导会计实务的操作性指南，以提高会计准则的可操作性。我国在2006年颁布了《企业会计准则——基本准则》和38个具体会计准则，而后在2014年对基本准则及五个具体准则进行了修订，并发布了《公允价值计量》等三个新准则，2017年进一步修订了《收入》等六个具体会计准则，发布了《企业会计准则第42号——持有待售的非流动资产、处置组和终止经营》。截至2017年年末，企业会计准则体系主要由一个基本准则和42个具体准则及相关指南和解释构成。2011年财政部颁布《小企业会计准则》，主要规范小企业会计确认、计量和报告行为，以促进小企业可持续发展，发挥小企业在国民经济和社会发展中的重要作用。2016年，为规范政府的会计核算，保证会计信息质量，财政部颁布《政府会计准则——基本准则》，并陆续发布配套具体准则。

四、地方性会计法规

地方性会计法规是各省、自治区、直辖市人民代表大会及其常委会根据会计法律、会计行政法规和部门规章，结合本地区的实际情况制定的一些在本行政区域之内实施的地方性会计法规。

第五节　会　计　档　案

2015年12月11日，财政部、国家档案局令第79号发布修订后的《会计档案管理办法》，自2016年1月1日起施行，进一步规范了会计档案的管理。

一、会计档案的概念及其内容

会计档案是指单位在进行会计核算等过程中接收或形成的,记录和反映单位经济业务事项的,具有保存价值的文字、图表等各种形式的会计资料,包括通过计算机等电子设备形成、传输和存储的电子会计档案。

单位应当加强会计档案管理工作,建立和完善会计档案的收集、整理、保管、利用和鉴定销毁等管理制度,采取可靠的安全防护技术和措施,保证会计档案的真实、完整、可用、安全。

会计档案主要包括以下内容。

(1) 会计凭证,包括原始凭证、记账凭证。
(2) 会计账簿,包括总账、明细账、日记账、固定资产卡片及其他辅助性账簿。
(3) 财务会计报告,包括月度、季度、半年度、年度财务会计报告。
(4) 其他会计资料,包括银行存款余额调节表、银行对账单、纳税申报表、会计档案移交清册、会计档案保管清册、会计档案销毁清册、会计档案鉴定意见书及其他具有保存价值的会计资料。

二、会计档案的作用

会计档案是国家档案的重要组成部分,也是各单位的重要档案,它是对一个单位经济活动的记录和反映,是记录和反映经济活动的重要史料和证据,其重要作用表现在以下方面。

(1) 会计档案可以了解每项经济业务的来龙去脉,了解企业的生产经营情况,有助于各单位进行经济前景的预测和进行经营决策,编制财务、成本计划,也为国家制定宏观经济政策提供参考。
(2) 会计档案是总结经验、揭露责任事故、打击经济领域犯罪、分析和判断事故原因的重要依据。
(3) 利用会计档案可以为解决经济纠纷,处理遗留的经济事务提供依据。
(4) 会计档案在经济学的研究活动中,产生着重要的史料价值。

三、会计档案的保管

单位应当加强会计档案管理工作,建立和完善会计档案的收集、整理、保管、利用和鉴定销毁等管理制度,采取可靠的安全防护技术和措施,保证会计档案的真实、完整、可用、安全。

单位的档案机构或者档案工作人员所属机构(以下统称单位档案管理机构)负责管理本单位的会计档案。单位也可以委托具备档案管理条件的机构代为管理会计档案。

单位的会计机构或会计人员所属机构(以下统称单位会计管理机构)按照归档范围和归档要求,负责定期将应当归档的会计资料整理立卷,编制会计档案保管清册。当年形成的会计档案,在会计年度终了后,可由单位会计管理机构临时保管一年,再移交单位档案管理机构保管。因工作需要确需推迟移交的，应当经单位档案管理机构同意。单位会计管理机构临时保管会计档案最长不超过三年。临时保管期间，会计档案的保管应当符合国家档案管理的有关规定，且出纳人员不得兼管会计档案。

单位应当严格按照相关制度利用会计档案，在进行会计档案查阅、复制、借出时履行登记手续，严禁篡改和损坏。单位保存的会计档案一般不得对外借出。确因工作需要且根据国家有关规定必须借出的，应当严格按照规定办理相关手续。会计档案借用单位应当妥善保管和利用借入的会计档案，确保借入会计档案的安全完整，并在规定时间内归还。会计档案的保管期限分为永久、定期两类。定期保管期限一般分为10年和30年。会计档案的保管期限，从会计年度终了后的第一天算起。会计档案的保管期限如表10-1所示。

表10-1　企业和其他组织会计档案保管期限表

序号	档案名称	保管期限	备注
一	会计凭证		
1	原始凭证	30年	
2	记账凭证	30年	
二	会计账簿		
3	总账	30年	
4	明细账	30年	
5	日记账	30年	
6	固定资产卡片		固定资产报废清理后保管5年
7	其他辅助性账簿	30年	
三	财务会计报告		
8	月度、季度、半年度财务会计报告	10年	
9	年度财务会计报告	永久	
四	其他会计资料		
10	银行存款余额调节表	10年	
11	银行对账单	10年	
12	纳税申报表	10年	
13	会计档案移交清册	30年	
14	会计档案保管清册	永久	
15	会计档案销毁清册	永久	
16	会计档案鉴定意见书	永久	

四、会计档案的移交和销毁

单位会计管理机构在办理会计档案移交时，应当编制会计档案移交清册，并按照国家档案管理的有关规定办理移交手续。纸质会计档案移交时应当保持原卷的封装。电子会计档案移交时应当将电子会计档案及其元数据一并移交，且文件格式应当符合国家档案管理的有关规定。特殊格式的电子会计档案应当与其读取平台一并移交。

单位应当定期对已到保管期限的会计档案进行鉴定，并形成会计档案鉴定意见书。经鉴定，仍需继续保存的会计档案，应当重新划定保管期限；对保管期满、确无保存价值的会计档案，可以销毁。

经鉴定可以销毁的会计档案，应当按照以下程序销毁。

(1) 单位档案管理机构编制会计档案销毁清册，列明拟销毁会计档案的名称、卷号、册数、起止年度、档案编号、应保管期限、已保管期限和销毁时间等内容。

(2) 单位负责人、档案管理机构负责人、会计管理机构负责人、档案管理机构经办人、会计管理机构经办人在会计档案销毁清册上签署意见。

(3) 单位档案管理机构负责组织会计档案销毁工作，并与会计管理机构共同派员监销。监销人在会计档案销毁前，应当按照会计档案销毁清册所列内容进行清点核对；在会计档案销毁后，应当在会计档案销毁清册上签名或盖章。

电子会计档案的销毁还应当符合国家有关电子档案的规定，并由单位档案管理机构、会计管理机构和信息系统管理机构共同派员监销。

本 章 小 结

会计工作组织，是指如何安排、协调和管理好企业的会计工作，包括会计机构的设置、会计人员的配备、会计法规的制定与执行和会计档案的保管等。

狭义的会计机构指会计核算机构，是由会计人员组成，负责组织领导和从事会计工作的职能单位。建立健全的会计机构，配备具有会计专业技能、数量和质量相当的会计人员，是各单位做好会计工作，充分发挥会计职能作用的重要保证。

我国会计监督体系包括单位内部监督、社会监督和政府监督。

会计人员是依法在会计岗位上从事会计工作的人员。会计人员具有会计核算和监督的职能，在会计工作中应当遵守职业道德。

我国会计法规按照其法律地位不同，可分为会计法律、会计行政法规、国家统一的会计制度、地方性会计法规等四个层次。其中，《会计法》是会计法规体系中层次最高的法律规范，是制定其他会计规章制度的依据。

会计档案是指单位在进行会计核算等过程中接收或形成的，记录和反映单位经济业务事项的，具有保存价值的文字、图表等各种形式的会计资料，包括通过计算机等电子设备形成、传输和存储的电子会计档案。会计档案应严格按照《会计档案管理办法》相关规定进行管理。

自 测 题

简答题

1. 简述会计工作组织的含义和组织原则。
2. 企业必须设立会计机构吗？为什么？
3. 会计机构负责人和总会计师应符合哪些具体要求？

4. 会计监督按其主体不同可分为哪三种类型？
5. 会计人员具有哪些职责和权限？
6. 什么情况下应进行会计工作交接？会计工作交接应履行什么程序？
7. 简述会计职业道德的基本内容。
8. 我国会计法规体系按照法律地位不同分为哪几个层次？
9. 会计档案具体包括哪些内容？
10. 会计凭证、账簿和报表的保管期限分别是多少年？

参 考 文 献

[1] 安斯沃思. 会计学导论[M]. 3版. 宋建波,译. 北京：中国人民大学出版社，2005.
[2] 陈国辉,陈文铭. 基础会计[M]. 5版. 大连：东北财经大学出版社，2018.
[3] 陈国辉,迟旭升. 基础会计[M]. 6版. 大连：东北财经大学出版社，2018.
[4] 陈金龙. 会计学[M]. 4版. 北京：机械工业出版社，2017.
[5] 陈信元,戴欣苗,陈振婷,黄俊. 会计学[M]. 5版. 上海：上海财经大学出版社，2018.
[6] 程淮中. 会计基础与实务[M]. 2版. 北京：人民邮电出版社，2017.
[7] 崔智敏,范瑾. 会计学基础[M]. 5版. 北京：中国人民大学出版社，2015.
[8] 国家税务总局. 中华人民共和国税收基本法规(2018年版)[M]. 北京：中国税务出版社，2018.
[9] 郭继秋,孙艳春. 初级会计学[M], 2版. 北京：清华大学出版社，2017.
[10] 郭松克. 会计学原理[M]. 北京：北京大学出版社，2014.
[11] 郝振平. 会计学原理[M]. 北京：清华大学出版社，2013.
[12] 李瑞芬. 会计学原理[M]. 3版. 大连：东北财经大学出版社，2016.
[13] 柳延峥,乐长征. 会计学基础[M]. 5版. 大连：东北财经大学出版社，2016.
[14] 卢佳友,郑海元. 会计学原理[M]. 2版. 北京：清华大学出版社，2018.
[15] 陆正飞,黄慧馨,李琦. 会计学[M]. 3版. 北京：北京大学出版社，2016.
[16] 麦可雷尼,阿特勒尔,王竞达. 会计学概论[M]. 3版. 北京：中国人民大学出版社，2007.
[17] 邱道欣. 基础会计[M]. 北京：机械工业出版社，2017.
[18] 邵瑞庆. 会计学原理[M]. 4版. 上海：立信会计出版社，2016.
[19] 宋献中. 基础会计学[M]. 北京：高等教育出版社，2018.
[20] 孙铮. 基础会计[M]. 3版. 上海：上海财经大学出版社，2007.
[21] 王爱国,潘秀芹. 会计学原理[M]. 济南：山东人民出版社，2014.
[22] 沃健,赵敏. 基础会计学[M]. 2版. 北京：高等教育出版社，2016.
[23] 沃伦. 会计学概论[M]. 5版. 叶陈刚,改编. 北京：高等教育出版社，2015.
[24] 夏冬林. 会计学[M]. 4版. 北京：清华大学出版社，2014.
[25] 徐泓. 基础会计学[M]. 4版. 北京：机械工业出版社，2018.
[26] 许延明,李雄飞,王颖驰. 基础会计学[M]. 2版. 北京：清华大学出版社，2018.
[27] 于家臻. 会计基础[M]. 2版. 北京：电子工业出版社，2015.
[28] 张捷. 基础会计[M]. 5版. 北京：中国人民大学出版社，2018.
[29] 张薇,邓英飞,江晓珍. 会计学原理[M]. 北京：清华大学出版社，2018.
[30] 张志康. 会计学原理[M]. 3版. 大连：东北财经大学出版社，2017.
[31] 中国注册会计师协会. 经济法[M]. 北京：中国财政经济出版社，2018.
[32] 中华人民共和国财政部. 企业会计准则(合订本). 北京：经济科学出版社，2017.
[33] 中华人民共和国财政部. 关于修订印发2018年度一般企业财务报表格式的通知. 财会〔2018〕15号，2018，6.

[34] 中华人民共和国财政部. 会计基础工作规范，1996.
[35] 中华人民共和国财政部，国家档案局. 会计档案管理办法，2015.
[36] 周华. 会计学[M]. 2版. 北京：中国人民大学出版社，2018.
[37] 周竹梅，宋岩，张庆玲. 会计学原理[M]. 北京：中国铁道出版社，经济科学出版社，2009.
[38] 朱小平，周华，秦玉熙. 初级会计学[M]. 8版. 北京：中国人民大学出版社，2017.
[39] 朱小平，周华，秦玉熙. 初级会计学[M]. 9版. 北京：中国人民大学出版社，2019.